本书出版受到以下资助：

国家自然科学基金项目（项目编号：71303071）
国家自然科学基金项目（项目编号：71672051）
中国博士后基金项目（项目编号：2015M581388）

基于隐含碳视角的中国贸易环境研究

马晶梅 著

Trade Environment of
China-based on Embodied
Carbon Emissions

中国社会科学出版社

图书在版编目（CIP）数据

基于隐含碳视角的中国贸易环境研究/马晶梅著 . —北京：中国社会科学出版社，2017.4
ISBN 978-7-5161-9813-1

Ⅰ.①基… Ⅱ.①马… Ⅲ.①对外贸易—低碳经济—研究—中国 Ⅳ.①F752

中国版本图书馆 CIP 数据核字（2017）第 021499 号

出 版 人	赵剑英
责任编辑	侯苗苗
特约编辑	明　秀
责任校对	周晓东
责任印制	王　超
出　　版	中国社会科学出版社
社　　址	北京鼓楼西大街甲 158 号
邮　　编	100720
网　　址	http：//www.csspw.cn
发 行 部	010-84083685
门 市 部	010-84029450
经　　销	新华书店及其他书店
印　　刷	北京君升印刷有限公司
装　　订	廊坊市广阳区广增装订厂
版　　次	2017 年 4 月第 1 版
印　　次	2017 年 4 月第 1 次印刷
开　　本	710×1000　1/16
印　　张	14.75
插　　页	2
字　　数	223 千字
定　　价	66.00 元

凡购买中国社会科学出版社图书，如有质量问题请与本社营销中心联系调换
电话：010-84083683
版权所有　侵权必究

前　言

近年来，尤其是进入 21 世纪以来，由大气中累积的二氧化碳等温室气体排放所导致的全球气候变化引发了国际社会的普遍关注。而碳排放问题不仅影响全球的生态环境，更是与各国经济发展及长久生存密切相关。中国、美国、欧盟、日本四个经济体化石能源消耗的碳排放在全球碳排放总量比重超过一半。其中，中国作为世界上最大的发展中国家，正处于工业化和城镇化不断加快的进程中。在经历了改革开放以来 30 多年的持续快速增长后，中国经济总量已经跃居世界第二，国内能源消耗及碳排放也随着国内经济的迅速发展而快速扩大。目前，中国已经超过美国，成为世界碳排放最多的国家，并且其碳排放规模呈现出加快上升的趋势。作为《京都议定书》附件 1 之外的发展中国家，中国尚不需要承担议定书所规定的减排义务，因此，成为发达国家指责的主要对象以及国际气候谈判的焦点，面临日益巨大的国际压力。

在 21 世纪初加入 WTO 以后，中国对外贸易尤其出口贸易扩张速度有所加快，中国已经成为世界第一贸易大国、第一出口大国以及第二进口大国。2015 年，中国进出口总额及出口额均比 2000 年翻了三番，并且，拥有高达 6000 亿美元的贸易顺差。对外贸易的迅猛增长不仅为中国带来了可观的贸易利益，也为推动其民经济增长做出重要贡献。然而，由于在中国的能源结构中，传统的化石能源所占比重较高，加上中国与发达国家技术水平差距明显，生产过程中的能源使用效率较低，使中国单位产出的碳排放远远高于发达国家，即中国出口发达国家的产品比其进口产品"肮脏"。与此同时，在中国出口商品中，高能耗、高污染产品占有较大比重。因此，世界各国所消费的大量"中国制造"背后实际上是中国为进口国尤其是发达国家进口国承担了大规模的碳排放，成为这些国家转移高碳产业的"污染避难所"。因此，日益扩大的贸易规模及高碳排放的粗放型外贸增长模式使中国付出巨大的环境代价。

本书基于隐含碳视角，以中国最主要的两个贸易伙伴国——美国和日本为主要研究对象，对中国2000—2011年进出口贸易隐含碳规模及其环境进行衡量，并进一步考察影响中国对外贸易环境变化的主要因素。在此基础上，提出相应的政策建议。

本书内容安排如下：首先，对以环境库兹涅茨曲线、"污染天堂假说"等为主要内容的贸易环境理论及相关实证研究成果进行回顾；其次，介绍了中国对外贸易及环境发展的现状；再次，基于非竞争型多区域投入产出模型（MRIO），测算中国与美国、中国与日本进出口贸易隐含碳规模，并根据贸易污染条件模型，对中美、中日贸易环境进行测度；又次，通过构建SDA分解模型，进一步考察影响中美、中日贸易环境变化的主要因素；最后，提出改善中国贸易环境，促进中国对外贸易可持续发展的对策建议。

本书收集、整理了大量有关贸易及碳排放方面的相关数据，在此基础上，对中国的贸易环境进行测算、分解和研究，为相关产业、贸易及环境部门提供决策参考，并为相关领域的专家学者提供经验和进一步研究的基础。

最后，笔者对相关部门、专家学者及家人在本书撰写过程中给予的支持及帮助表示感谢！受研究水平所限，本书可能存在不足之处，敬请读者批评指正。

马晶梅
2016年8月

目 录

第一章 绪论 1

 第一节 研究背景及研究意义 1
 第二节 相关概念 6
 第三节 研究内容及研究方法 9
 第四节 技术路线 11

第二章 对外贸易与环境的理论基础及实证研究 13

 第一节 贸易与环境关系研究 13
 第二节 贸易对环境的影响研究 21
 第三节 贸易隐含碳的测算及效应分解研究 26

第三章 中国对外贸易及环境发展现状 34

 第一节 中国对外贸易发展现状 34
 第二节 中美、中日贸易发展现状 50
 第三节 中国环境发展现状 61

第四章 基于隐含碳的中国贸易环境测算 75

 第一节 贸易隐含碳的测算模型 75
 第二节 直接碳排放系数及完全碳排放系数测算 82
 第三节 中国对外贸易隐含碳测算 97
 第四节 贸易污染条件模型及中国贸易环境测度 122

第五章 中国贸易环境效应分解研究 ………………………… 130

第一节 贸易环境效应的 SDA 分解模型 ………………… 130
第二节 中美贸易环境效应分解 ………………………… 132
第三节 中日贸易环境效应分解 ………………………… 146
第四节 中美、中日贸易环境效应分解对比 …………… 173

第六章 改善中国贸易环境促进贸易可持续发展的对策研究 …… 176

第一节 提升生产技术水平优化对外贸易产品的
碳消耗结构 ……………………………………… 177
第二节 调整产业结构推动贸易结构低碳化 …………… 179
第三节 树立低碳观念转变贸易增长方式 ……………… 181
第四节 积极参与国内外环境规则的制定及
加强国际合作 …………………………………… 182

附录 ………………………………………………………………… 186

参考文献 …………………………………………………………… 212

第一章 绪论

第一节 研究背景及研究意义

一 研究背景

（一）国内背景

改革开放后，尤其进入 21 世纪以来，作为世界上最大的发展中国家，中国经济呈现出持续快速增长的态势。经济总量（GDP）由 2000 年的 99776.3 亿元上升到 2014 年的 636138.7 亿元，年均增长速度为 9.8%，成为仅次于美国的世界第二大经济体。与此同时，对外贸易也迅猛增长，对于推动国民经济发展起到了十分重要的作用。2000 年，中国进出口贸易总额为 4742.9 亿美元，2014 年达到 43015.3 亿美元，年均增长速度为 17.1%，远远高于同期 GDP 的增长速度。目前，中国已经成为世界第一贸易大国，对外贸易依存度由 39.3% 继续上升到 41.5%（1978 年仅为 9.7%）。其中，出口规模由 2000 年的 2492.0 亿美元上升到 2014 年的 23422.9 亿美元，年均增长率为 17.4%（出口规模居世界第一）；进口由 2250.9 亿美元上升到 17991.1 亿美元，年均增长率为 16.7%（进口规模为世界第二）。然而，在中国对外贸易快速拉动经济高速增长，带来巨大贸易利益的同时，也给国内环境带来严重的影响，使对外贸易可持续发展面临严峻挑战。

从当前的状况来看，国内环境污染问题日益严重，环境质量恶化趋势不容忽视。主要体现在以下方面：一是从能源生产与消费对比来看，能源生产总量由2000年的13.9亿吨标准煤上升到2014年的36.0亿吨标准煤，年均增长7.1%，而能源消费总量则由14.7亿吨标准煤上升到42.6亿吨标准煤，年均增长7.9%。由此可以看出，由于能源消费增长速度快于能源生产，中国能源消费超过能源生产的规模由0.8亿吨标准煤上升到6.6亿吨标准煤，从而大大增加了国内环境的承载量。二是在中国能耗消费结构中，2014年，煤炭、石油、天然气等传统能源在总能源消费比例为88.8%，其中，高污染的煤炭占66.%，而水电、核电、风电等清洁能源仅占总能源消费的11.2%。高碳排放能源的过高比例也是促使中国碳排放总量快速上升的主要原因，能源结构急待优化。三是从能源使用效率来看，自2000年以来，虽然每万元GDP能源消费量由2000年的0.80吨标准煤/万元下降到2014年的0.76吨标准煤/万元，然而，由于能源使用效率的提升速度远远落后于国民生产的增长速度，国内能源消费总量仍然大幅增加。四是环境治理投入不足。虽然中国环境污染治理投资逐年上升，但其占GDP比重不但没有提高，反而有所下降。2000年，全国环境污染治理投资占当年GDP总量的1.54%，2014年该比重下降到了1.51%。治污投资比重的下降凸显出中国在环境治理方面的投入远远无法满足日益增长的处理污染物排放的需要。

(二) 国际背景

在全球气候变暖的背景下，"低碳经济"成为世界经济发展的大趋势。与此同时，由于经济全球化程度的不断加深，产品生产与消费的跨国分离现象越发普遍。在这种情况下，虽然产品消费发生在进口国，但是产品在生产、经营过程中所消耗的二氧化碳及由此产生的环境污染却由生产国（出口国）承担。[①] 这种由贸易隐含碳在国家之间转移引发的"碳泄漏"现象已经成为各国政府及学术界关注的热点问题之一。随着中国经济的快速发展，中国碳排放总量已经超过美国，成为世界上最大的碳排放国。而随着国内碳排放规模的日益扩大，中国所面临的国际环境压力也在不断加大。从全球范围看，第一个由世

---

① 本书中的碳排放仅指生产中使用燃料产生的二氧化碳（CO_2）。

界各国广泛参与、正式缔结的国际环境条约是1985年由联合国环境规划署（UNEP）、国际环境科学委员会（SCOPE）及世界气象组织（WMO）共同制定的。此后，UNEP与WMO于1988年成立了政府间气候变化专门委员会（IPCC），于1992年的环境与发展大会上通过了《联合国气候变化框架公约》（以下简称《框架公约》），并于1994年正式生效，以此标志全球气候变化问题正式被纳入国际法范围。《框架公约》对各国碳减排责任的规定主要体现在以下三个方面：第一，碳减排作为发达国家及发展中国家均需承担的普遍义务，包括制定并公布温室气体排放清单、国家及区域减排计划、对气候变化影响进行评估和科学研究以及加强各国在相关领域进行低碳合作；第二，规定发达国家及经济转型国家的减排义务，包括各国应采取的政策措施和提供相关信息及预测，并制定了2000年的具体排放目标；第三，发达缔约国具有为发展中国家提供减排技术支持及在财政方面给予援助的义务。然而，虽然《框架公约》几乎涵盖了所有的主要国家及国际组织，但是只为各缔约国提供了可选择的争端解决机制，没有规定对于缔约国不履约的制裁措施，并且也没有制定严格的时间表。

由于《框架公约》对于各国执行减排义务不具备足够的法律约束效力，无法对各缔约国的减排行为进行实际有效的指导。经过历时八年的艰苦谈判，《京都议定书》于2005年签署并最终正式生效。根据《京都议定书》，碳减排责任仅针对附件1国家（主要由发达国家与新兴经济体构成），这些国家应当以个别区域或共同区域进行确保承诺，2008—2012年各国二氧化碳当量及排放总量与1990年相比平均削减5.2%。与此同时，作为非附件1国家的发展中国家（包括中国）不需承担协议书减排义务的约束。然而，随着全球碳排放总量的快速增加，尤其是中国等发展中国家国内碳排放规模的迅速扩大，发达国家对于发展中国家免除承担减排义务而由自身替代其承担经济及环境发展责任越发不满，强烈要求发展中国家与其共同承担减排义务。事实上，美国政府自2001年开始就以"减排影响美国经济发展"及"发展中国家也应承担减排义务"为由拒绝批准《京都议定书》，并且将中国承诺减排作为其签署该文件的主要条件之一。此外，《京都议定书》生效之后，日本、加拿大、澳大利亚等其他发达国家也不断要求包括中国在内的发展中国家在《京都议定书》模式下同样承担减排责任，否则放弃《京都议定书》第二承诺期的减排目标。由此可见，尽管当前中国仍然可以免除承担《京都议定书》对于附件1国家所规定的强制性碳减排义务，然而，作为世界上人口最多的发展中国家及第二大经济体，为维持稳定的经济增长速度，中国在未来相当长的时期内必将持续扩大对能源的刚性需求和消费，其生产过程中所产生的碳排放也将保持一定程度的增长。因此，可以预计，中国将面临更为严峻的国际减排压力，中国减排问题及其相应的国际责任也将继续成为全球气候谈判争论最为激烈的问题之一。

在这种国际背景下，承诺并履行相应碳减排责任是未来中国必定要承担的国际义务。然而，当前各国温室气体清单编制的原则是基于"生产者责任"进行测算和分摊的。由于中国快速增长的碳排放不仅是国内工业化及城市化进程不断加快的结果，也与不断扩张的对外贸易规模密切相关。中国作为世界上最大的贸易体及出口国，其贸易伙伴大多是发达国家。而依据"生产者责任"的碳减排分摊原则，中国出口产品在生产过程中所产生的碳排放均将作为中国碳排放总量进行核算，而消费这些产品的发达国家则无须承担其减排责任，即中国通过出口承接了这些进口国的碳转移及其减排责任。

在中国对外贸易中，美国、日本是两个最主要的贸易伙伴。然而，中国在与这两个国家双边贸易中的地位有所不同——中国在中美贸易中拥有巨额贸易顺差，而在中日贸易中则明显处于逆差方。[1] 因此，在中国对美国及日本的贸易中，中国的贸易隐含碳地位、规模及变化趋势如何？中国通过双边贸易处于隐含碳的净出口方还是净进口方？影响中国对美国、日本两国贸易隐含碳变化的主要原因有哪些？针对这些问题的回答不仅有助于解释当前中国对外贸易发展是否以较高环境成本作为代价，为中国是否通过对外贸易过程成为发达国家"污染避难所"提供证明，同时，也为中国参与全球减排谈判，争取

---

[1] 2002年以后，在中日双边贸易中，中国由顺差国转变为逆差国。

本国环境发展权提供有力的依据。

二 研究意义

（一）理论意义

近年来，随着世界各国对全球气候变化的普遍关注，对外贸易与环境之间关系的争论引起了学术界及各国政府的重视。尤其在南北国家贸易中，对作为出口国的南国，以及作为进口国的北国，贸易对各国环境影响的差异一直以来是主要的研究议题之一。作为世界上最大的碳排放国，中国一直面临国际社会（尤其是发达国家）要求承担减排义务的压力。经验研究证实，由于中国与其发达国家贸易伙伴之间在生产效率、减排技术及政策的推广方面存在显著差距，从整体上看，中国通过对外贸易为其他国家大量承担其国内进口消费所产生的碳排放。然而，对于不同贸易伙伴，尤其是美国、日本这两个在与中国双边贸易中地位明显不同的国家来说，中国贸易隐含碳地位、贸易隐含碳的总体规模及行业表现是否存在显著差异？导致中国对这两个国家贸易隐含碳变化的主要因素有哪些？通过对中美、中日贸易隐含碳的测算和效应分解对以上问题进行回答，不仅有助于检验中国是否通过对外贸易为发达国家贸易伙伴承担污染转移的环境成本与责任，测算其责任大小，为缓解南北国家贸易与环境之间矛盾，制定相关环境规制和全球减排责任分摊机制提供理论依据和经验支持。

（二）现实意义

当前，中国正处于社会主义市场经济发展的初级阶段。与发达国家相比，中国的生产水平、能源使用效率、产业及贸易结构均较为落后。因此，脱离中国经济发展水平及实际国情，而仅仅根据中国碳排放总量要求其承担相应的碳减排责任，不仅不利于中国经济的正常发展，而且违背国际社会公平公正的原则。因此，采用科学的方法，准确地对中国贸易隐含碳进行测算，得到其通过贸易所承接国外的碳转移规模及行业分布，考察影响其贸易隐含碳变化的主要因素，不仅能够为制定缓解贸易对国内环境负面影响的贸易、产业、环境政策提供有力支撑，而且，为中国制定积极参与全球气候谈判，争取发展权，实现可持续发展的战略政策提供现实依据。

第二节 相关概念

一 贸易隐含碳

隐含碳是指产品或服务在其整个生产链直接或间接消耗能源所产生的二氧化碳排放总量。其中，间接碳排放是指为生产中间品而间接消耗能源所最终引致的碳排放量。图1-1以钢铁生产为例，具体地说明隐含碳的来源及其形成。①

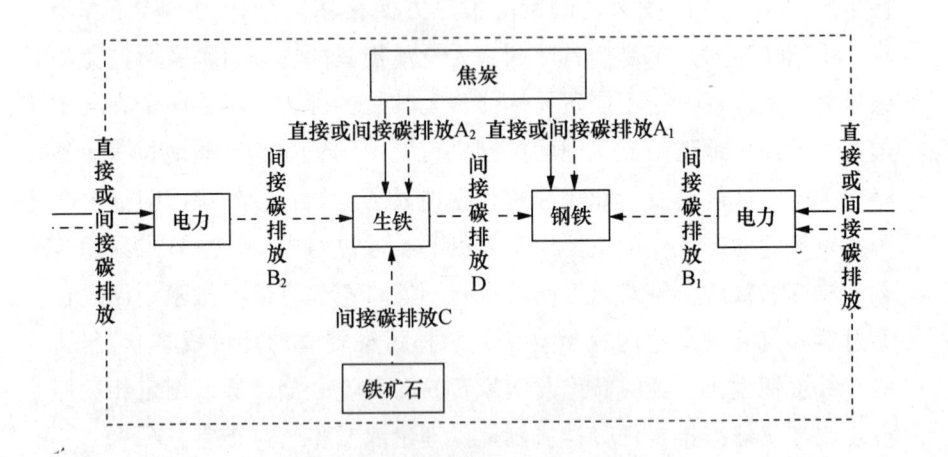

图1-1 钢铁生产过程中的隐含碳来源

在图1-1中，实线代表钢铁生产中直接产生的碳排放规模，虚线则代表间接碳排放规模。在钢铁的整个生产过程中，与生铁、电力及焦炭消耗相关的碳排放包括：一是在发电过程中，直接或间接消耗能源而引致的碳排放量是钢铁生产过程中由于消耗电力而引致的间接碳排放 B_1。二是在焦炭的形成过程中，为维持高温环境而直接消耗能源所引致的碳排放为焦炭生产中的直接碳排放。而开采焦炭的原材料

---

① 为简便分析，假设钢铁生产中所需的原料仅有生铁，所需消耗的能源仅有电力和焦炭。

即原煤所消耗能源而引致的碳排放为焦炭生产中的间接碳排放。两者相加构成钢铁生产中由于消耗焦炭而引致的间接碳排放，即图中 A_1 的间接碳排放部分。而钢铁生产中直接消耗焦炭而引致的碳排放则为其直接碳排放，即 A_1 的直接碳排放部分。三是同理，生铁生产中因消耗焦炭而引致的直接或间接碳排放总量为 A_2，由消耗电力而间接引致的碳排放量为 B_2，因消耗铁矿石而间接引致的碳排放量为 C。由此，$A_2 + B_2 + C$ 构成了钢铁生产中由于消耗生铁而产生的间接碳排放量 D，而 $D = A_2 + B_2 + C$。综上所述，钢铁生产中间接或直接引致的碳排放总量即其生产链中的隐含碳排放总量，可表示为：$A_1 + B_1 + D = A_1 + B_1 + A_2 + B_2 + C$。

由此，在隐含碳的基础上，可以引申出贸易隐含碳的概念，即生产进出口贸易产品（或提供服务）所引致的碳排放量。在国际贸易中，虽然产品发生跨国转移，但该产品生产所引致的污染排放并未随之转移，而是继续留在生产国。因此，在进口国，由于实现了生产和消费的分离，为其通过贸易进行跨境转移污染排放提供了重要前提。出口隐含碳排放是指在生产出口产品过程中所产生的碳排放量，进口隐含碳排放是指进口产品在其国内生产过程中所产生的碳排放量。

二 碳泄漏

在研究全球气候变化的成果中，一些学者认为先行实施碳减排的国家与其他国家之间，尤其是发达国家与发展中国家之间，由于存在减排目标及政策的"不对称性"，出现发达国家的减排被无减排目标的发展中国家所增加的碳排放所抵消，即"碳泄漏"的现象。由于煤炭是当前导致全球碳泄漏最严重的能源，而美国与中国作为世界两个最大的煤炭生产及消费国，中美之间的碳泄漏行为最为显著。并且对外碳泄漏规模最大的国家和地区包括欧盟、美国和日本，而流入最大的国家有中国、墨西哥和中东地区，发生在美国与中东之间、欧洲与南非之间、中日和中美之间的贸易与投资是主要的碳泄漏渠道。与此同时，有研究认为，由于执行《京都议定书》所导致的资本跨国主要发生在附件 1 国家之间，并没有流向非附件 1 国家。因此，实际上碳泄漏的规模和严重性均被夸大。

三 碳排放权及碳排放责任分摊机制

（一）碳排放权

为了应对全球气候变暖，《联合国气候变化框架公约》提出将温室气体浓度稳定在"防止气候系统受到危险的人为干扰的水平上"的长期目标，并在2009年哥本哈根气候会议上将这一目标进一步具体化。按照这个要求，全球所能增加的碳排放十分有限，因此，为达到这一目标，必须平衡各国利益，鼓励各国积极实施碳减排。《京都议定书》提供了一个全球性且更为具体的"减排机制"，并给每个附件1国家确定"碳排放额度"，同时，允许排放额度不够的国家向额度富裕或没有额度限制的国家购买碳排放的指标和权利。

作为一种准公共物品和发展权，碳排放权的初始分配成为全球气候谈判的焦点。目前，影响较大的方案包括IPCC、G8、联合国开发计划署（UNDP）、OECD、趋同方案、GCI紧缩与趋同分配模型、RIVM参与法、美国基于碳排放强度下降的替代方案、二元强度目标和南非的SD-PAMs法等。其中，发达国家多倾向于人均排放趋同的分配方案，而以巴西、印度和中国为首的发展中国家则从福利公平的角度，提出了按历史、人均消费及最终消费进行分配的方案。由于目前发达国家与发展中国家对于碳排放权的分配方案存在较大分歧，短期内难以达成一致意见，碳排放权的最终分配原则将取决于未来各利益集团在全球气候谈判中的地位和力量对比。

（二）碳排放责任分摊机制

IPCC研究显示，生产者应为其在生产过程中产生的碳排放承担全部责任，IPCC所公布的各国碳排放数据也是基于该原则进行测算的[①]。并且，基于"生产者"（污染者）责任对各国碳排放量进行核算也是当前国际气候谈判和相关国际环境政策制定的依据和基础。然而，随着经济一体化程度的不断加深，"生产者"责任原则的公平性越来越受到质疑。许多学者认为，基于国家碳排放责任与义务相对等

---

① 该数据是以二氧化碳为主的温室气体排放数据。

的公平性，以生产者责任为基础的碳排放核算体制没有考虑到一国国内产生的碳排放总量所包括的贸易来源。因此，温室气体的消费者与生产者之间所存在分离使发达国家有可能通过从发展中国家进口高碳产品以减少本国的碳排放。这种通过对外贸易转移国内环境成本的现象会导致旨在降低全球碳排放的国际条约失去其实际效力。

鉴于此，越来越多的学者提倡基于"消费者"的碳排放核算原则，其主要依据是，该原则充分肯定各国在生产中的消费动机，认为如果产品的生产目的是为了满足消费需求，则消费者应当承担其在生产过程中产生的全部碳排放责任。并且，该原则尤其适用于减少发展中国家的碳排放清单数据，从而有利于降低其国际减排压力。

第三节 研究内容及研究方法

一 研究内容

本书研究内容共包含六章，内容如下：

第一章为绪论。介绍了本书的选题背景及研究意义，对贸易隐含碳、碳泄漏、碳排放权及碳排放责任分摊机制等相关概念进行论述。在此基础上，介绍了所采用的研究方法及技术路线。

第二章是对外贸易与环境的理论基础及实证研究。在这一部分内容中，本书介绍了包括环境库兹涅茨曲线、与底线赛跑及"污染天堂假说"等贸易与环境的相关理论及其经验研究结果，基于投入产出法对贸易隐含碳的测算方法及研究结果，根据研究结论划分的贸易对环境不同影响的实证研究结果，以及对于贸易隐含碳变化的分解方法及研究结果。

第三章为中国对外贸易及环境发展现状。首先，分别从贸易规模、商品结构及贸易方式对中国对外贸易的发展概况进行介绍；其次，重点以美国、日本两个中国最主要的贸易伙伴为研究对象，描述中美及中日贸易发展的现状；最后，从中国环境发展概况、碳排放总量及碳排放与国民经济总量、对外贸易之间脱钩关系三个方面对中国环境的发展现状进行阐述。

第四章为基于隐含碳的中国贸易环境测算。采用多区域投入产出方法，构建贸易隐含碳的测算模型。在计算中国、美国、日本三国各行业直接碳排放系数及完全碳排放系数的基础上，从总体及分行业对中美、中日贸易隐含碳规模进行测算。并根据 PTT 模型，分别对中美、中日贸易污染条件进行度量，以直观地考察对外贸易对中国环境状况的影响程度。

第五章为中国贸易环境效应分解研究。首先，基于 Grossman 和 Krueger（1991）提出的环境效应分析框架，采用 SDA 方法，构建一国贸易环境效应的分解模型。其次，采用中美、中日出口隐含碳数据，对中美、中日贸易环境效应进行分解，得出影响中美、中日总体、三大产业、主要制造行业及服务业出口隐含碳变化的主要因素及其变化特征。最后，对中美、中日贸易环境效应分解的结果进行对比和分析。

第六章为改善中国贸易环境促进贸易可持续发展的对策研究。根据研究结果，提出通过提升生产技术水平降低碳强度、调整产业结构促进贸易结构低碳化、转变贸易增长方式及积极参与国内外环境规则的制定及加强国际合作，以达到有效减少国内碳排放和贸易隐含碳排放规模，实现中国对外贸易可持续发展的目的。

二　研究方法

（一）投入产出分析法

由于利用投入产出法能够有效地估算出贸易品在从原材料投入到最终形成的整个生产价值链中直接或间接消耗能源而引致的污染排放总量。因此，该研究方法在贸易隐含碳的测算中得到较为广泛的应用。在本书研究中，采用多区域投入产出法，分别利用出口国及进口国投入产出表，对该国出口及进口隐含碳进行核算。

与此同时，由于加工贸易在中国出口尤其是对发达国家出口中占有重要份额，如不将进口中间投入对中间投入技术系数的影响去除，将导致出口隐含碳测算结果明显偏高。虽然有学者采用"按相同比例进口"的方法,将一国各行业进口中间品从其出口产品中进行等比例剔除,然而,这种方法忽略了部门之间对于进口投入品使用的巨大差异性,仍会造成较大测算偏差。因此,本书采用 WIOD 数据库所提供的区分中间品投入来源的非竞争型投入产出表,分行业将中间产品消耗予以剔除,从而得到更为精确的测算结果。

(二) 指标分析法

本书在贸易隐含碳的测算基础上,构建贸易污染条件指标(PTT),根据一国单位出口隐含碳排放量与其单位进口隐含碳排放量的比值计算中国在对外贸易过程中所获得或免除的环境污染程度,用以衡量对外贸易对中国国内环境的影响。

(三) 结构分解方法

结构分解法(SDA)是变量因素分解过程中所采用的主要经济分析工具,通过将因变量变动分解为相互独立的各自变量变动之和,以分析各自变量变动对因变量变动的影响方向和程度。

本书采用两级分解的 SDA 法将中国出口隐含碳变动的影响因素分解为技术效应、规模效应、结构效应三种效应,用以探寻促进或抑制中国出口隐含碳变化的内在因素,揭示改善中国对外贸易环境的根本途径。

第四节 技术路线

本书技术路线如图 1-2 所示:

基于隐含碳视角的中国贸易环境研究

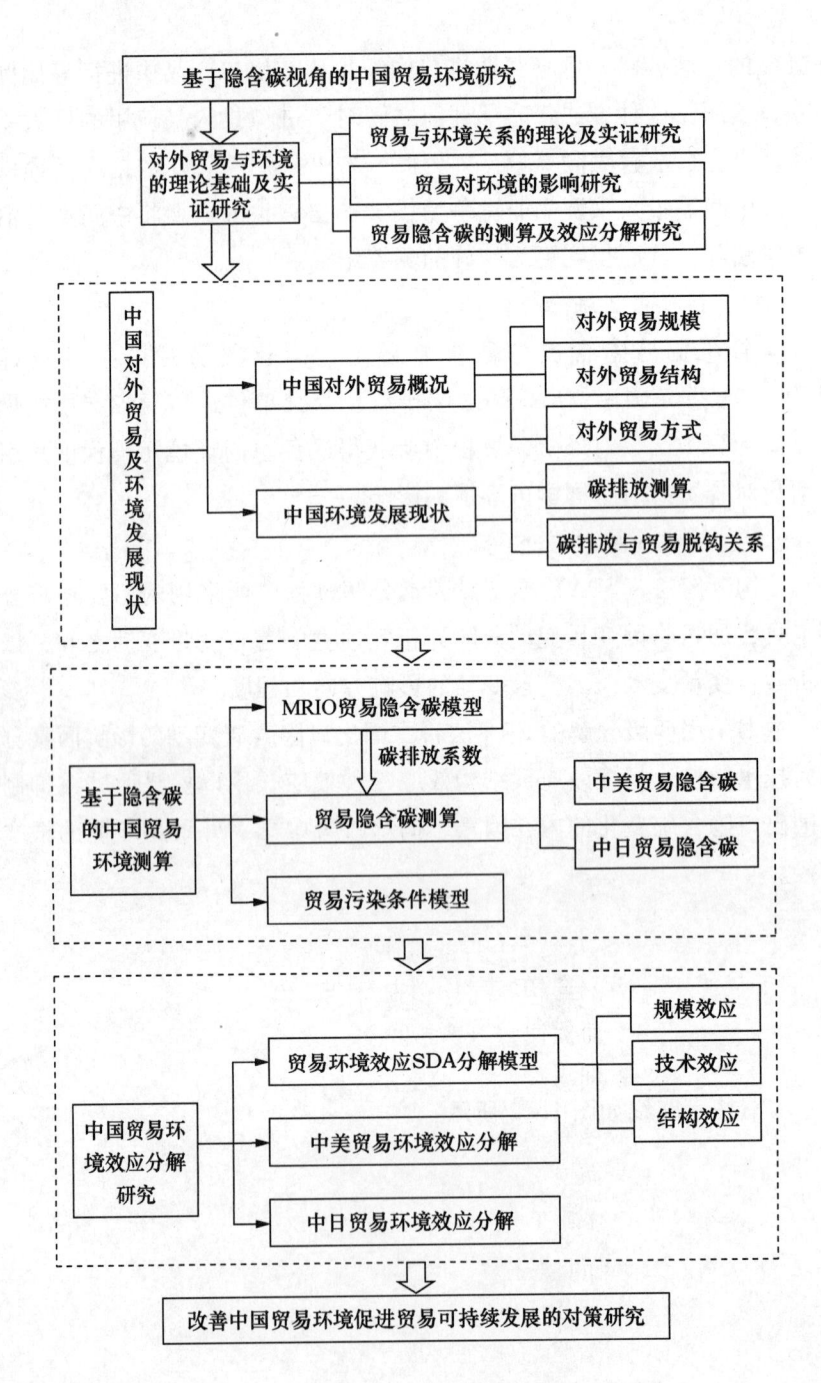

```
基于隐含碳视角的中国贸易环境研究
          │
          ▼
对外贸易与环境 ──→ 贸易与环境关系的理论及实证研究
的理论基础及实 ──→ 贸易对环境的影响研究
证研究         ──→ 贸易隐含碳的测算及效应分解研究
          │
          ▼
中国对外贸易及 ──→ 中国对外贸易概况 ──→ 对外贸易规模
环境发展现状                         对外贸易结构
                                   对外贸易方式
               ──→ 中国环境发展现状 ──→ 碳排放测算
                                   碳排放与贸易脱钩关系
          │
          ▼
基于隐含碳的中 ──→ MRIO贸易隐含碳模型
国贸易环境测算         │ 碳排放系数
                     ▼
               ──→ 贸易隐含碳测算 ──→ 中美贸易隐含碳
                                   中日贸易隐含碳
               ──→ 贸易污染条件模型
          │
          ▼
中国贸易环境效 ──→ 贸易环境效应SDA分解模型 ──→ 规模效应
应分解研究                                    技术效应
                                              结构效应
               ──→ 中美贸易环境效应分解
               ──→ 中日贸易环境效应分解
          │
          ▼
改善中国贸易环境促进贸易可持续发展的对策研究
```

图 1-2 技术路线

第二章 对外贸易与环境的理论基础及实证研究

第一节 贸易与环境关系研究

贸易的环境效应研究最初始于20世纪90年代，随着一些国家贸易发展与环境污染之间矛盾的突出，相关文献也随之丰富。

一 南北贸易模型

Copeland 和 Taylor（1994）最早通过构建贸易静态的理论模型，将所有国家划分为北方（发达国家）和南方（发展中国家）两类，在污染不会发生跨境转移的条件下，分析国民收入、污染水平与对外贸易间的关系。他们认为，由于贸易自由化会使北方国家的生产结构日益向低碳化发展，而南方国家则相反。贸易的结构效应会减弱北方国家的环境污染，而促使南方国家环境污染加剧。规模效应则对南北国家环境均产生不利影响。与此同时，由于收入提高带来的技术效应促使南北国家的环境得到改善，但作用力不强。因此，综合来看，贸易自由化会加重发展中国家的环境污染，而改善发达国家的环境状况。此后，Copeland 和 Taylor 对南北贸易模型进一步拓展，假定污染会发生跨境转移，而且各国可以通过污染排放许可证交易来管制本国的环境状况。由于贸易结构效应仍会扩大南方国家的"污染产业"和北方国家的"清洁产业"，促使南方国家通过增加许可证额度以适应其日益扩大的污染产业，而北方国家则相反。此时，若南北国家污染许可证增减额度不等，则自由化贸易会扩大全球的污染排放水平。此外，Siebert（1992）从国家间的合作视角分析了南北国家跨境污染问题的解决方案，他认为，南北国家通过合作及共同承担费用的方式有助于解决跨境污染问题；而在非合作型的跨境污染解决方案中，对污染国产品征收进口关税是另一国可优先采取的对策。Chichilnisky（1994）采用南北贸易模型，考察了产权制度对发达国家及发展中国家贸易模式的影响，指出在初始状态下，南方国家与北方国家在相同技术、要素禀赋及偏好条件下，由于南方国家对环境资源的产权界定不够清晰，而北方国家产权市场较为健全且制度条件比较完善。因此，制度差异在南北贸易中充当贸易动机——南方国家将专业生产环境密集型产品，而北方国家则通过从南方国家大量进口并消费定价过低的高污染产品。

二　环境库兹涅茨曲线

1991年，在针对北美自由贸易区谈判中，出于对自由贸易可能引起美国国内环境问题的担忧，经济学家Grossman和Krueger运用42个国家的空气污染指标与经济增长面板数据，首次分析了人均收入与环境污染之间的关系。结果表明，污染在低收入水平阶段会随着人均收入的提高而上升，而在高收入水平阶段反而会随着人均收入的增加而下降。经济增长从两方面对环境质量产生负面影响：一方面，经济增长需要增加投入，进而增加资源的使用；另一方面，更多产出也带来污染排放的增加。Panayotou（1993）将描述经济增长与收入分配之间"倒U型"关系的"库兹涅茨曲线"引入环境质量与经济增长的关系研究中，指出一国国内环境最初随着收入增加而恶化，但是在经济发展到达一定阶段会出现拐点，即污染水平会随着收入水平的提高逐渐下降。这种经济发展水平（收入水平）与环境质量之间的"倒U型"关系曲线被叫作"环境库兹涅茨曲线"（EKC）（见图2-1）。1994年，Grossman和Krueger采用四类环保指标进行分析。结果证实，人均收入与环境污染"倒U型"曲线确实存在，且其拐点大概在人均收入8000美元。Selden和Song（1994）则利用发达国家经济增长数据与悬浮粒状物质、SO_2等污染物数据进行实证研究，结果显示，人均污染排放与人均收入之间确实呈现出"倒U型"的曲线关系。

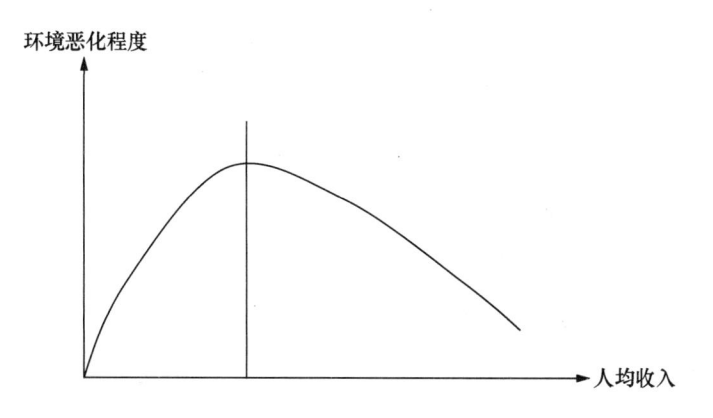

图 2-1　环境库兹涅茨曲线

国内学者的研究中,对于以环境库兹涅茨曲线的研究以实证为主,主要包括以下几个方面内容:

1. 库兹涅茨环境曲线存在

包群和彭水军(2006)通过对1996—2000年中国30个省级地区的六类环境指标进行分析,证实了"倒U型"库兹涅茨环境曲线的存在。并且,其研究结果显示,中国正处于库兹涅茨环境曲线的上升部分,但尚未达到环境改善的拐点。邢秀凤和刘颖宇(2006)用山东省1988—2002年数据,得出其工业废水曲线为"正U型+倒U型"。彭立颖等(2008)利用上海市1981—2006年的数据,研究结果表明,烟尘、二氧化硫、工业废水、工业CO_2排放量四项指标均呈"倒U型"。王志华等(2007)采用1990—2004年北京市数据,得出除工业废气和工业固体废弃物的排放量呈N型外,其他环境指标呈下降或"倒U型"。李飞和董锁成等(2009)运用1985—2007年中国30个省的经济指标和环境污染指标数据分析发现,工业废气、废水和固体废弃物污染量均与经济指标呈显著的"倒U型"关系,由此证实库兹涅茨环境曲线的存在。韩旭(2010)采用中国经济增长和环境污染指标数据研究发现,库兹涅茨环境曲线并不是一般规律,其中,与人们生活、生产关系密切的污染物与经济指标之间才更可能呈"倒U型"变化。张娟(2012)采用2003—2009年中国地级及以上地区的工业废水、SO_2及烟尘指标与经济指标进行分析显示，在全国范围内经济增长和污染排放之间大致契合 EKC 变化。

2. 贸易的库兹涅茨环境曲线不显著或不存在

吴海鹰和张盛林（2005）利用西部地区 1986—2003 年的数据，研究发现，"倒 U 型"的库兹涅茨环境曲线证据在西部不显著或不存在。曹光辉等（2006）研究也表明，1985—2003 年中国数据无法证明库兹涅茨环境曲线的存在，或者尚未到达环境改善的拐点。张红凤等（2009）利用 1986—2005 年山东省数据，结果显示，其环境污染与经济增长之间的关系并不确定，EKC 不存在。此外，有学者认为，对于是否存在"倒 U 型"库兹涅茨环境曲线并不具有重要意义。并且，即使证实其存在，对于结果的解释也应当慎重。因为从长期和整体看，经济发展与环境改善的"双赢"实际上很难实现，经济发展的最终结果必将使环境不断恶化。因此，所谓"库兹涅茨环境曲线"是"虚幻的"（钟茂初，2005）。

在对贸易"环境库兹涅茨曲线"现象的研究和解释的过程中，胡亮和潘厉（2007）对国际贸易、外国直接投资的库兹涅茨环境曲线研究现状进行分析。结果表明，EKC 方法本身在指标选取、经济分析和计量方法等方面存在不足，应侧重于对国际贸易、外国直接投资与环境反馈作用、经济活动与生态系统演进等领域进行拓展。朱述斌和高岚（2009）指出，新贸易保护论削弱了发展中国家的贸易竞争力，在贸易自由化下，发达国家通过污染转移加剧了发展中国家的环境压力。高静和黄繁华（2011）利用中国 30 个省级地区的面板数据，对中国是否存在"倒 U 型"的 EKC 曲线进行检验。研究结果显示，中国东部地区存在"倒 U 型"的库兹涅茨环境曲线，西部地区存在"正 U 型"的库兹涅茨环境曲线，而在中部地区不存在库兹涅茨环境曲线。赵忠秀等（2013）通过对中国贸易隐含碳进行测算，分析贸易流、投资流所承载的高碳产业跨国界转移现象，对环境库兹涅茨曲线理论进行解释。

三　向底线赛跑假说

一些学者围绕环境规制对一国对国内环境产生的影响机制展开理

论研究。"向底线赛跑"观点的提出最初出自美国各州对于资本和就业机会之间的竞争问题。由于各州政府为避免其他地方政府通过采用较低的环境标准吸引投资，竞相降低本州环境标准，从而使得各州平均标准更低。

在对外贸易与环境协调关系的问题上，"向底线赛跑"假说指世界各国为吸引国际投资竞相降低本国的环境标准，从而使世界陷入低环境标准的恶性循环中。这是由于在贸易自由化和经济全球化的趋势下，市场竞争更为激烈，资金流动更加自由。由于发展中国家国内环境标准较低，为了吸引投资，各国会竞相降低其环境标准，甚至发达国家也会再现为了防止资金外流和国内失业增加的目的而降低其国内环境标准的现象。尤其是在存在跨境污染的情况下，各国都会倾向于选择忽视环境政策对他国的影响而进行竞相降低环境标准。其最终结果是每个国家均会采取比没有国际竞争时更低的环境标准，从而加剧全球环境恶化。由于降低环境标准可以在一定程度上降低一国出口产品的生产成本，尤其对于"污染密集型"产业，治理污染的成本降低会使其"环境比较优势"更为突出。因此，在全球经济一体化的过程中，各国为了保持或提高自身的比较优势，拓宽经济利益，往往通过降低本国环境标准以维持或增强竞争力，从而出现"向底线赛跑"的情况。此外，降低环境标准还有利于招商引资，吸引发达国家"污染密集型"产业向发展中国家转移。因此，"向底线竞争"会令某些国家的环境标准崩溃，使其成为"污染天堂"。

此外，也有学者持有不同见解，他们认为虽然"向底线赛跑"在理论上成立，但是缺乏实际依据。因为并不是所有国家都会采取降低环境标准来提高自身比较优势。并且，该理论假说成立的前提是较低的环境标准能够作为资金流出的主要诱因。由于发达国家环境成本占企业总体生产成本的比例很低，因而发展中国家较低的环境标准并不能促使其资金流出和产业向外转移。Dean（2002）研究得出，企业通过环境标准降低带来的成本节约在企业总成本中仅占很小比例，并不会对企业竞争力产生根本影响。因此，尽管大部分发达国家环境标准比较严格，但是，许多国家环境敏感产品的出口变化不大，从而较低的环境标准对其产业转移影响不大。Eliste 和 Fredrison（2002）在考察出口竞争国家贸易自由化及战略性贸易政策对环境标准的影响过程中，并没有发现支持"向底线竞争"的证据。Wheeler（2001）通过选取接受美国直接投资最多的 3 个发展中国家——巴西、中国、墨西哥主要大城市的空气质量和水污染指标为样本，研究结果表明，这几个国家的空气悬浮颗粒物和水污染均呈现出下降趋势。这是因为企业污染控制成本在总成本中所占比例较小，并且美国跨国企业严格遵守国际环境标准。同时，即使低收入国家环境规制未能获得严格执行，但是随着国民收入的增长，高污染企业也会受到相应处罚。因此，环境质量的"底线"会随其经济增长而有所上升。

还有一些学者通过研究得出与"向底线竞赛"相反的结论：发展中国家微弱的环境成本劣势不仅不会吸引发达国家的产业转移，反而由于对外贸易能够提高其在资本密集型产品的专业化程度，从而促使其环境得到改善。同时，由于贸易提高了发展中国家在劳动密集型产品的专业化优势，使更多的高污染品在环境标准更严格的发达国家进行生产，从而使全球环境最终得到改善（Antweiler et al.，1998）。也有研究得出，自由贸易与一国环境改善之间存在正向联系，因而贸易对于各国环境影响是竞相提高环境标准而非降低环境标准。

在国内研究中，祝树金和尹似雪（2014）采用 2001—2010 年 48 个国家数据，研究发现，出口高污染产品促使一国环境规制降低的"向底线赛跑"结论仅在发展中国家成立。对于发达国家来说，高污染产品的出口反而会使国内环境规制标准进一步提高，这一方面会有助于推动减排的生产技术创新，另一方面则通过加快其向发展中国家转移高污染产业的步伐，以改善国内环境。

四 "污染天堂"假说

（一）"污染天堂"假说的理论框架

除了"向底线赛跑"假说，关于各国环境标准差异与国际投资之间关系还有一种观点，即当一国提高环境标准时，与环境标准较低的外国企业相比，其国内企业竞争优势受到削弱，促使环境标准较高国家企业将其生产逐渐向低环境标准国家转移。因此，环境标准低的国家会吸引外国污染产业进入国内,从而成为"污染天堂"。"污染天堂"假说的理论模型中包括完全竞争市场和非完全竞争市场两种情况:一是在两国的完全竞争模型中,假设有一个生产部门及两种要素(劳动和资本)。企业在生产过程中产生污染,而政府对排污征税。国际制定的环境规制降低了资本的收益率,因而驱动资本流向国外,直至两国资本收益率相等。因此,严格的环境标准规制会降低资本利润,导致资本外流使国内资本相对稀缺,从而推动国内工资水平下降及外国工资水平上升。在 N 国模型中,假设有一个非贸易商品及三种生产要素(包括可自由流动的资本、不可流动的劳动和环境),得出了类似的结论。二是在非完全的两国竞争市场模型中,假设单个企业存在规模报酬递增。由于两国均设有环境税,因此,企业需要对在一国还是两国投资生产进行决策。分为两种情形:一种是由于生产对环境破坏比较严重,两国均通过制定较高环境标准将企业逐出市场,即"离开我家后院"情形;另一种是生产给环境带来的损害较小,两国在环境标准上存在竞相以低环境标准吸引投资者的态势,即上文提到的"向底线赛跑"。

一些学者通过构建垄断竞争的一般均衡模型,也得到了类似的结论。可以假设,两个国家在规模报酬递增条件下生产异质性产品,而在规模报酬不变的条件下生产同质产品。企业投入资本、劳动要素,并缴纳排污税进行生产。当一国提高排污税,对另一国会同时产生三种效应:第一,企业转移投资,使资本收益率增加;第二,排污税率提高使得税收收入增长;第三,生产规模的扩大造成污染物排放增长,环境恶化。当污染产生的福利损失较小时,两国环境规制处于"向底线赛跑"状态,当污染产生的福利损失较大时,由于两国提高排污税,则会产生"离开我家后院"现象。Copeland 和 Taylor (1994) 认为,贸易自由化会促使发展中国家降低本国环境标准,使其在环境规制方面拥有比较优势,从而吸引发达国家的污染密集型产业向其国内转移,导致发展中国家环境恶化。在此基础上,Copeland 和 Taylor 将环境经济学和国际贸易理论结合起来,构建了一个同时涵盖"污染天堂假说"和"要素禀赋假说"的有关贸易和环境的基本理论框架。他们对"污染天堂效应"及"污染天堂假说"进行区分。他们认为,"污染天堂效应"指一国环境政策对产业布局、生产及转移的影响,"污染天堂假说"则指当"污染天堂效应"对于一国贸易格局的影响超过资源禀赋等其他影响贸易的传统因素,而起到的主导作用。研究表明,当国民收入提高时,对环境的要求也相应地提高,从而促使国内环境质量得到改善。同时,环境规制对贸易及投资存在"污染天堂效应"。此外,尽管"污染天堂效应"被证实存在,但并没有充分证据证实该效应在对国际贸易格局的影响中处于主导地位,因而,"污染天堂假说"并不成立。

(二)"污染天堂"假说的实证研究

一些学者通过实证研究在一定程度上支持了该假说。Low 和 Yeats(1992)在对发达国家及发展中国家污染密集型产品的国际市场占有率及显性比较优势指数进行测算和比较时发现,1965—1988 年美国污染密集型产品在世界市场中所占份额由 21% 下降到 14%,而东南亚国家比重则从 3.4% 上升为 8.4%。同时,发展中国家污染密集型产品的比较优势也高于发达国家,因而,污染密集型产业存在由发达国家向发展中国家迁移的现象。Mani 和 Wheeler(1997)研究也表明,1960—1995 年,日本、北美和西欧等发达污染密集型产业在制造业的比重不断下降,而亚洲、拉丁美洲等发展中国家的比重却持续上升。此外,发展中国家污染密集型产品净出口快速增长与 OECD 发达国家减排成本上升处于同一时期。尽管对于许多国家"污染天堂"效应并不一定长期存在,但可以证明其效应确定存在。赵忠秀等(2013)通过对比中美高碳行业与低碳行业 NETXC 指数的变化趋势,得出中国正在成为美国转移其机械、交通运输制造等高碳行业的"污染天堂"。

尽管不少研究证实了"污染天堂"假说的存在,但是并没有足够的证据证实严格的环境标准与投资转移之间存在强相关关系。Leonard 在研究跨国公司投资时发现,与其他因素相比,环境规制的遵循成本仅在边际量上对投资转移的决策有所影响。Walter(1973)研究发现,相对于其进口产品,美国出口产品更为"肮脏"。此外,Mukhopadhyay 和 Chakraborty(2005)、Dietzenbacher 和 Mukhopadhyay(2007)

结果均表明，作为发展中国家的印度是能源与隐含污染的净进口国。因此，得到与其诊断相反的结论。在国内学者的研究中，李小平和卢现祥（2012）采用中国与 OECD、G7 等发达国家之间的贸易数据，研究分析发现，这些先进国家和地区通过贸易向中国不仅转移了污染型产业，同时也转移了大量的清洁型产业，从而中国并未通过对外贸易成为发达国家的"污染天堂"。何洁（2010）采用 1993—2001 年中国 29 个省的工业碳排放数据，通过建立联立方程，其研究结果同样得出不支持该假说的结论。

第二节 贸易对环境的影响研究

随着全球对气候问题的关注及全球碳排放规模的快速增长，学术界基于不同视角，将碳排放作为衡量环境的主要量化指标，采用不同的方法研究了贸易对各国环境的影响。其中，国内学者取得了十分丰硕的成果：

一 碳排放的影响因素研究

杨振（2010）采用主成分分析方法考察了人口因素及经济因素对中国碳排放的影响。其中，人口因素分为总人口、城市化和居民收入因素；经济因素分为经济规模、产业结构、能源结构及碳排放强度。王锋等（2010）采用 LMDI 方法，将中国碳排放增长分解为人均收入、家庭年均收入、总人口、能源强度、经济结构等 11 个因素，对其贡献进行测算。许士春等（2012）同样运用 LMDI 分解方法，分析了总产出、人口规模、能源结构、能源强度等因素对中国碳排放增长的贡献。贺红兵（2012）、李武（2011）、杜鹃（2011）等基于回归方法估计了经济增长、能源强度、能源结构、产业结构、对外开放等因素对中国碳排放的影响差异。秦昌才和刘树林（2012）将碳排放的影响因素归纳为技术、结构和规模三个一级因素，并进一步分解为碳排放强度、能耗强度、能源结构、产业结构、经济规模、人口规模六个二级因素。侯鹏飞（2012）基于 Kaya 模型，分析了 GDP、人口、能源结构及能源强度等效应对碳排放的影响。

此外，杜立民（2010）通过构建静态及动态面板数据模型，对影响中国碳排放的因素进行检验。结果显示，重工业比重、城市化水平和煤炭消费比重对碳排放均具有显著的正效应。李楠等（2011）研究了总人口、人口城市化率及老龄化率、恩格尔系数与碳排放之间的关系，得到人口城市化率、消费结构、工业就业人口比重等人口结构指标对中国碳排放规模有正向影响，而人口规模、人口老龄化率对碳排放影响为负。张传平、周倩倩（2012）研究得出，能源价格与碳排放之间存在协整关系。申笑颜（2010）采用灰色关联方法，结果显示，总人口、煤炭和水电消费在因素与中国碳排放关联度最高，其次为石油、天然气消费，最后为核电与经济总量。王栋等（2012）研究得出，最终需求的变化是导致1997—2007年中国碳排放变动的主要因素。

由于工业碳排放在中国碳排放总量中占有绝对比重，一些学者以工业及制造业的碳排放为主要研究对象，对其影响因素进行考察。张华（2012）采用LMDI分解模型，对影响各工业行业的碳排放的因素进行分解，结果表明，黑色金属冶炼及压延加工业碳排放规模最大。各行业的经济规模对其碳排放影响较大，而行业结构变化影响较小，而能耗强度对行业影响有所差异。丁维佳（2012）采用STIRPAT模型，分析了人口、财富和技术因素对中国制造业碳排放的影响，结果显示，人口、财富总量对制造业碳排放存在正向影响，技术则对其产生负向作用。

还有部分学者采用省级面板数据，对中国不同区域碳排放的影响因素进行研究。赵耀昌（2011）根据各区域碳排放的面板数据，分别从长期、短期角度考察了经济增长、产业结构、能源消费结构、固定资产投资、外商直接投资及技术进步等因素对人均碳排放的影响。结果显示，人均GDP是人均碳排放的最主要影响因素，能源消费结构、固定资产投资比率对人均碳排放的影响也较大。从长期来看，产业结构影响显著，但短期内影响并不显著。

总体来看，国内学术界对于影响中国碳排放因素的研究基本上取得较为一致的看法：产出（包括经济总量、GDP 或者人均 GDP）是中国碳排放增长的主要推动因素；作为技术进步的结果，能源强度或效率则是抑制碳排放增长的主要因素；人口规模、城市化、居民收入水平等人口因素也是碳排放增长的重要原因。对外贸易（包括进口、出口）也对碳排放增长有正向影响。然而，关于产业结构、能源结构等因素对碳排放增长的影响，学者们的观点则有所不同。

二 有关贸易对环境影响不同结论的实证研究

一些学者在其研究中涉及对外开放及国际贸易对环境的影响。赵欣、龙如银（2010）研究发现，经济增长是促使中国能源消耗及碳排放的主要因素，国际贸易是次要因素，科技投入及技术引进对碳排放有负向影响。刘军（2011）采用行业面板数据研究了中国制造业碳排放的影响因素，得出产出规模、能源消费结构对碳排放有显著正影响，技术水平、产业结构升级则显著抑制了制造业的碳排放规模。此外，行业开放程度也对碳排放的增长起到了一定的抑制作用。黄敏（2012）采用结构分解方法，结果显示，最终需求规模和进口规模扩张是国内消费碳排放增长的主要原因，出口规模是出口碳排放增长的主要促进因素。赵忠秀等（2013）研究表明，1990—2010 年，贸易与消费是造成中国人均碳排放增加的主要原因，对外投资则未对国内"碳环境"造成压力。

由于对外贸易对一国环境影响因素较为复杂，一方面，通过对外贸易，一国经济活动范围不断扩大，从而使国内资源得到更为有效的配置，不仅能够为本国环境状况改善提供资金支持，也有利于促进国际环保技术向国内扩散。另一方面，对外贸易会加剧国内生态资源开发和消耗进度，促使国内污染排放规模扩大。因此，学术界在贸易的最终环境影响上一直存在较大争议，总的来看可以分为以下三种观点：

（一）贸易对环境具有消极影响

该观点认为对外贸易对一国尤其是发展中国家环境的影响弊大于利。Jenkins（1998）在分析拉丁美洲的对外贸易和环境污染间的关系时发现，对外贸易发展使其国内的污染排放规模持续攀升。Managi

(2004)采用63个国家1960—1999年的贸易数据和碳排数据进行计量分析发现,贸易开放对污染排放的弹性系数大于0.5。可见,总体上贸易自由化会促使污染排放增长。

随着中国在世界经济地位和气候变化影响力的提升,有关中国贸易对环境影响的研究文献逐渐增多。大多数学者认为,对外贸易规模的扩张给中国环境造成了不利影响。Ren等(2014)运用投入产出法对2001—2011年中国19个行业贸易隐含碳排放规模进行测算,结果显示,从总体来看,中国已成为"污染避难所",并且中国贸易隐含碳盈余规模持续增长。Yan和Yang(2010)、Liu等(2010)、Chen和Zhang(2010)等通过研究也得到类似结论,即由于中国贸易隐含碳存在大规模净出口,中国已经成为发达国家的"污染避难所"。

国内相关研究也大多得出中国通过对外贸易给国内环境带来负面影响的结论。李怀政(2010)分析了中国主要工业部门出口贸易所引致的环境效应。结果表明,这些部门出口的快速增长环境的消极影响远大于其出口结构改善及技术水平提高给环境所带来的积极影响。因此,出口贸易给本国环境有较高的负面影响。彭水军和刘安平(2010)基于投入产出模型对1997—2005年中国进出口品中所含的气体污染、水污染等四类污染物进程进行核算,结果证实中国一直是这些污染排放的净出口方。孔淑红和周甜甜(2011)通过分析中国出口贸易与环境污染的基础数据发现,开放程度越高的工业部门其出口规模增长与环境污染排放增长的变化趋势越趋于一致。因此,自由化贸易实际上恶化了中国的环境质量。除了基于国家层面的分析以外,还有学者通过省级数据进行分析。王文娟(2012)研究结果显示,除了工业性固体废弃物外,贸易开放度提高了中国各省的工业污染排放。由此判断,贸易自由化总体上会引起本国环境质量的恶化。以上国内的研究成果主要是基于多种污染指标进行的分析,也有不少文献是基于代表性污染物指标进行分析的。许广月和宋德勇(2010)以碳排放为代表性污染指标来验证了"污染天堂假说"。张根能等(2014)基于SO_2这一污染指标进行研究发现,2003—2011年中国出口贸易对本国环境的综合效应为负。

（二）贸易对环境具有积极影响

与第一种观点相反，另一种观点认为贸易开放有利于环境保护。Bhagwati（1993）指出，贸易给环境造成的损失将会随着贸易经济收益的提高而降低，即贸易通过改善一国出口结构，提高生产技术水平，其对一国环境的正向作用高于规模效应的负向作用，因而最终促使改善一国环境状况。Ferraz 和 Young（1999）的研究表明，贸易开放提高使巴西整个工业部门的污染排放强度呈下降趋势，因而贸易自由化提高了该国环境质量。Antweiler 等（2001）通过构建简单的一般均衡模型来分析1971—1996年43个国家贸易自由化对本国二氧化碳排放的影响。结果表明，由于贸易规模的负效应小于技术效应的正效应，加上贸易结构效应较小。因此，综合来看，贸易自由化将促进环境质量的改善。Dean（2002）通过汇总中国各省水污染数据分析发现，随着人均收入的提高，贸易技术效应的抑制作用会高于结构效应的促进作用。因此，在各效应的共同影响下，贸易开放降低了中国水污染排放规模。

在国内研究中，少数学者得出了贸易对中国环境有着积极影响的结论。陈红蕾和陈秋峰（2007）以二氧化碳为代表性污染物进行研究显示，贸易技术效应的改善作用高于贸易结构及规模效应的恶化作用。因此，总体来看对外贸易可促进中国环境状况的改善。沈利生和唐志（2008）通过运用投入产出模型对2002—2006年中国贸易隐含碳进行核算发现，总体上国内进口碳减排强度高于出口碳增排强度，因而对外贸易可促使中国碳排放量的下降。闫云凤和赵忠秀（2012）的研究得出，中国碳排放的环境贸易条件小于1，说明对外贸易规模扩张有利于中国节能减排。

（三）贸易对环境影响不明确

由于贸易对环境影响因素较多，且各影响因素的效果存在明显差异，部分因素作用并不明确，因此，一些研究认为，对外贸易的环境影响具有不确定性。Antweiler 等（1998）基于1971—1996年44个国家的面板数据分析发现，虽然技术效应对环境污染的减排量高于规模效应的增排量，但结构效应的影响效果并不确定，因此贸易对各国的环境影响存在明显差异。Managi 等（2009）运用工具变量法研究发现，贸易的最终环境影响会随所选污染指标或国家的不同而有所变化。

第三节 贸易隐含碳的测算及效应分解研究

目前，国内外学者对于贸易隐含碳的测算主要采用的研究方法是投入产出法。根据投入产出表及该行业的碳排放系数，得到生产最终产品的碳排放总量。根据其适用对象，投入产出模型可以分为单区域投入产出模型（SRIO）和多区域投入产出模型（MRIO）。其中，SRIO 模型所需数据较少、使用简便，最初多用于对一国整体贸易隐含碳进行测算。后来，SRIO 模型也应用于不存在技术差异假设下的双边贸易的隐含碳研究中。然而，由于 SRIO 模型国家技术水平相同的假设过于严格，因而，在许多情况下，其测算结果与经济事实存在较大误差。近年来，随着投入产出数据和碳排放统计数据的逐渐完善，MRIO 模型逐渐得以推广。根据研究对象的不同，贸易隐含碳的测算成果大体可分为三类：

一　贸易隐含碳的测算

（一）多个国家或区域的贸易隐含碳

在这类研究文献中，基本得到较为一致的结论，即国际贸易使低收入的发展中国家承接来自发达国家的碳排放，从而为其承担环境负荷。Wyckoff 和 Roop（1994）的实证分析表明，OECD 中最大的六个成员国通过制成品进口而转移了国内 13% 的碳排放。Ahmad 和 Wyckoff（2003）以占据全球碳排放总量 80% 的 24 个 OECD 国家为代表，对其 1995 年的货物贸易隐含碳进行测算。结果发现，这些国家在货物贸易过程中净进口了 5% 的国内碳排放。Peters 和 Hertwich（2008）利用 GTAP 数据和 MRIO 模型对 2001 年 87 个国家和地区的贸易隐含碳进行测算，结果显示，贸易隐含碳排放量占世界碳排放总量超过 1/4，其中，中国出口隐含碳约占国内实际碳排放的 24%，进口碳则占7%。此外，有些研究表明，隐含碳的净出口方除了低收入的发展中国家外，还包含一部分中等收入的发展中国家及少数资源丰富的发达国家。Chen 和 Chen（2011）对 G7、金砖四国及其他国家的贸易碳失衡状况进行分析显示，作为发达国家的 G7 国有 1.53Mt 的贸易碳盈余，而中等收入的新兴发展中国家有 1.37Mt 的贸易碳赤字，其余国家的贸易碳接近平衡。Kirsten 等（2012）通过测算得出，1995—2005 年，OECD 国家的进口隐含碳增加了约 80%。

（二）一国与其贸易伙伴的双边贸易隐含碳

这类成果大多以发达国家之间或者发达国家与发展中国家的贸易隐含碳问题作为研究对象。一般认为，技术更为先进的发达国家一般为隐含碳的净进口国，并且，由于技术水平差异的存在，通过双边贸易可能会增加全球碳排放总量。Shui 和 Harriss（2006）使用经济投入产出生命周期评价软件，测算出中美 1997—2003 年的贸易隐含碳排放。他们发现，通过中美两国贸易使美国避免了 3%—6% 的国内碳排放，而中国则增加了 7%—14% 的国内碳排放。并且，由于中国生产技术水平远落后于美国，中美贸易实际上扩大了全球碳排放总规模。Ackerman 等（2007）通过分析美日两国的贸易隐含碳排放发现，1995 年两国贸易使美国减少 14.6Mt 碳排放，而日本则增加了 6.7Mt 碳排放，总体上两国贸易共使全球避免了 7.9Mt 碳排放。Li 和 Hewitt（2008）对 2004 年中英之间的贸易隐含碳进行测算。Xu 等（2009）测算了中美之间在 2002—2007 年的贸易隐含碳。Liu 和 Ishikawa（2010）得出，1990—2000 年，中国作为隐含碳的净出口方，通过贸易大量承接日本向中国的碳转移。

在国内研究中，周新（2010）采用 MRIO 方法，对 10 个国家的贸易隐含碳进行测算。结果显示，美国是最大的贸易隐含碳净进口国，其次是日本，而中国是最大的隐含碳净出口国。蒙英华和裴瑱（2011）测算了中国对美国出口规模最大的 10 种货物的贸易隐含碳。结果显示，中国对美国出口的这 10 类货物的贸易隐含碳总量约占中国对美国总出口隐含碳的 3/4。其中，尤以办公室机器、杂项制品等产品的出口隐含碳排放规模最大。吴先华等（2011）通过对中美两国贸易的碳排放转移进行测算，结果表明，由于中国对美国出口以劳动密集型及资源密集型产品为主，因而为美国承担了大量的碳排放。赵忠秀和王苒（2012）通过测算1998—2010年中日两国主要贸易产品的碳强度，发现在中国主要出口贸易产品中，竞争力较强的多为高碳产品，其中机械制造业存在由日本向中国碳转移的现象。张璐（2013）通过计算证实，1990年、1995年和2000年，中国对日本存在隐含碳净出口，并且双边贸易有利于两国碳排放的减少。此外，吴献金和李妍芳（2012）、赵玉焕和王淞（2014）的研究结果也证实中国对日本的出口隐含碳大于其进口隐含碳，中日贸易存在碳排放转移的现象。马晶梅和王新影（2015a，2015b）、马晶梅等（2016a，2016b）通过测算并对比中国与美、日两国贸易隐含碳规模，研究得出，无论作为顺差国（在中美贸易中），还是作为逆差国（在中日贸易中），中国均处于贸易隐含碳的净出口方，且中国向美国净出口隐含碳是日本的1—4倍。中国通过贸易承接了美国及日本的碳转移，成为其"污染避难所"。尤其在对日本贸易中，中国同时处于对日贸易及贸易隐含碳的"双失衡"局面。

（三）单一国家的贸易隐含碳

由于测算一国整体进口隐含碳存在数据获取与处理上的困难，因而，此类研究大多采用SRIO模型。Schaeffer等（1996）通过测算1970—1993年巴西对外贸易隐含碳得到，发达国家通过对其贸易，将碳排放转移给巴西。Machado等（2001）测算了1995年巴西非能源商品中的贸易隐含能源与碳排放，研究得出，巴西通过非能源品贸易使得本国增加了3.6Mt碳排放。Sánchez - Chóliz和Duarte（2004）通过估算西班牙整体的对外贸易隐含碳排放得到，该国少量出口品中都隐含着大量碳排放。Wang和Watson（2007）研究得出，由于中国对西方发达国家出口迅速增加，导致其碳排放量激增。2004年，中国净出口隐含碳占国内碳排放总量的23%。Lin和Sun（2010）的测算结果显示，2005年中国生产所产生的碳排放量大于其用于消费的碳排放量，其净出口隐含碳占其出口隐含碳总量的31%，从而证实了"碳泄漏"的存在。也有学者采用MRIO模型，对一国贸易隐含碳进行测算。Manfred 等（2010）研究发现，1994—2004 年英国的对外贸易隐含碳呈现出显著上升的趋势。此外，Virtanen 等（2011）采用 EIO-LCA 模型对芬兰食品行业的贸易隐含碳进行了测算。

在国内研究中，朱启荣（2010）测算了 2002 年、2007 年中国出口隐含碳的排放量，研究发现，中国出口隐含碳呈现快速增长趋势，且高碳产品正逐渐向中国出口行业转移。杨会民、王媛、刘冠飞（2011）测算了 2000 年、2007 年中国进出口贸易隐含碳量，结果显示，2000 年中国进、出口隐含碳为 1.28 亿吨和 3.64 亿吨；2007 年中国进、出口隐含碳为 2.70 亿吨和 9.81 亿吨，两年净出口隐含碳量分别占当年碳排放总量的 29.8% 和 47.4%。宋莹莹（2012）对 2006—2009 年中国出口贸易隐含碳进行测算，得出在此期间中国出口隐含碳规模呈下降趋势。但是，在全国碳排放总量中仍然占有较高比重，约为 1/5。其中机器、机械器具、电气设备等行业出口隐含碳规模相对较大。究其原因，与这些行业出口额规模较大及碳排放强度较高密切相关。邱强、李庆庆（2012）通过测算 2000 年、2005 年及 2007 年中国进出口贸易隐含碳，研究发现中国贸易隐含碳净出口量增长迅速，隐含碳净输出量分别为 0.83 亿吨、1.55 亿吨和 2.36 亿吨。闫云凤等（2013）采用 MRIO 模型，在测算中国对外贸易隐含碳的基础上，对其生产者责任和消费者责任进行对比，得出欧盟通过贸易对中国进行"碳泄漏"。赵玉焕和王邵军（2015）通过测算中国及各行业 1995—2009 年贸易隐含碳，结果显示，中国净出口隐含碳从 360.96Mt 增加到 975.26Mt。其中，纺织、光电设备制造业等部门是主要的隐含碳净出口部门。谭娟和陈鸣（2015）采用 MRIO 模型对 1995—2011 年中国与欧盟之间贸易隐含碳进行测算，得出中国对欧盟进出口隐含碳增幅明显，且出口隐含碳远高于进口隐含碳。

通过对各国贸易隐含碳测算，绝大部分研究得出，发达国家主要成为贸易隐含碳的净进口方，而发展中国家则为净出口方。因此，发达国家通过贸易向发展中国家转移了大量的碳排放，从而使大部分发展中国家沦为这些发达国家的"污染避风港"。

二 贸易隐含碳变化的效应分解研究

（一）理论框架

有关贸易隐含碳影响因素的研究，主要以 Grossman 和 Krueger（1991）的研究为主要框架，在其研究过程中，将一国对外贸易影响其环境质量的主要因素分解为规模效应、技术效应与结构效应三种途径。其他学者在其理论基础上进一步扩展为规模效应、结构效应、收入效应、产品效应、技术效应和规制效应。目前，有关贸易对环境的效应研究成果以 Grossman 和 Krueger（1991）提出的规模效应、技术效应和结构效应为主：

1. 规模效应

规模效应是指由于贸易引致的经济规模变化对环境造成的影响。由于贸易自由化扩大了经济活动的规模，因此，自然资源的使用量相应会有所增加。与此同时，由于贸易增加了收入，使得人们倾向于更多投入用于环境保护。因此，通过扩大对外贸易规模，达到降低生产成本，优化其国内资源配置的目的。在这种情况下，一定程度上削弱了对外贸易通过促进经济增长而给环境带来的负面影响。

2. 技术效应

技术效应是指对外贸易通过其生产技术变化对国内环境造成的影响。贸易对环境的技术效应主要体现在通过贸易自由化可以促进一国规模经济的形成，促进其生产技术的改进和创新，从而减少对资源的消耗。当一国经济及对外贸易快速增长时，研发支出往往也迅速上升，从而推动技术进步。其影响主要分为以下两个方面：第一，其他条件不变时，一国技术进步能够促使生产率提高，改善资源的使用效率，降低单位产出的要素投入，从而削弱生产对自然环境的负面影响；第二，随着更先进环保技术的使用，清洁技术逐步取代肮脏技术，清洁生产技术的使用带来的技术溢出效应又进一步促进生产技术水平的提高。同时，可再生资源的广泛使用和资源循环利用技术的推广，也大大地降低了单位产出的碳排放。

3. 结构效应

结构效应是指对外贸易通过引起国内产业结构和投入结构变化，

从而对环境产生影响。随着国际专业分工的不断深化和国际贸易的快速发展，各国对于本国的资源禀赋优势的依赖日益加深，从而使国内经济结构发生变化。由于不同国家自然资源禀赋有所差异，因此，一国贸易结构效应对环境的影响可能体现为两个方面：其负面作用主要体现在工业化早期，当一国经济结构从农业向能源密集型重工业转变，使本国污染加重，国内环境恶化。此外，当一国环境价值被低估时，通过贸易将生产分配到不适合的部门或地区，或者国家为了追求贸易的规模效应，过度利用环境资源，将一国的生产和贸易建立在大规模投入资源的基础上，促使贸易的环境成本上升，由此产生负的结构效应。相反，其正面作用体现在一国通过对外贸易促使资源配置优化。同时，当一国产业结构由对环境污染影响较为严重的第二产业向对环境影响较轻的服务业和知识密集型产业转化时，随着投入结构的变化，单位产出的碳排放水平下降，环境质量得到改善。这一现象对于工业化过程中的发展中国家尤为重要。

一般来讲，不断扩张的对外贸易规模效应促使环境恶化，技术效应则有利于环境改善，结构效应不确定。在一国经济起飞阶段，由于资源消耗超过资源的再生规模和速度，有害废物大量产生，规模效应、结构效应为负，其总和往往超过技术效应，使环境得以恶化；当经济发展到一定阶段，技术效应和正面结构效应超过规模效应，环境恶化现象得到缓解，或者出现改善。

(二) 贸易隐含碳变化效应的实证研究

国内外学者主要采用以下两种研究方法，考察贸易对环境的影响因素（实际上指贸易隐含碳的效应因素分解）：

1. 指数分解方法 (Index DecompositionAnalysis，IDA)

IDA 方法由于其指数构建及测算过程比较简单而被广泛采用。Dong 等 (2010) 利用该方法计算了中日贸易隐含碳的变化，得出贸易扩张是推动中日贸易隐含碳规模增长的主要原因，而碳排放强度下降则起到抑制作用。王媛等 (2011) 应用 LMDI 分解方法对影响中国隐含碳净转移的影响因素进行分析，结果表明，中国碳强度效应对于中国净转移隐含碳贡献高达 60%，规模效应的贡献为 55%，结构效应为负，贡献率为-14%。徐军委（2013）、马敬昆等（2013）也基于LMDT方法对影响中国碳排放增长的因素进行测算和研究。谭娟和陈鸣（2015）利用LMDI方法，将影响中国出口欧盟隐含碳的效应分解为规模、结构、能源结构、能源消耗效率及生产技术五类效应。其中，能源结构、出口规模与中国出口隐含碳排放呈稳定正相关关系。

2. 投入产出的结构分解方法（Input–Output Structural Decomposition Analysis，SDA）

该方法由于能够比较充分地刻画国民经济各部门、技术与需求模式之间的关联影响，尤其适合对由其他部门产生并通过中间投入进行传递的结构及生产率变动对某一部门所造成的间接影响进行估算。Gould（1986）较早采用SDA方法，对加拿大产业结构、最终需求结构等因素的变动对能源消费量的影响进行测算。Cole等（1998）研究得出，亚洲部分发展中国家其贸易技术效应还未充分发挥，而贸易结构正效应远低于规模负效应。因此，在这些国家中对外贸易有着消极的环境影响。Antweiler等（1998，2001）基于1971—1996年40多个国家的面板数据，分析了贸易自由化对其碳排放的影响。结果显示，规模效应为正，技术效应为负，且技术效应对碳排放的抑制作用高于规模效应的促进作用，结构效应影响相对较小。从各效应综合来看，贸易自由化总体上对环境质量起到改善的作用。Dean（2002）研究得出，贸易的结构效应对中国各省水污染排放增加起到推动作用，技术效应则促使其污染下降。此外，随着人均收入水平提高，技术效应对于水污染排放的抑制作用高于结构效应的促进作用。因此，贸易开放最终降低了中国水污染的排放总量。

国内一些学者也采用SDA方法，对影响中国贸易隐含碳变化的因素进行研究。陈红蕾和陈秋峰（2007）研究显示，技术效应对国内环境的改善作用高于结构效应及规模效应的恶化作用。因此，总体来看，对外贸易对中国环境改善起到促进作用。闫云凤等（2010）采用SDA方法，结果显示，规模效应是推动出口隐含碳增长的主要因素。魄斌贤等（2012）通过对2002—2009年浙江省贸易隐含碳进行测度和分解，得出在该阶段出口隐含碳大幅增长，其中，规模效应起到了决定性的作用。马晶梅和王新影（2015a，2015b）通过对中美、中日贸易隐含碳变化的影响因素进行分析，结果显示，规模效应为正，是推动中国对美、日两国出口隐含碳转移不断扩大的最主要因素，技术效应为负，抑制了中国出口隐含碳转移规模的扩张，结构效应影响不大。

第三章 中国对外贸易及环境发展现状

改革开放以来，中国对外贸易迅猛增长，对外贸易规模的持续扩张为本国经济注入了强大的发展动力。然而，长期以来中国对外贸易尤其出口贸易主要基于以数量扩张为内容的粗放式增长模式，在迅速发展的同时也增加了对外贸易的环境成本，加剧了本国的环境污染。

第一节 中国对外贸易发展现状

近年来，尤其2001年中国加入WTO以后，中国所处的国际、国内宏观经济环境不断改善。中国也紧紧抓住这一历史发展机遇，更为积极地参与国际分工与合作，对外贸易规模不断攀升。

一 中国对外贸易概况

（一）贸易规模

进入21世纪以来，中国对外贸易快速增长。目前，已经成为世界第一贸易大国，进出口总额从2000年的4742.9亿美元增长至2015年的39635.3亿美元，增长了7.4倍（见表3-1）。其中，出口贸易增长尤为显著，出口规模从2000年的2492亿美元增长至2015年的22818.6亿美元，增长了8.2倍。并且从2009年开始，中国成为世界第一出口大国。与此同时，进口贸易则从2000年的2250.9亿美元上升到2015年的16816.7亿美元，增长6.5倍。从2011年开始，中国成为仅次于美国的世界第二大进口国。

根据中国对外贸易增长的变化趋势，可以分为以下几个阶段：

（1）2000—2001年。相对于中国改革开放尤其是20世纪90年代市场经济体制确立以来对外贸易的迅猛增长,在刚刚进入21世纪的第一年,中国对外贸易增速相对温和,增长速度为7.5%(出口和进口分别为6.8%和8.2%)。

表3-1　　　　　2000—2015年中国货物贸易　　　单位:亿美元

年份	进出口总额	出口额	进口额	贸易差额(出口-进口)
2000	4742.9	2492.0	2250.9	241.1
2001	5096.5	2661.0	2435.5	225.5
2002	6207.7	3256.0	2951.7	304.3
2003	8509.9	4382.3	4127.6	254.7
2004	11545.6	5933.3	5612.3	321.0
2005	14219.0	7619.5	6599.5	1020.0
2006	17604.0	9689.4	7914.6	1774.8
2007	21761.8	12200.6	9561.2	2639.4
2008	25632.5	14306.9	11325.6	2981.3
2009	22072.1	12016.5	10055.6	1960.9
2010	29737.6	15777.6	13960.0	1817.6
2011	36417.8	18983.9	17433.9	1550.0
2012	38669.8	20487.8	18182.0	2305.8
2013	41590.0	22090.1	19499.9	2590.2
2014	43003.6	23423.4	19580.2	3843.2
2015	39635.3	22818.6	16816.7	6001.9

(2)2001—2008年。这一阶段,中国对外出口和进口规模均增长十分迅速,对外贸易总额年均增长速度为26.1%(出口和进口增速分别为27.3%和24.8%)。尤其加入WTO之后,2002年、2003年两年贸易的增长速度一度超过35%以上。

(3)2008—2009年。由于受到金融危机冲击,国际市场需求急剧萎缩,导致中国对外贸易大幅下滑,且出口受其影响尤为明显,由原来的正增长转变为负增长。出口、进口增长速度分别为-16%和-11.2%。

(4) 2009—2015年。随着金融危机影响的逐渐削弱，中国对外贸易恢复正增长。2009年、2010年的最初两年，增长速度十分迅速，分别为34.7%和22.5%。2011年以后，中国对外出口和出口增长速度均明显放缓，年增速下降到8%以下。2015年，中国对外贸易再次出现负增长。①

从贸易差额来看，中国继续保持较大规模的顺差。从2000年的241.1亿美元上升到2015年的6001.9亿美元，增长了近24倍，贸易顺差占当年出口比重也从9.7%上升到26.3%。在此期间，2004—2008年中国贸易顺差增长最为迅猛，年均增长速度接近90%，2004年最高增速达217.8%。然而，从2008年起，中国顺差规模开始下降，并且一直持续到2011年。此后，贸易顺差重新呈现快速上升的趋势，顺差规模迅速扩大。2011年、2012年及2014年中国贸易顺差的增长速度均超过48%，2015年达到56.2%。

(二) 贸易依存度

对外贸易规模的不断扩大和快速增长对中国国民经济做出了重大贡献。2000—2015年，中国对外贸易依存度为35%—65%，期间有所波动。总体来看，可以分为四个阶段：

(1) 2000—2006年是中国对外贸易依存度快速上升阶段。随着中国对外开放程度的进一步加深，中国对外贸易占国内生产总值的比重不断提升，从2000年的40%一直上升到2006年的65%（也是历史最高点）。表明这一阶段，对外贸易对中国经济的拉动作用明显增强。

(2) 2006—2009年为中国对外贸易依存度快速下降阶段，从65%下降到44%。尤其是在2008—2009年，在国际金融危机的影响下，由于国际市场需求大幅萎缩，中国对外贸易规模明显下滑，贸易对国民经济的拉动作用也有所减弱。

(3) 2009—2011年为中国对外贸易依存的小幅上升阶段。这一

---

① 2015年，由于人民币对美元汇率出现较大幅度下降，从而导致以美元计价的中国对外贸易（包括出口、进口及进出口）规模出现下滑。

阶段，世界各国纷纷采取刺激经济的措施，国际市场需求及各国经济逐渐回暖。与此同时，中国政府通过一系列宏观经济政策，大大缓解了金融危机对本国经济的冲击，使得中国对外贸易及国民经济均呈现出较快速度的增长。

（4）2011—2015年为中国对外贸易依存平稳下降阶段。这一阶段，虽然中国对外贸易规模总体仍然保持上升趋势，但是增速明显放缓，使对外贸易依存度也出现小幅下降，但仍处于40%左右的高水平。

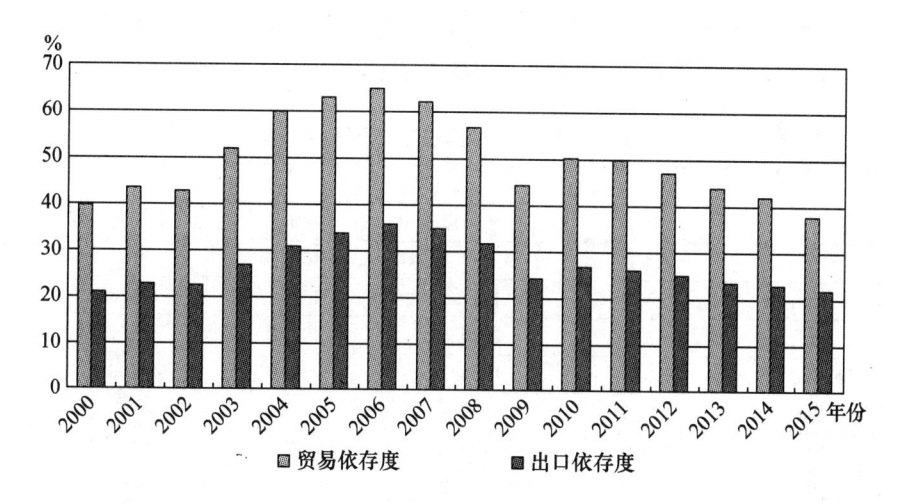

图 3-1　2000—2015 年中国贸易依存度及出口依存度

根据国民经济核算的支出法，出口是构成一国国内生产总值的重要组成部分。因此，相对于贸易依存度，出口依存度指标更能准确地衡量出贸易对于一国经济的贡献，从而更好地体现贸易在其国民经济中的地位。2000—2015 年，中国出口依存度与对外贸易依存度基本上呈现出相同的变化趋势——从 2000 年的 20% 上升到 2006 年的 36%，此后有所波动并逐渐下降。2015 年，中国出口依存度为 22%，仍然处于较高的水平。中国持续的高出口依存度一方面表明出口对中国国民经济增长起到了十分重要的作用；另一方面，也显示出当前中国经济突出的外向型特征，以及对国际市场的高度依赖。

总体来看，进入 21 世纪以来，中国对外贸易继续保持快速增长，对外贸易规模不断扩大。与此同时，贸易顺差规模也持续扩大，对国民经济发展起到了重要的推动作用。

二 中国对外贸易结构与对外贸易方式

（一）中国对外贸易结构

1. 整体贸易结构

在中国对外贸易规模不断扩张的同时，其对外贸易结构也发生了显著变化。一般来讲，商品可大致分为初级品和工业制成品两类①，两类产品在生产和贸易中构成的变化能够体现出一国产业结构及其调整过程。从表3-2中可以看出，进入21世纪以来，在中国的对外贸易结构中，出口商品结构及进口商品结构呈现出明显不同的变化趋势。

表3-2　　　　2000—2014年中国进出口贸易结构　　　单位：亿美元

年份	出口 初级品	出口 工业制成品	进口 初级品	进口 工业制成品
2000	254.6	2237.4	467.4	1783.6
2001	263.4	2397.6	457.4	1978.1
2002	285.4	2970.6	492.7	2459.0
2003	348.1	4034.2	727.6	3400.0
2004	405.5	5527.8	1172.7	4439.6
2005	490.4	7129.2	1477.1	5122.4
2006	529.2	9160.2	1871.3	6043.3
2007	615.1	11562.7	2430.9	7128.7
2008	779.6	13527.4	3624.0	7701.7
2009	631.1	11384.8	2898.0	7161.2
2010	816.9	14960.7	4338.5	9623.9
2011	1005.5	17978.4	6042.7	11392.2
2012	1005.6	19481.6	6349.3	11834.7
2013	1072.7	21017.4	6580.8	12919.1
2014	1026.9	22296.0	6469.4	13122.9

资料来源：历年《中国统计年鉴》。

---

① 初级品主要包含食品、农矿原料、饮料、燃料及动植物油脂等原材料及一些初级加工品。而工业制成品则是指通过复杂加工而制成的工业品，其主要包含了化学品、橡胶制品、轻纺品、机械/运输设备及矿冶品等。

（1）出口商品结构。除了2009年以外，初级产品及工业制成品的出口规模均较为平稳地扩大。然而，从商品的出口比重上看，中国初级品出口比重总体上呈现出较为显著的下降趋势，从2000年的10.2%下降至2014年的4.4%（见图3-2）。2000—2007年的下降速度尤为明显；此后变化较小。相反，工业制成品的出口比重则继续保持较快速度的增长，从2000年的89.8%上升到2014年的95.6%。由此可见，工业制成品在中国出口贸易中不仅占有绝对优势的地位，而且地位仍在提高，这也充分反映出中国产业结构呈现出不断优化和升级的趋势。

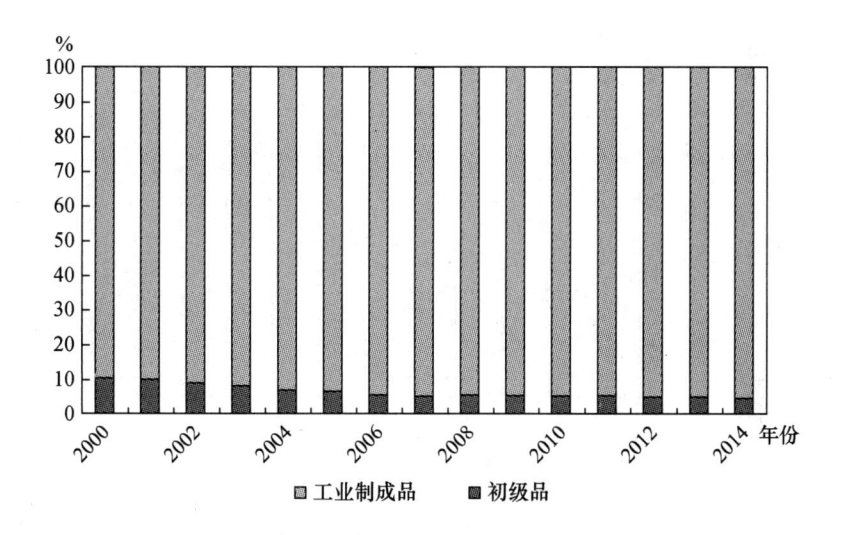

图3-2　2000—2015年中国出口贸易结构

由于初级产品加工程度较低，其生产一般处于整个产品价值链的最低端，技术含量低且所含本国附加值成分偏少。而工业制成品则正好相反，在生产价值链的位置明显高于初级产品，多处于中上游。由于工业制成品在生产过程中需要进行较多复杂的加工程序，因而技术含量及本国附加值也较高。因此，一方面，初级品出口比重下降及工业制成品出口比重提升表明中国出口结构不断优化；另一方面，也体现出中国在国际分工与合作中的参与程度在进一步深化，并且在全球价值链上的地位有所提高。

（2）进口商品结构。同样，除了2009年以外，中国初级产品及工业制成品的进口规模也呈现出明显的上升趋势。从商品的进口比重上看，中国初级产品的进口比重总体上有所上升，从2000年的20.8%上升至2014年的33.0%（见图3-3），增长了近1倍；而工业制成品进口比重出现下降。这显示出在中国进口商品中，原材料和初级加工产品仍然作为比较重要的内容。同时，也反映出当前中国资源供给压力日益加大，国民经济发展面临资源"瓶颈"，从而对国际市场依赖不断加深。

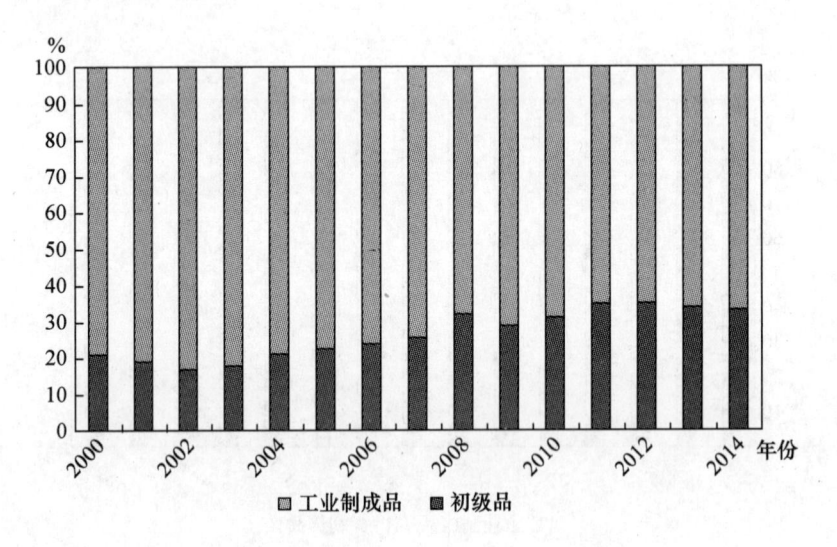

图3-3　2000—2015年中国进口贸易结构

2. 按最终用途分类的中国对外贸易结构

根据最终用途，产品可以分为中间产品、资本品、家庭消费品、混合用途产品及其他五大类。

（1）出口商品结构。从出口规模上看，在2000—2015年，除了2009年和2015年以外的其他年份，中国这五类商品出口规模均不断扩大（见表3-3）。其中，混合用途产品出口规模增长最为迅速，16年间增长了17.6倍；资本品及中间产品出口的增长也分别高达11.4倍和9.2倍。

表 3-3　　2000—2015 年中国货物出口（按照最终用途分类）

单位：亿美元

年份	中间产品	家庭消费品	资本品	混合用途产品	其他
2000	938.8	1064.2	314.4	147.8	26.8
2001	1013.5	1092.4	341.0	186.0	28.0
2002	1260.1	1263.5	429.1	272.7	30.6
2003	1668.2	1558.2	600.8	506.9	48.1
2004	2353.9	1890.3	856.7	780.9	51.6
2005	3038.9	2275.2	1195.6	1027.9	82.0
2006	3974.5	2762.0	1534.4	1321.4	97.1
2007	5029.3	3365.0	2160.5	1527.3	118.5
2008	6137.8	3725.4	2614.3	1670.7	158.8
2009	4629.9	3394.3	2285.5	1554.6	152.2
2010	6307.4	4299.4	2963.4	2011.2	196.2
2011	7755.9	5123.6	3545.5	2320.3	238.5
2012	8203.7	5614.0	3825.5	2608.1	236.5
2013	9089.0	6140.3	3867.5	2723.7	269.6
2014	9613.5	6692.0	3893.1	2938.3	286.5
2015	9613.1	6331.4	3911.7	2743.6	218.7

资料来源：OECD 数据库。

然而，从增长速度来看，各类产品的总体上均呈现出下降的趋势。期间，2001—2007 年，五大类产品出口均快速增长，年增长速度为 20%—45%。2007 年以后，出口增速有所回落，2008—2009 年出现负增长，而后恢复快速增长；2011 年后增速再次下滑。

在这五类产品中，总体来看，中间产品所占比重最大，约占全部商品出口的 40%[①]；其次是家庭消费品，其出口比重约为 30%；资本品和混合用途产品则分别占总出口的 15%—20% 及 10%—15%；其他用途产品比重最小，仅为总出口的 1%。与此同时，这五类产品出

---

① 在 2000—2002 年的三年中，家庭消费品出口规模及比重大于中间产品。

口比重的变化呈现出不同的趋势。其中，家庭消费品出口比重大幅下降，从2000年的43%下降到2015年的28%。而其他三种用途的产品在总出口中所占比重在总体上均有所上升①，其中，中间产品出口所占比重由2000年的38%上升到2015年的42%。从图3-4与图3-5同样可以看出，这五类产品出口所占比重的变化趋势。

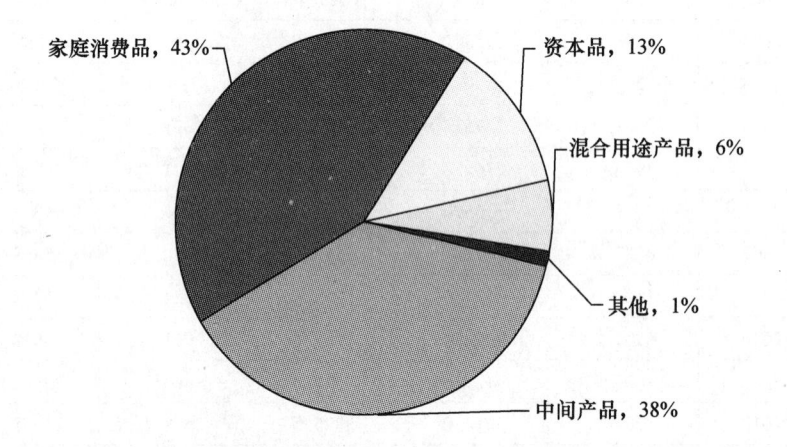

图3-4　2000年中国货物出口占比（按照最终用途分类）

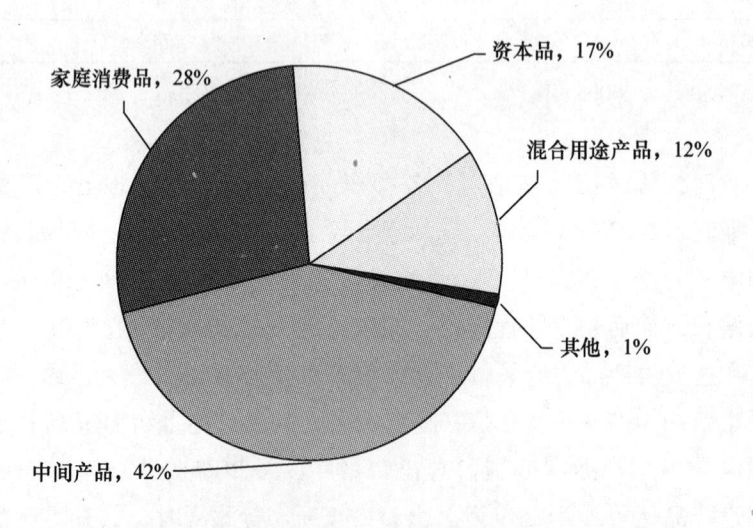

图3-5　2015年中国货物出口占比（按照最终用途分类）

---

① 其他用途产品由于所占比重极小，因此其比重变化不作分析。

可以看出，在中国对外出口的商品中，中间产品占有十分重要的地位。这同样体现出全球经济一体化对中国国民经济生产及对外贸易的深刻影响。作为全球价值链中的重要环节，在中国出口商品中，超过1/3以上作为中间投入在其他国家进行加工装配、组装和制造，在其国内销售或者再出口到包括中国在内的国际市场。

（2）进口商品结构。同样，除了2009年、2015年以外，在2000—2015年的其他年份中，中国五大类商品的进口规模均呈现上升的趋势（见表3-4）。① 其中，混合用途产品进口扩张的速度最快，增长10.7倍；家庭消费品进口增长了8.8倍；中间产品及资本品进口也分别增长了6.0倍和5.8倍。

表3-4 2000—2015年中国货物进口（按照最终用途分类）

单位：亿美元

年份	中间产品	家庭消费品	资本品	混合用途产品	其他
2000	1700.6	76.9	335.0	84.5	53.9
2001	1775.7	81.1	427.1	93.8	57.8
2002	2137.5	89.4	525.5	144.9	54.4
2003	2973.0	110.8	747.5	224.4	71.8
2004	4093.7	135.0	1032.3	242.6	108.6
2005	4935.6	156.9	1098.6	283.4	125.0
2006	5897.9	185.0	1311.0	344.2	176.4
2007	7162.0	222.9	1596.8	387.1	192.3
2008	8502.9	260.8	1742.2	472.1	347.5
2009	7608.2	253.9	1525.4	464.0	204.0
2010	10439.3	340.1	2094.8	676.4	409.5
2011	12829.7	456.9	2449.5	872.9	824.9
2012	13260.9	527.8	2385.8	987.4	1020.0
2013	14048.8	609.0	2472.8	999.5	1369.8
2014	13937.9	685.3	2509.6	1381.4	1066.0
2015	11838.3	751.4	2285.7	987.1	954.2

资料来源：OECD数据库。

① 2015年，家庭消费品进口仍然保持增长趋势。

与此同时，虽然从总体上看，这五大类产品进口的增长速度趋于下降，但在此期间均存在频繁且较大幅度的波动。其中，尤以资本品、混合用途产品及其他产品的变化最为剧烈。这也表明，近年来由于受到国际市场及中国国内需求变化的影响，使各年进口商品增长速度出现较大差异。

不同于出口，在中国这五类产品的进口中，中间产品占有绝对优势，所占比重超过70%；其次是资本品，其进口比重为10%—20%；混合用途产品、家庭消费品及其他用途产品进口所占比重较小，各占总出口的5%左右。同时，在2000—2015年，中间产品、资本品进口比重总体呈现下降趋势。其中，中间产品进口比重从2000年的76%下降到2015年的70%。而家庭消费品、混合用途产品及其他产品进口比重有所上升。

通过对比图3-6显示的2000年根据不同最终用途划分的中国进口商品所占比重与图3-7中的2015年进口商品比重，也可以看出这一阶段中国五大类商品在总进口中比重的变化。

因此，可以得出，在中国进口中，中间产品贸易起着极其重要的作用。这些中间产品作为投入品，在国内进行加工，制成更高层次的中间产品及最终产品，之后在国内销售或出口到其他国家，凸显了中

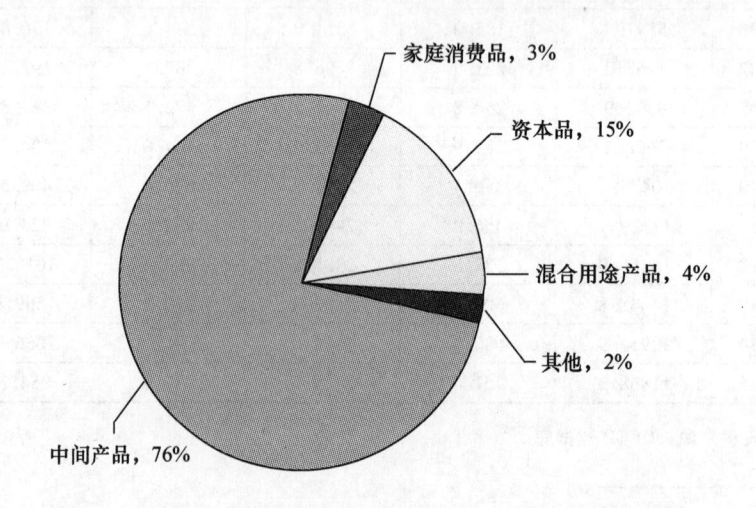

图3-6　2000年中国货物进口占比（按照最终用途分类）

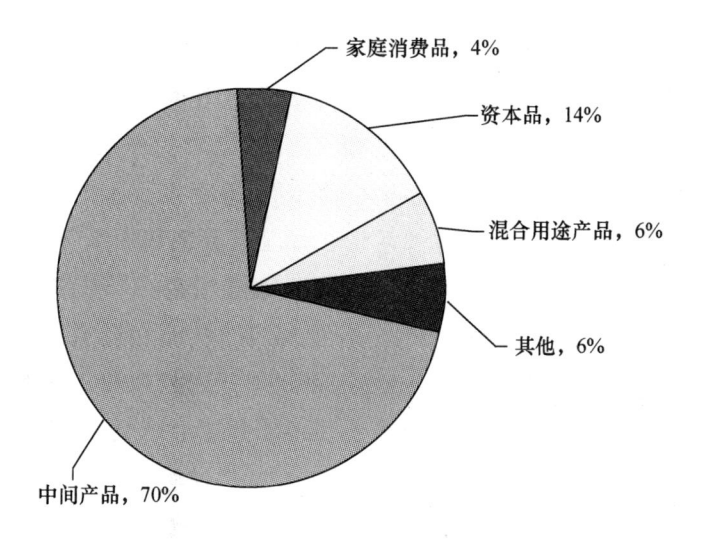

图 3-7　2015 年中国货物进口占比（按照最终用途分类）

（饼图数据：家庭消费品，4%；资本品，14%；混合用途产品，6%；其他，6%；中间产品，70%）

国在全球生产体系中作为"世界工厂"的地位。与此同时，中间产品在中国出口及进口所占比重的巨大差距也反映出中国对于国际市场的依赖程度与国际市场对中国依赖程度的不对等，在一定程度上显示出中国外向型经济的脆弱性。

（二）中国对外贸易方式

根据商品进出口所采取的方式，一国的对外贸易可以分为一般贸易、加工贸易及其他贸易三种贸易方式。

1. 出口贸易

自 20 世纪 80 年代以来，随着中国对外贸易规模的不断扩张，贸易方式也发生了很大变化。尤其在东南沿海地区，出口商通过从国外进口原材料、包装物料和零部件等产品，在本国进行加工或装配，而后将其制成品再出口。这种加工贸易方式得到快速发展，对促进当地经济增长、扩大就业及推动中国对外贸易起到了十分重要的作用。并且，随着中国改革开放的不断深化，加工贸易出口迅猛发展，从 90 年代中期开始超过一般贸易方式出口，成为中国出口最主要的贸易方式。加工贸易出口的快速增长促使中国成为名副其实的"世界工厂"。

进入 21 世纪以后，加工贸易出口继续保持较快速度增长，出口规模不断扩大，并且仍然高于一般贸易出口，直到 2011 年被一般贸易出口超越。此后，一般贸易出口再次成为中国首要的出口贸易方式，并且增势强劲。相比之下，加工贸易出口扩张规模相对有限。2000—2015 年，中国一般贸易出口由 1051.8 亿美元上升到 12157 亿美元，增长了 10.6 倍（见表 3-5）；加工贸易出口由 1376.5 亿美元上升到 7977.9 亿美元，增长了 4.8 倍。加工贸易出口占总出口比重由 2000 年的 55.2% 下降到 2015 年的 35.1%；而一般贸易出口占总出口比重则由 42.2% 上升到 53.4%。此外，在此期间，其他贸易方式出口也获得较大发展，其比重由 2.6% 迅速上升到 11.5%（见图 3-8）。

表 3-5　　2000—2015 年按贸易方式分类中国货物出口　　单位：亿美元

年份	一般贸易	加工贸易	其他贸易
2000	1051.8	1376.5	63.7
2001	1118.8	1474.3	67.8
2002	1361.9	1799.3	94.8
2003	1820.3	2418.5	143.5
2004	2436.1	3279.7	217.5
2005	3150.6	4164.7	304.2
2006	4162.0	5103.6	423.8
2007	5393.6	6175.6	623.2
2008	6628.6	6751.1	927.2
2009	5298.1	5868.6	849.4
2010	7206.1	7402.8	1168.6
2011	9170.3	8352.8	1460.6
2012	9879.0	8626.8	1981.4
2013	10875.3	8608.2	2616.7
2014	12036.8	8843.6	2547.1
2015	12157.0	7977.9	2614.6

从三种贸易方式出口的变化看，在 2000—2015 年，中国三种贸易方式的出口总体上均呈现快速增长，并且变化趋势十分相似：

（1）经历了 2001—2008 年和 2009—2011 年两个阶段的快速增长。在这两个阶段，三种贸易方式出口各年增长速度均超过 20%。其中，第一个阶段的增长主要因为 2001 年中国加入 WTO，中国对外贸易环境大为改善；第二个阶段是在金融危机冲击下，中国政府出台并实施了积极的对外贸易政策，以此刺激对外出口。因而，这两个阶段各种贸易方式的出口增长速度均获得大幅度提高。

（2）2008—2009 年，三种贸易方式出口均出现速度为 -20% 的负增长。并且经历了 2009—2013 年的总体上升后，2014 年，三种贸易方式出口规模再次呈现下落，其中，一般贸易方式下出口的下降趋势表现得尤为明显。

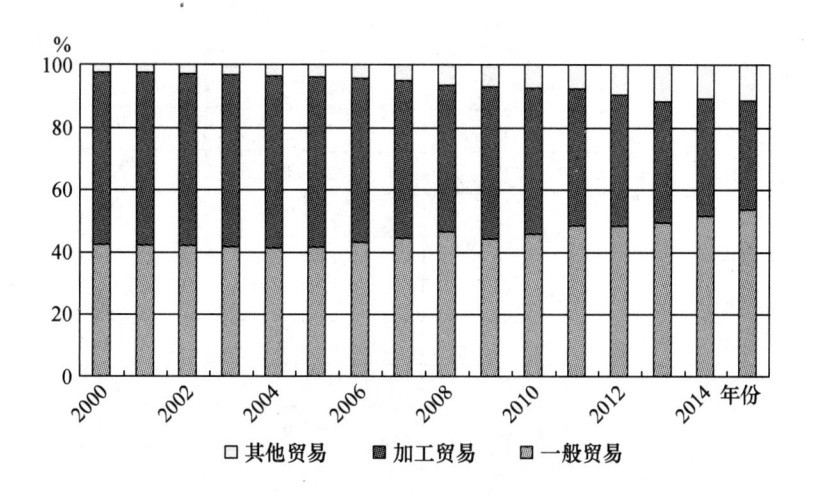

图 3-8 2000—2015 年各贸易方式分类中国货物出口占比

2. 进口贸易

从进口规模来看，三种贸易方式总体上均呈现出不断增长的态势（见表 3-6）。2000—2015 年，一般贸易进口规模由 1000.8 亿美元上升到 9231.9 亿美元，增长了 8.2 倍；加工贸易进口由 925.6 亿美元上升到 4470 亿美元，增长了 3.8 倍；其他贸易进口由 324.6 亿美元上升到 3117.6 亿美元，增长了 8.6 倍。

与出口贸易不同的是，进入 21 世纪以来，一般贸易进口规模一直大于加工贸易进口①，在最初的几年内两者差距较小，但是，2006 年以后，一般贸易进口规模迅速扩张，而加工贸易出口增长相对缓慢，两者之间差距迅速扩大。到 2015 年，一般贸易进口规模已经远远超过加工贸易出口，约为其规模的 2 倍。同时，三种贸易方式下中国进口的变化趋势出口相似。不同的是，一般贸易进口除了在 2008—2009 年出现下降之外，其余年份均呈现出较快的增长态势。

表 3-6　　　　2000—2015 年按贸易方式分类中国货物进口　　单位：亿美元

年份	一般贸易	加工贸易	其他贸易
2000	1000.8	925.6	324.6
2001	1134.6	939.7	361.2
2002	1291.1	1222	438.6
2003	1877	1629.4	621.2
2004	2481.5	2217	913.9
2005	2796.3	2740.1	1063.1
2006	3330.7	3214.7	1369.2
2007	4286.6	3684.7	1590.2
2008	5720.9	3783.8	1820.9
2009	5344.7	3222.9	1491.6
2010	7692.8	4174.8	2094.9
2011	10076.2	4697.6	2661.1
2012	10223.9	4812.8	3147.4
2013	11097.2	4969.9	3435.8
2014	11095.1	5243.8	3264
2015	9231.9	4470	3117.6

---

① 自改革开放以来，加工贸易进口的规模一直远远小于一般贸易进口。然而，从 1990 年开始，两者之间差距逐渐缩小，直到 1994 年，加工贸易进口规模重新超越一般贸易进口，成为中国最主要的进口贸易方式。

第三章 中国对外贸易及环境发展现状 | 49

从各贸易方式下进口占中国总进口的比重来看（见图 3-9），一般贸易进口比重由 2000 年的 44.5% 上升到 2015 年的 54.9%，增长了 23.4%；加工贸易进口的比重由 41.1% 减少到 26.6%，下降了 35.3%；其他贸易方式进口比重由 14.4% 上升到 18.5%；增长了 28.5%。

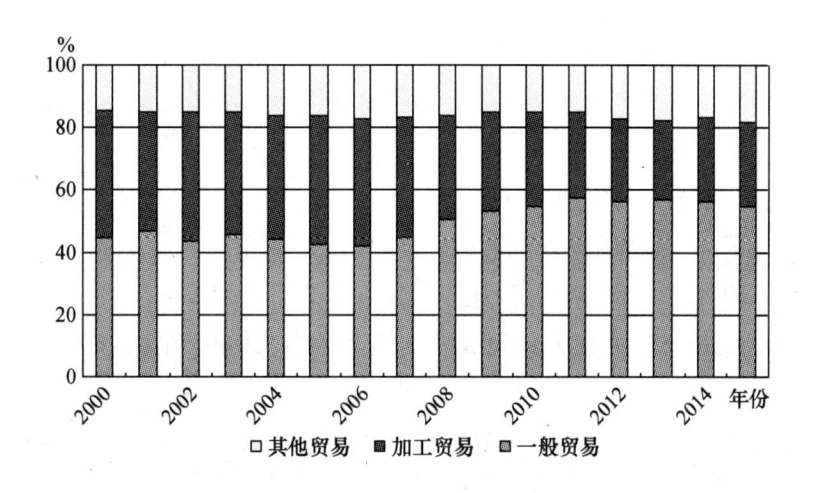

图 3-9 2000—2015 年各贸易方式分类中国货物进口占比

总的来讲，一般贸易方式下的中国出口及进口在中国总出口及总进口中所占比重均超过 50%，已经成为中国目前最为主要的贸易方式。同时，加工贸易方式虽然仍然作为中国重要的贸易方式，其中，加工贸易出口占总出口比重约为 1/3；而加工贸易进口占总进口比重约为 1/4。但是，由于加工贸易在中国对外贸易的比重持续下降，因而，其在国民经济的地位也不断削弱。

由于加工贸易行业大多是劳动密集型行业，其在 20 世纪八九十年代对于减缓中国就业压力和拉动国民经济增长都做出突出贡献。但是，在生产全球化和国际产业转移的大背景下，由于中国加工贸易出口通过大量承接国外所转移的生产环节，往往处于全球价值链的低端，附加值含量较低，从而在一定程度上对新经济形势下中国产业转型的促进作用有限（马晶梅，2016c）。因此，一般贸易方式比重的快速增长以及与之相对应的加工贸易比重的显著下降,实际上显示出中国贸易结构的不断优化,也反映出中国产业逐步实现转型和升级。

第二节 中美、中日贸易发展现状

美国、中国、日本是世界上最大的三个经济体和贸易国。与此同时,美国、日本也是中国最主要的贸易伙伴,与中国之间存在较强的经济及贸易互补性。

一 中美贸易发展现状

(一)中美贸易发展概况

2000年,中美双边贸易规模为682.8亿美元,2015年上升到5135.3亿美元,增长了6.9倍(见表3-7)。其中,中国对美国出口

表3-7　　　　　2000—2015年中美两国货物贸易　　　　单位:亿美元

年份	进出口	出口	进口	差额(出口-进口)
2000	682.8	521.6	161.2	360.4
2001	705.2	543.6	161.6	382
2002	863.5	700.5	163	537.5
2003	1095.1	926.3	168.8	757.5
2004	1446.4	1251.5	194.9	1056.6
2005	1855.5	1631.8	223.7	1408.1
2006	2300.2	2038.0	262.2	1775.8
2007	2604.3	2331.7	272.6	2059.1
2008	2867.8	2528.4	339.4	2189
2009	2660.5	2213.0	447.5	1765.5
2010	3325.2	2837.8	487.4	2350.4
2011	3843.2	3250.1	593.1	2657
2012	4219.9	3524.4	695.5	2828.9
2013	4506.5	3690.6	815.9	2874.7
2014	4748.6	3971.0	777.6	3193.4
2015	5135.3	4108.0	1027.3	3080.7

由521.6亿美元上升到4108亿美元，期间以2001—2006年规模扩张最为显著，年增长速度约为30%；中国从美国进口由161.2亿美元上升到1027.3亿美元，增长了5.4倍。2015年，中美双边贸易占中国对外贸易总额的13%，其中，中国对美出口、进口分别占中国总出口、总进口的18%和6%。

值得注意的是，中国对美国常年拥有巨额贸易顺差，顺差规模由2000年的360.4亿美元上升到2015年的3080.7亿美元，增长了7.5倍。在此期间的2000—2006年及2010—2013年，中国对美贸易顺差甚至超过中国整体的贸易顺差规模。巨额的贸易顺差不仅体现了中美两国经济贸易存在较强的依赖性和互补性，反映出中国企业及产品的国际市场竞争力日益增强。更为重要的是，也是导致两国贸易摩擦频繁的主要原因之一。

（二）中美贸易结构

1. 出口商品结构

不同于中国整体出口的商品结构，中国对美国家庭消费品的出口规模最大（见表3-8）。2000年，其出口规模为275.5亿美元，2015年上升到1529.3亿美元，增长了4.6倍；中间产品出口规模由131.4亿美元上升到1235.7亿美元，增长了8.4倍；资本品及混合用途产品出口分别增长了7.8倍和16.1倍；其他用途产品则出口规模较小。

从各类用途产品占中国对美国出口总额的比重来看（见图3-10和图3-11）：

（1）尽管家庭消费品在中美出口中所占份额最大，但其比重总体上却呈现出明显下降的趋势，从2000年的53%减少到2015年的37%，出口份额下降了约1/3。其间，尤以2000—2006年下降最为明显，2006年达到其所占比重的最低点（34.6%），此后有所波动并小幅上升。

（2）中间产品在中国对美国出口商品的规模及比重仅次于家庭消费品，并且不同于家庭消费品，中国对美国中间产品出口比重总体上有所增长，由2000年的25%上升到2015年的30%。

表3-8 2000—2015年中国对美国货物出口（按照最终用途分类）

单位：亿美元

年份	中间产品	家庭消费品	资本品	混合用途产品	其他
2000	131.4	275.5	72.3	40.9	1.4
2001	141.0	281.8	77.4	41.7	1.7
2002	180.0	340.0	104.9	74.6	0.9
2003	232.6	405.2	135.7	150.8	1.9
2004	345.2	476.7	192.2	235.7	1.7
2005	458.6	601.8	264.3	303.1	3.9
2006	612.1	705.8	332.7	382.9	4.5
2007	678.9	848.1	382.4	415.8	6.4
2008	780.4	900.8	434.6	403.6	9.1
2009	578.7	844.4	376.2	409.0	4.7
2010	776.7	1063.5	469.6	522.5	5.5
2011	945.5	1164.1	519.5	612.7	8.3
2012	1015.3	1256.6	543.6	699.2	9.6
2013	1067.9	1322.5	575.1	715.3	9.9
2014	1195.0	1397.3	609.1	757.8	11.7
2015	1235.7	1529.3	636.2	699.2	7.7

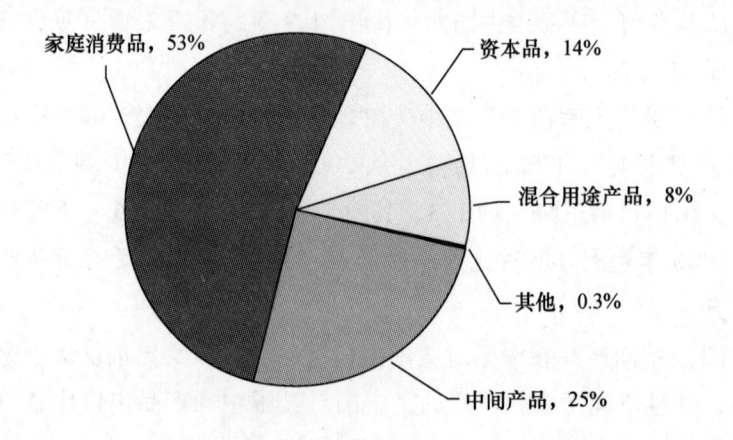

图3-10 2000年中国对美国出口货物占比（按照最终用途分类）

家庭消费品，53%
资本品，14%
混合用途产品，8%
其他，0.3%
中间产品，25%

第三章　中国对外贸易及环境发展现状 | 53

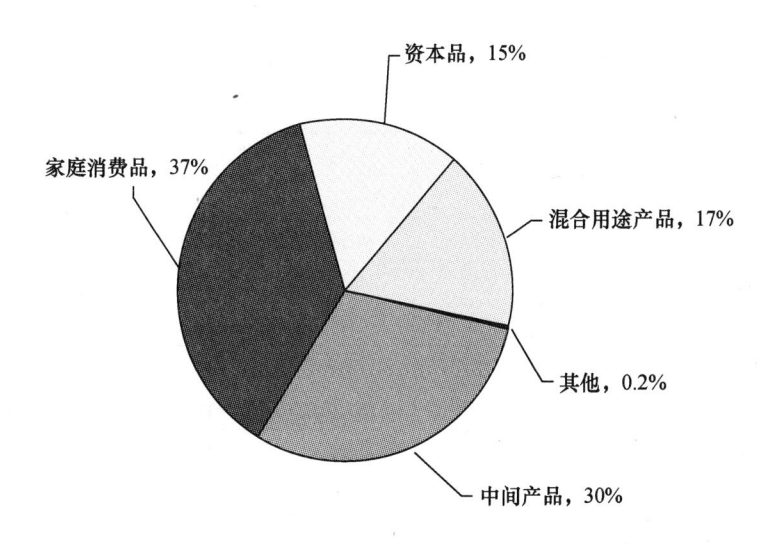

图 3-11　2015 年中国对美国出口货物占比（按照最终用途分类）

（3）混合用途产品及资本品出口比重存在波动，但总体上呈现出增长的态势，且以混合用途产品更为显著，由 8% 上升到 17%。

2. 进口商品结构

由于中国对美国拥有巨额贸易顺差，几类主要用途产品的进口规模均远远小于其出口。并且，不同于出口，中国从美国进口规模最大的产品是中间产品（见表 3-9）。2000 年为 102.2 亿美元，2015 年上升到 728 亿美元，增长了 6.1 倍；资本品进口规模为第二，由 41.5 亿美元上升到 203.1 亿美元，增长了 3.9 倍；混合用途产品及家庭消费品进口规模均不大，分别从 2000 年的 9.3 亿美元和 6.1 亿美元上升到 2015 年的 49.6 亿美元和 36.7 亿美元；其他用途产品进口规模最小。

从中国对美国各类产品的贸易差额来看，家庭消费类产品顺差规模最大，占中国对美国整体顺差的近 50%；其次是混合用途产品，占 20% 左右；中间产品和资本品则约占 15%。

从各类用途产品占中国从美国进口总额的比重来看（见图 3-12 和图 3-13）：

表3-9 2000—2015年中国从美国货物进口（按照最终用途分类）

单位：亿美元

年份	中间产品	家庭消费品	资本品	混合用途产品	其他
2000	102.2	6.1	41.5	9.3	2.0
2001	99.9	6.2	47.0	7.7	0.7
2002	108.4	5.7	41.8	5.6	1.5
2003	111.8	5.1	41.7	10.2	0.0
2004	123.0	8.9	47.3	14.1	1.6
2005	137.5	10.6	57.7	15.9	2.0
2006	153.0	11.4	76.6	19.0	2.2
2007	163.7	12.9	75.2	17.9	2.8
2008	219.5	17.0	82.2	17.9	2.9
2009	311.6	15.3	102.2	16.0	2.3
2010	341.1	17.3	106.5	19.8	2.7
2011	403.6	21.2	142.0	23.7	2.6
2012	478.4	27.1	158.0	28.1	3.8
2013	574.7	36.3	163.0	36.8	5.0
2014	542.8	33.7	160.6	37.5	2.9
2015	728.0	36.7	203.1	49.6	10.0

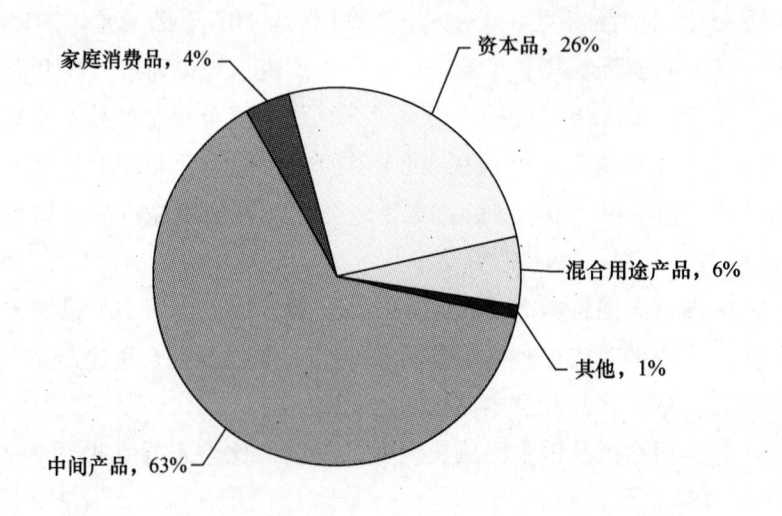

图3-12 2000年中国从美国进口货物占比（按照最终用途分类）

中间产品，63%；资本品，26%；混合用途产品，6%；家庭消费品，4%；其他，1%

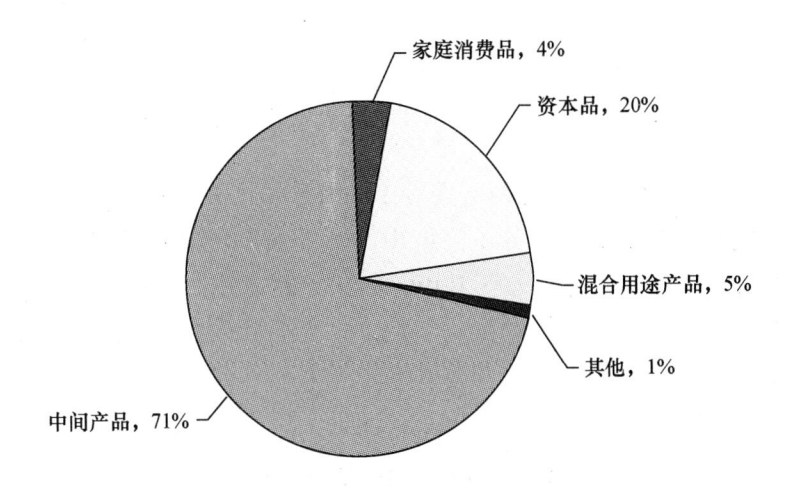

图 3 – 13　2015 年中国从美国出口货物占比（按照最终用途分类）

（1）中间产品占有绝对优势。除了在 2002—2006 年中间产品比重持续出现较为明显的下降以外，总体上其在中国从美国总进口比重呈现增长的趋势，从 2000 年的 63% 上升到 2015 年的 71%。

（2）资本品在中国从美国进口中的比重仅次于中间产品，并且在总体上呈现下降的态势，其比重由 26% 减少到 20%。

（3）混合用途产品及家庭消费品在中国从美国进口商品的比重中均比较小，为 3%—8%，其他用途产品比重最小，在 1% 左右。

二　中日贸易发展现状

（一）中日贸易概况

日本作为世界第三大经济体和亚洲最大的发达国家，与中国同处东亚，地理位置邻近。并且，相对于欧美其他发达国家，两国之间文化差距较小。此外，两国经济贸易存在较强的互补性。因此，日本一直是中国重要的贸易伙伴。

虽然日本不是中国最大的贸易伙伴，但是双边贸易规模也十分可观，在中国对外贸易中占有重要地位。2000 年，中日双边贸易规模为 831.6 亿美元，2015 年上升到 2789.9 亿美元，增长了 2.4 倍（见表 3 – 10）。其中，中国对日本出口由 416.5 亿美元上升到 1359 亿美元，增长了 2.3 倍；中国从日本进口由 415.1 亿美元上升到 1430.9 亿美元,增长了2.4倍。由于中日双边贸易增速远低于中国对外贸易整体的增长速度,两国贸易在中国对外贸易中的份额也显著下降。2000年,中日贸易占中国对外贸易总额的17.5%,是当时中国最大的贸易伙伴。然而,在此之后,两国贸易在中国对外贸易中所占比重持续下降。2015年,中日双边贸易额占中国对外贸易额比重的7%,仅为2000年所占比重的40.1%。其中,中国对日本出口、进口占中国总出口、总进口的6%和8.5%,分别为2000年所占比重的35.6%和46.1%。

表3-10　　　　　2000—2015年中日两国货物贸易　　　　单位:亿美元

年份	进出口	出口	进口	差额(出口-进口)
2000	831.6	416.5	415.1	1.4
2001	877.3	449.4	427.9	21.5
2002	1019	484.3	534.7	-50.4
2003	1335.6	594.1	741.5	-147.4
2004	1678.4	735.1	943.3	-208.2
2005	1844	839.9	1004.10	-164.2
2006	2072.9	916.2	1156.70	-240.5
2007	2360.1	1020.60	1339.50	-318.9
2008	2667.3	1161.30	1506.00	-344.7
2009	2288.0	979.1	1309.40	-330.3
2010	2977.8	1210.40	1767.40	-557
2011	3428.4	1482.70	1945.70	-463
2012	3294.6	1516.30	1778.30	-262
2013	3123.8	1501.30	1622.50	-121.2
2014	3122.5	1494.10	1628.40	-134.3
2015	2789.9	1359.00	1430.90	-71.9

不同于中国对外贸易整体及对美国拥有的巨额顺差,从20世纪80年代初开始,中国对日本贸易就主要处于逆差地位。[①] 2002—2010

---

① 其间有个别年份中国对日本存在贸易顺差,但是规模较小。

年，中国对日本贸易逆差呈现出较快速度的增长。2010年，逆差规模达到峰值的557亿美元。此后，中国对日本贸易逆差急剧下降，2015年，逆差规模缩减到71.9亿美元，仅为2010年的1/8左右。

（二）中日贸易结构

1. 出口商品结构

在中国对日本的出口中，中间产品和家庭消费品规模最大（见表3–11）。其中，中间产品出口规模由2000年的137.5亿美元上升到2015年的561.8亿美元，增长了3.1倍；家庭消费品的出口规模由227.6亿美元上升到479.6亿美元，增长了1.1倍；资本品、混合用途产品的出口由2000年的39.5亿美元、9.1亿美元增长到2015年的175.4亿美元和139.6亿美元，分别增长了3.4倍和14.3倍；其他用途产品则出口规模较小。

表3–11　2000—2015年中国对日本货物出口（按最终用途分类）

单位：亿美元

年份	中间产品	家庭消费品	资本品	混合用途产品	其他
2000	137.5	227.6	39.5	9.1	2.8
2001	146.9	240.2	44.7	15.2	2.4
2002	161.9	238.3	50.3	31.3	2.6
2003	208.9	262.8	63.0	55.3	4.2
2004	273.8	304.2	80.0	69.4	7.7
2005	321.4	327.0	100.7	80.4	10.5
2006	370.1	352.7	101.0	81.1	11.3
2007	415.9	376.3	140.7	73.6	14.2
2008	508.4	404.5	154.3	78.5	15.6
2009	345.5	412.9	131.8	72.5	16.5
2010	465.5	475.9	160.2	91.5	17.3
2011	586.7	561.8	201.1	116.8	16.4
2012	578.1	579.7	205.9	148.5	4.2
2013	562.8	569.6	201.6	162.4	4.9
2014	601.9	531.0	194.4	162.4	4.4
2015	561.8	479.6	175.4	139.6	2.5

从各类用途产品占中国对日本出口总额的比重来看（见图 3-14 和图 3-15）：

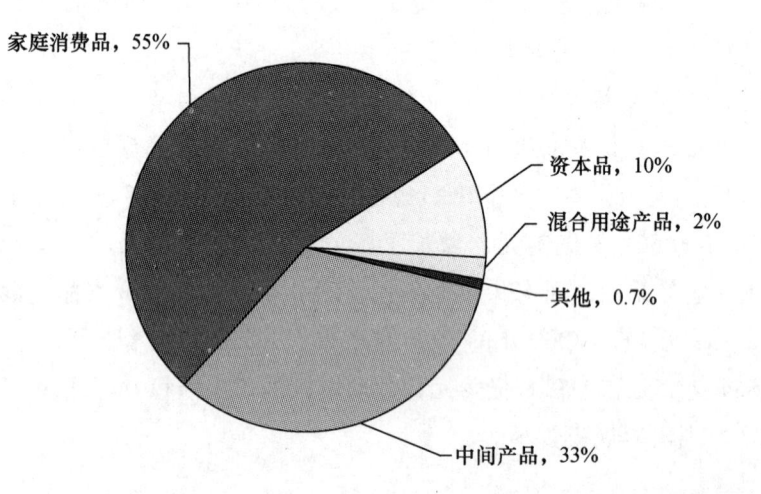

图 3-14　2000 年中国对日本出口货物占比（按照最终用途分类）

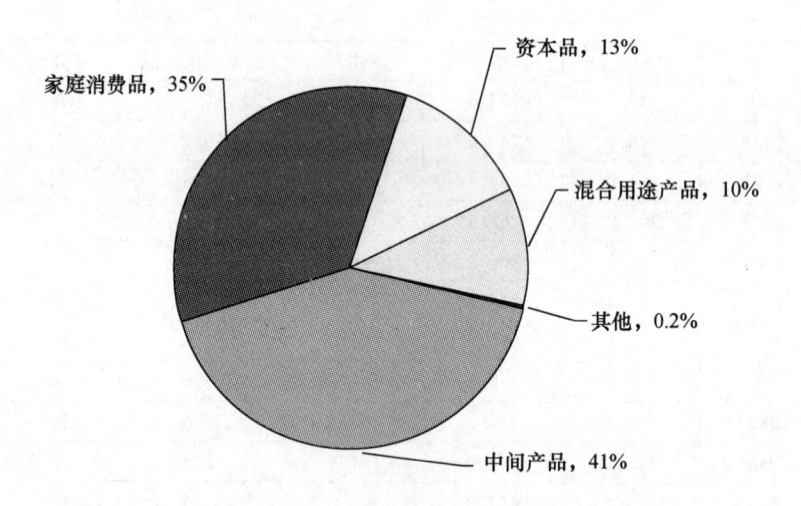

家庭消费品，55%
资本品，10%
混合用途产品，2%
其他，0.7%
中间产品，33%

图 3-15　2015 年中国对日本出口货物占比（按照最终用途分类）

家庭消费品，35%
资本品，13%
混合用途产品，10%
其他，0.2%
中间产品，41%

（1）2000 年，家庭消费品在中国对日本出口中的比重超过一半，达到 55%，是中国出口比重最大的商品，但此后呈现持续下降的趋势。其间，尤以2001—2005年下降最为显著。2015年，家庭消费品占中国对日本出口比重为35%，出口份额下降了35%。

（2）2000年，中间产品在中国对日本出口所占比重为33%，为出口比重第二大的商品；此后，除了2008—2009年以外，其在中国对日本出口比重均呈现较为稳定的上升趋势。2015年，该比重为41%。

（3）总体上看，资本品及混合用途产品出口比重有所上升，由2000年的10%、2%分别上升到2015年的13%和10%。

2. 进口商品结构

在中国各类从日本进口的商品中，中间产品规模最大（见表3-12）。2000—2011年间，进口规模逐年上升（2008—2009年除外），

表3-12　2000—2015年中国从日本进口（按照最终用途分类）

单位：亿美元

年份	中间产品	家庭消费品	资本品	混合用途产品	其他
2000	306.1	12.9	81.7	12.8	1.7
2001	311.1	11.3	89.0	14.3	2.1
2002	376.8	11.2	118.3	25.4	3.0
2003	508.3	13.1	179.4	36.8	3.8
2004	652.0	14.8	238.5	30.8	7.2
2005	715.9	16.8	232.1	25.9	13.3
2006	826.1	17.7	270.9	26.8	15.2
2007	934.9	18.7	329.5	37.1	19.3
2008	1022.0	20.9	367.9	49.4	45.8
2009	928.2	22.4	293.5	45.5	19.7
2010	1169.9	29.3	465.4	79.2	23.6
2011	1272.1	29.7	539.8	82.4	21.7
2012	1178.5	31.8	467.8	82.2	18.1
2013	1102.5	29.5	390.5	82.9	17.0
2014	1080.5	35.0	395.5	100.6	16.9
2015	948.0	44.6	343.5	85.2	9.7

由 306.1 亿美元增长到 1272.1 亿美元。2011 年以后，中国从日本进口的中间产品金额不断下降，2015 年为 948 亿美元；资本品是中国从日本进口规模第二大的商品，从 2000 年的 81.7 亿美元上升到 2015 年的 343.5 亿美元，增长了 3.2 倍；2000 年，中国从日本进口的家庭消费品和混合用途产品的规模相当，为 13 亿美元左右，并且均呈现出上升的态势。其中，混合用途产品上升速度快于家庭消费品；其他用途产品则出口规模较小。

从各类用途产品占中国从日本进口总额的比重来看（见图 3-16 和图 3-17）：

（1）中间产品进口占有绝对优势。2000 年，中间产品占中国从日本进口商品比重的 74%。但是，此后该比重开始下降，2015 年为 66%，减少了 10%。

（2）在中国从日本的进口中，资本品所占比重仅次于中间产品，并且总体上呈现上升的态势，其比重由 20% 增长到 24%。

（3）混合用途产品及家庭消费品在中国从日本进口商品的比重均比较小，为 3%—6%；其他用途产品比重最小，在 1% 左右。

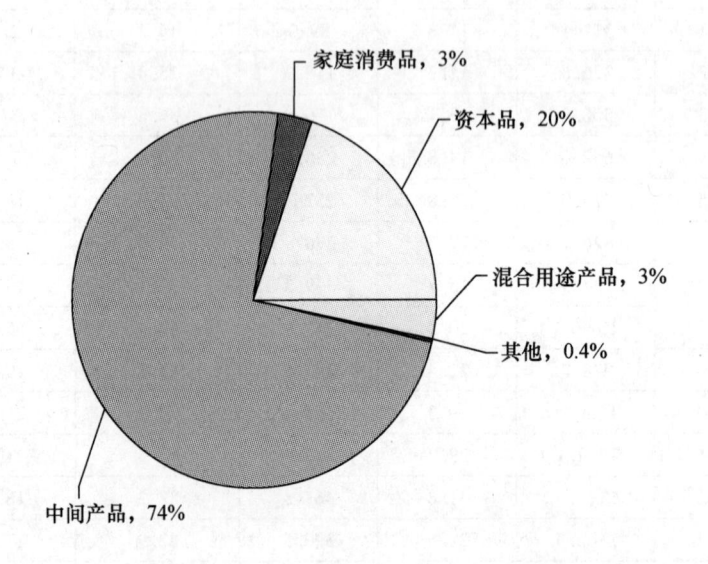

图 3-16　2000 年中国从日本进口货物占比（按照最终用途分类）

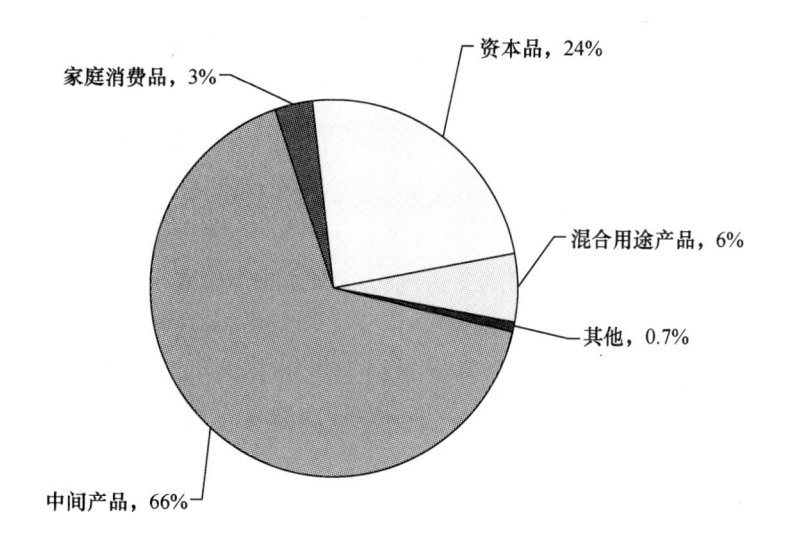

图 3-17　2015 年中国从日本进口货物占比（按照最终用途分类）

第三节　中国环境发展现状

一　中国环境发展概况

1. 能源生产

2015 年，全国一次能源生产总量达到 36.2 亿吨标准煤，较 2010 年增加 5 亿吨标准煤。其中，原煤 37.5 亿吨、原油 2.1 亿吨、天然气 1346.1 亿立方米（见表 3-13）；非化石能源发电装机容量占总装机容量的比重由 2010 年的 27% 增加到 2015 年的 34%。电力装机规模达到 15.1 亿千瓦，较 2010 年增加 5.4 亿千瓦。油气主干管道里程超过 10 万千米，220 千伏及以上输电线路长度突破 60 万千米，西电东送能力达到 1.3 亿千瓦。

2015 年，水电（包括抽水蓄能）、核电、风电、太阳能光伏发电装机总量分别达到 3.2 亿千瓦、2608 万千瓦、1.3 亿千瓦和 4318 万千瓦，"十二五"年均增速分别为 8.1%、19.2%、34.3% 和 178.0%。

2. 能源消费

2015年，全国一次能源消费总量为43.0亿吨标准煤，比2014年增长0.9%，"十二五"年均增长3.6%。其中，煤炭消费量占能源消费总量的64.0%，比2010年下降5.2个百分点；石油占18.1%，比2010年上升0.7个百分点；天然气占5.9%，比2010年上升1.9个百分点。非化石能源消费比重达到12.0%，比2010年上升2.6个百分点，超额完成11.2%的规划目标。

2015年，全国万元国内生产总值能耗比2014年下降5.6%。"十二五"期间，全国万元国内生产总值能耗累计下降18.2%；火电供电标准煤耗由2010年的333克标准煤/千瓦时下降至2015年的315克标准煤/千瓦时。

表3-13　　　　2015年主要能源产品产量及其增长速度

产品名称	单位	产量	比2014年增长（%）
一次能源生产总量	亿吨标准煤	36.2	0.0
原煤	亿吨	37.5	-3.3
原油	亿吨	2.1	1.5
天然气	亿立方米	1346.1	3.4
发电量	亿千瓦小时	58105.8	0.3
其中：火电	亿千瓦小时	42420.4	-2.7
水电	亿千瓦小时	11264.2	5.0
核电	亿千瓦小时	1707.9	28.9

资料来源：《2015中国环境状况公报》。

改革开放以来，中国经济一直保持快速增长的势头。与此同时，国内能源碳排放规模也迅猛攀升。根据全球碳计划（Global Carbon Project - GCP）的最新数据显示，2013年，全球碳排放总量为360亿吨，其中，以中国碳排放量为最大，占29%。[1]

随着中国城镇化及工业化进程的不断加快，工业企业排放的污染

---

[1] 2006年，我国碳排放首次超过美国，成为世界第一大碳排放国。

物总量迅速增加，国内环境急剧恶化。进入21世纪以来，除了工业烟尘、工业粉尘的排放量有所下降，工业废水排放变化不大以外，工业废气、工业固体废物等主要工业污染物排放均呈现明显上升趋势（见表3-14）。2000—2012年，工业废气、工业固体废物排放分别增长3.6倍和3.1倍。

表3-14　　　　2000—2012年中国主要污染物排放状况

年份	工业 SO_2 排放量（万吨）	工业烟尘排放量（万吨）	工业粉尘排放量（万吨）	工业废气排放量（亿标立方米）	工业废水排放量（亿吨）	工业固体废物产生量（万吨）
2000	1613	953	1092	138145	194	81608
2001	1566	852	991	160863	203	88840
2002	1562	804	941	175257	207	94509
2003	1792	846	1021	198906	212	100428
2004	1891	887	905	237696	221	120030
2005	2168	949	911	268988	243	134449
2006	2235	864	808	330990	240	151541
2007	2140	771	699	388169	247	175632
2008	1991	671	585	403866	242	190127
2009	1866	605	524	436064	234	203943
2010	1864	603	449	519168	237	240944
2011	2017	—	—	674509	231	326204
2012	1911			635519	221	332509

资料来源：根据历年《中国统计年鉴》及《中国环境统计年鉴》整理得出。

从图3-18可以看出，2000—2012年，工业废气、工业固体废物两种最为主要的工业污染物排放量（2011—2012年除外）与中国GDP总量的上升趋势十分一致。工业 SO_2、工业废水排放在2000—2006年总体呈上升趋势，此后出现下降，从而与持续上升的GDP变化趋势有所不同。此外，工业烟尘、工业粉尘，尤其是工业烟尘排放量总体上呈现不断下降态势，与GDP的上升趋势正好相反。

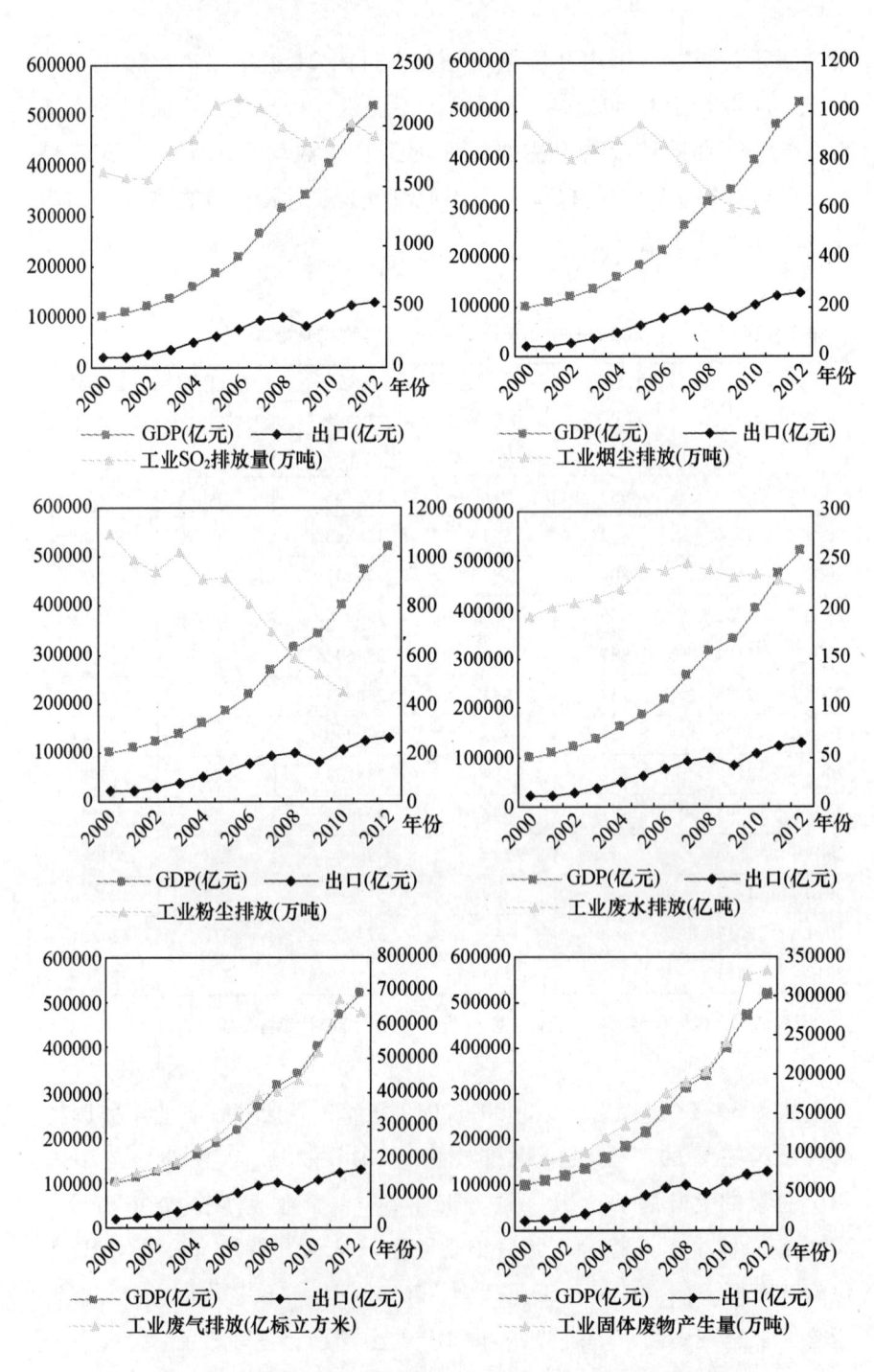

图 3-18 2000—2012 年中国 GDP、出口与主要污染物排放

由于中国出口与 GDP 总量的变化在 2000—2012 年存在较强的相关性（2008—2009 年除外）。通过图 3-19 进一步对几种主要污染物

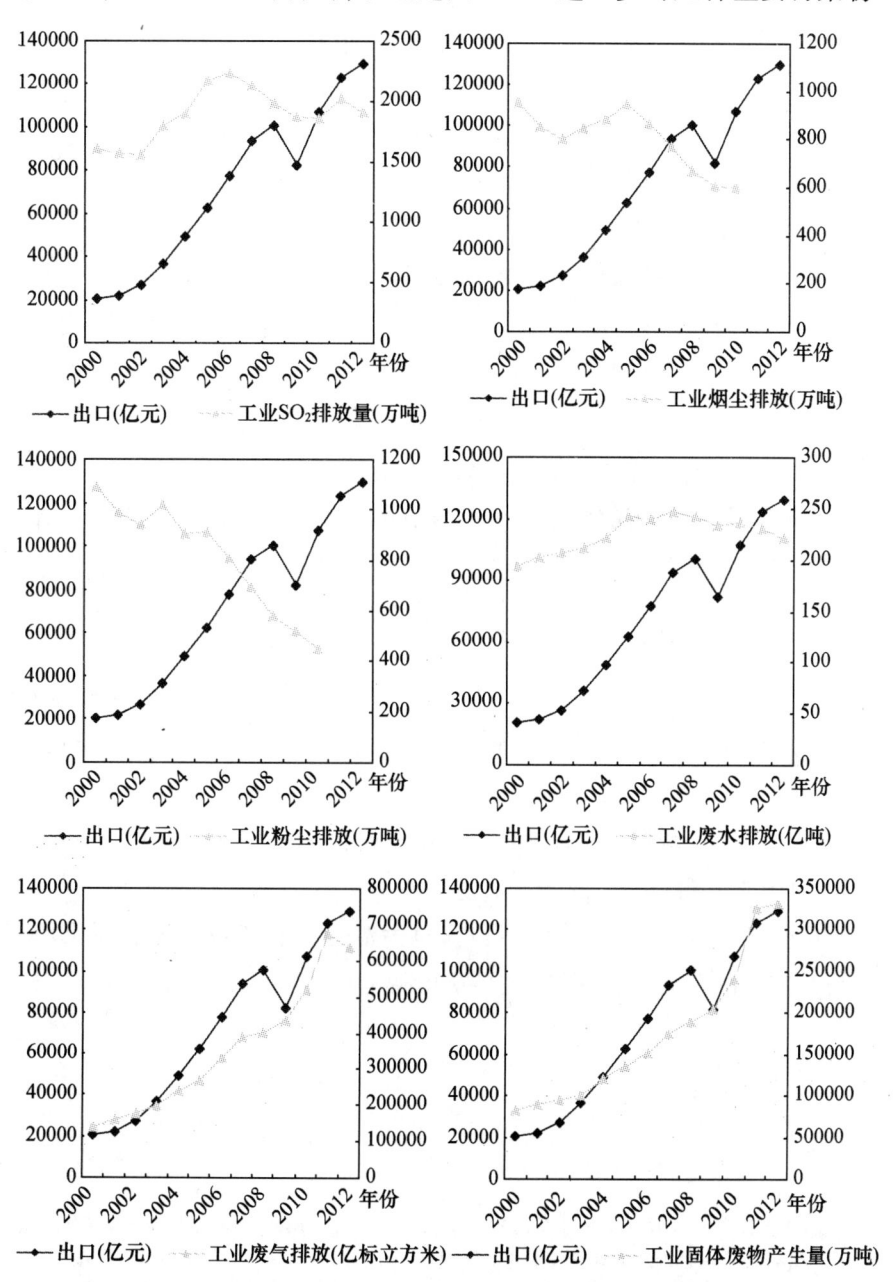

图 3-19 2000—2012 年中国出口及主要工业污染物排放量

排放与出口之间的关系进行考察。可以得出与上文中 GDP 相似的结论。也就是说，除了工业烟尘、工业粉尘以外，工业废气、工业固体废物等各种主要工业污染物的排放量与中国出口规模（2008—2009年除外）的变化趋势也呈现出基本一致的态势。

图 3-18 和图 3-19 充分证明，国内主要污染物排放规模的迅速扩张及污染状况的急剧恶化与中国经济增长及对外贸易（尤其是出口）规模的扩张密切相关。

二 基于碳排放测算的中国环境评估

考虑到目前缺乏中国各行业能源碳排放的直接统计数据，本书依据《中国统计年鉴》提供的按行业分能源消耗数据，将各行业消耗 9 类能源（煤炭、焦炭、原油、汽油、煤油、柴油、燃料油、天然气和电力）所产生的碳排放加总，得到各行业及总体能源碳排放量[①]。根据 2006 年 IPCC 制定的国家温室气体清单指南所提供的核算方法，计算这 9 类能源所产生的碳排放总量为：

$$CO_2 = \sum_{k=1}^{8} CO_{2,k} + CO_{2,9} = \sum_{k=1}^{8} E_k \times NCV_k \times CEF_k \times COF_k \times 44/12 + CO_{2,0} \quad (3-1)$$

其中，$CO_{2,k}$ 为消耗第 k 种能源的碳排放量，E_k、NCV_k、CEF_k、COF_k 分别为前 8 种能源的消耗量、净发热值、碳排放因子（即能源释放单位热量所排放的碳质量）和碳氧化因子（缺省值为 1）[②]，$CO_{2,9}$ 为电力消耗所产生的碳排放量。

由于 IPCC 的核算公式中不包含电力消耗的碳排放因子，本书将其折算为标准煤后进行测算。[③] 各类能源的碳排放系数见表 3-15。

[①] 各类能源 NCV_k 数据来源于《中国能源统计年鉴》，CEF_k 数据来源于 IPCC。

[②] IPCC 没有直接提供煤炭的 CEF 值，本书根据煤炭中烟煤和无烟煤的比例（8:2）进行加权计算得出。

[③] 测算过程为：由于 1kg 煤炭碳排放量为 1.9932kg，煤炭与标准煤的折算系数为 0.7143，因此，1kg 标准煤的碳排放量为 2.7904kg（1.9932/0.7143）。而电力与标准煤的折算系数为 0.1229 千克标准煤/千瓦小时，从而得出 1 千瓦时电力消耗的碳排放量为 0.3429kg（2.7904×0.1229）。

表3-15　　　　　　　各类能源的碳排放系数

能源	煤炭	焦炭	原油	汽油	煤油	柴油	燃料油	天然气	电力
碳排放系数	1.993	3.044	3.067	3.016	3.080	3.159	3.235	21.840	3.429

资料来源：IPCC，《中国能源统计年鉴》(2013)。

根据各国能源的碳排放系数及式（3-1），得出中国碳排放量（见表3-16）。可以看出，2000—2011年，中国碳排放总量呈现出持续快速增长的趋势，由42.0亿吨上升到116.3亿吨，12年增长了1.8倍。在2002—2006年年增长率超过10%，2002—2004年甚至达到17%—18%。

表3-16　　　　2000—2011年中国碳排放总量　　　　单位：亿吨

年份	碳排放量	年份	碳排放量
2000	42.0	2006	80.9
2001	43.2	2007	87.9
2002	46.8	2008	93.0
2003	54.8	2009	98.2
2004	64.7	2010	106.1
2005	72.3	2011	116.3

2000—2011年，碳排放与GDP呈现出较为一致的变化趋势［见图3-20（a）］。其间，在2000—2008年，中国碳排放总量的增长速度高于GDP增速。此后，由于碳排放增速明显放缓，慢于GDP的增长速度。

此外，从碳排放总量与中国出口二者的变化看［见图3-20（b）］，总体趋势也较为一致，并且，碳排放总量的增长速度明显慢于出口。期间，2008—2009年虽然中国对外出口骤减，但是碳排放量变化与其他年份并无显著差别。

通过测算单位GDP的碳排放量，可以得出，2000—2011年，中国单位GDP的碳排放总体上呈现下降的趋势，下降了42%，表明中国单位生产的碳消耗有较大幅度的缩减（见图3-21）。其间，2000—2004年，单位GDP的碳排放变化并不明显。2004年以后，则呈现较快速度的下降，尤其在2006—2008年，中国单位GDP的碳排放平均下降速度超过10%，显示出低碳生产技术的推广和使用取得了十分显著的成效。

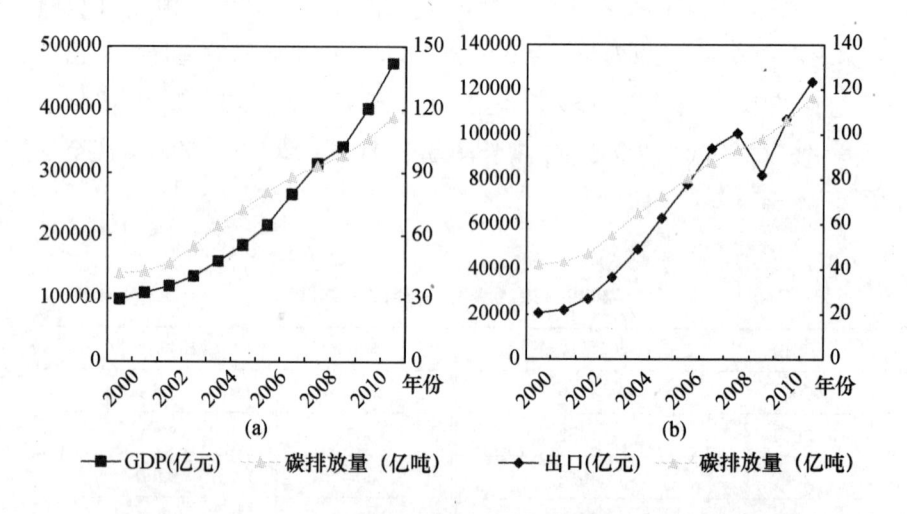

图3-20　2000—2011年中国碳排放总量与GDP、出口的变化趋势

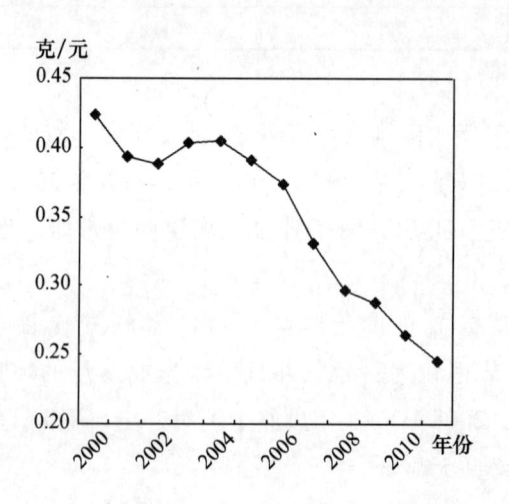

图3-21　2000—2011年中国单位GDP碳排放

三 碳排放与经济总量、对外贸易脱钩关系

脱钩理论最初源于物理学,其指标构建主要基于 DPSIR 分析框架即驱动力—压力—状态—影响—反应框架,用来描述具有响应关系的两个或多个物理量之间相互关系的分离。20 世纪末脱钩概念被引入社会经济领域,用以分析农业政策和环境问题的研究。2002 年,OECD 将其应用于环境污染与经济增长关系的研究中,将其定义为"阻断环境冲击和经济增长之间关联,或二者存在非同步变化的现象"。此后,Juknys(2003)将经济增长与自然资源的脱钩称为初级脱钩,将自然资源与环境污染的脱钩称为次级脱钩。Tapio(2005)则构建了脱钩的弹性方法,以分析欧盟经济增长与交通运输及碳排放的脱钩关系。也有一些学者利用 Tapio 脱钩模型实证考察了各国经济增长、出口贸易与环境之间的关系。

(一)碳排放与经济变量之间的脱钩模型

目前脱钩模型有两种基本的形式:第一种脱钩模型是 OECD 指数模型。即:

$$脱钩因子 = 1 - 脱钩指数 = 1 - \frac{(EP/DP)_1}{(EP/DP)_0}$$

其中,EP 表示环境压力指标,DP 表示驱动力指标。由于 OECD 指数模型对基期和计算期的选定有着高度敏感性,使不同基期的选定会产生迥异的计算结果。

第二种脱钩模型即 Tapio 脱钩模型,通过考量两个指标在同一个时期内的增长弹性变化来判断经济指标间的脱钩状态。因此,判断一国碳排放和出口额脱钩状态的弹性指标 $T_{CO_2,X}$ 为:

$$T_{CO_2,X} = \frac{\Delta CO_2/CO_2}{\Delta X/X} \qquad (3-2)$$

其中,Δ 表示现期相对于基期的变化量,CO_2、X 表示基期的碳排放量和经济变量。当考察碳排放与一国出口贸易及经济总量的脱钩关系时,X 分别用 GDP 和 EX 表示。则有:

$$T_{CO_2,EXP} = \frac{\Delta CO_2/CO_2}{\Delta EXP/EXP} \qquad (3-3)$$

$$T_{CO_2,GDP} = \frac{\Delta CO_2/CO_2}{\Delta GDP/GDP} \qquad (3-4)$$

根据脱钩弹性指标值的大小，可将碳排放与 GDP 及出口贸易之间脱钩状态划分为强脱钩、弱脱钩、扩张性负脱钩、强负脱钩、弱负脱钩和衰退性脱钩六大类（见图 3 - 22 和图 3 - 23）。其中，强负脱钩

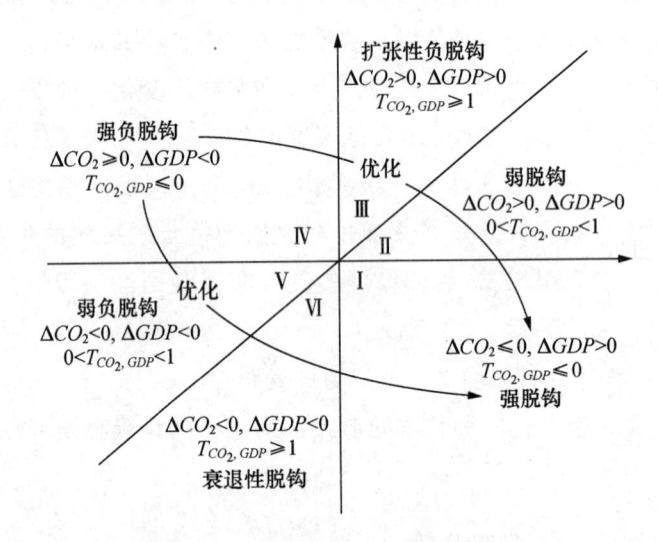

图 3 - 22　碳排放与 GDP 的脱钩状态

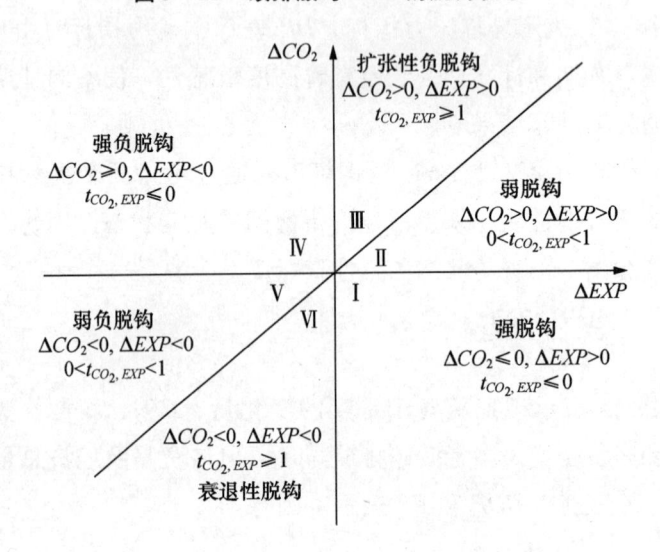

图 3 - 23　碳排放与出口贸易的脱钩状态

状态最不利于经济可持续发展,而强脱钩是最有利于经济可持续发展的理想状态,弱脱钩为较为乐观的状态,其他脱钩状态均为经济的不可持续发展状态(马晶梅和王新影,2015c)。

根据 Kaya 恒等式,可将碳排放的驱动因素分解为能源碳排放强度、能源强度、人均收入和人口规模,用公式表示如下:

$$CO_2 = \frac{CO_2}{E} \times \frac{E}{GDP} \times \frac{GDP}{P} \times P \tag{3-5}$$

其中,E 为能源消耗总量,P 为人口规模。在此基础上,将能源结构引入模型,对恒等式进行扩展:

$$CO_2 = \sum_1^9 CO_{2,k} = \sum_1^k \frac{E_k}{E} \times \frac{CO_{2,k}}{E_k} \times \frac{E}{EXP} \times \frac{EXP}{P} \times P$$
$$= S_k \times F_k \times I \times A \times P \tag{3-6}$$

其中,S_k 为能源结构,是第 k 种能源消耗占总能源消耗的比重;F 为碳排放强度;I 为能源强度,即单位出口的耗能量;A 为人均出口额。因此,ΔCO_2 可表示为:

$$\Delta CO_2 = CO_2(1) - CO_2(0)$$
$$= S(1)F(1)I(1)A(1)P(1) - S(0)F(0)I(0)A(0)P(0) \tag{3-7}$$

采用 SDA 两级分解法对式(3-5)分别从基期和计算期进行分解,并取其算术平均值得:

$$\Delta CO_2 = \frac{1}{2}[\Delta SF(1)I(1)A(1)P(1) + \Delta SF(0)I(0)A(0)P(0)]$$
$$= \frac{1}{2}[S(0)\Delta FI(1)A(1)P(1) + S(1)\Delta FI(0)A(0)P(0)]$$
$$= \frac{1}{2}[S(0)F(0)\Delta IA(1)P(1) + S(1)F(1)\Delta IA(0)P(0)]$$
$$= \frac{1}{2}[S(0)F(0)I(0)\Delta AP(1) + S(1)F(1)I(1)\Delta AP(0)]$$
$$= \frac{1}{2}[S(0)F(0)I(0)A(1)\Delta P + S(1)F(1)I(1)A(0)\Delta P]$$
$$= \Delta C_S + \Delta C_F + \Delta C_I + \Delta C_A + \Delta C_P \tag{3-8}$$

其中,ΔC_S、ΔC_F、ΔC_I 为能源效应,分别为能源结构、能源碳排

放强度和能源强度效应；ΔC_A、ΔC_P 为经济效应，分别为人均出口和人口规模效应。结合式（3-3）、式（3-6）和式（3-7），得到扩展的 Tapio 脱钩模型：

$$T_{CO_2,EXP} = \frac{\Delta CO_2/CO_2}{\Delta EXP/EXP} = \Delta CO_2 \times \frac{EXP}{CO_2 \times \Delta EXP}$$

$$= (\Delta C_S + \Delta C_F + \Delta C_I + \Delta C_A + \Delta C_P) \times \frac{EX}{CO_2 \times \Delta EXP}$$

$$= \frac{\Delta C_S/CO_2}{\Delta EXP/EXP} + \frac{\Delta C_F/CO_2}{\Delta EXP/EXP} + \frac{\Delta C_I/CO_2}{\Delta EX/EXP}$$

$$+ \frac{\Delta C_A/CO_2}{\Delta EXP/EXP} + \frac{\Delta C_P/CO_2}{\Delta EXP/EXP}$$

$$= t_S + t_F + t_I + t_A + t_P \quad (3-9)$$

其中，t_S、t_F、t_I 分别为能源结构、能源碳排放强度、能源强度分脱钩弹性指标；t_A、t_P 分别为人均出口、人口规模分脱钩弹性指标。考虑到各能源碳排放强度基本保持不变，假定 $\triangle C_F = 0$，相应的 $t_F = 0$。

同理，碳排放与一国经济 GDP 之间的脱钩弹性指标可表示为：

$$T_{CO_2,GDP} = \frac{\Delta C_S/CO_2}{\Delta GDP/GDP} + \frac{\Delta C_F/CO_2}{\Delta GDP/GDP} + \frac{\Delta C_I/CO_2}{\Delta GDP/GDP}$$

$$+ \frac{\Delta C_A/CO_2}{\Delta GDP/GDP} + \frac{\Delta C_P/CO_2}{\Delta GDP/GDP}$$

$$= t_S + t_F + t_I + t_A + t_P \quad (3-10)$$

其中，t_A 为人均收入分脱钩弹性指标。

（二）碳排放与中国国民经济总量及出口的脱钩关系评估

1. 碳排放和国民经济总量之间脱钩关系

图 3-23 显示，从碳排放与经济总量变化的关系来看，总体上中国碳排放和经济增长之间为弱脱钩关系。根据其变化趋势，可以分为四个阶段：

（1）2000—2001 年，碳排放与中国经济增长为弱脱钩关系。这主要由于 1998 年《节能法》的实施使得国内企业单位生产能耗显著下降，能源结构明显得到改善。

（2）2002—2004 年，随着亚洲金融危机影响的消退及中国加入世界贸易组织，大批高能耗及基础设施项目开始建设，由此拉动碳排放及国民经济快速增长，并使得碳排放增速远快于经济增速。二者的脱钩状态由弱脱钩转变为扩张性负脱钩状态，表明在国民经济快速增长的同时，中国环境以更快的速度加剧恶化。

（3）2005—2008 年，在国内扩大投资的宏观经济政策推动下，国民经济仍然持续快速增长，但是国内碳排放增速减缓，碳排放和经济增长恢复弱脱钩状态，国内环境恶化速度减缓。

（4）2009 年以后，受金融危机影响，中国碳排放和国民经济增长均有所放缓，二者之间仍然为弱脱钩状态。然而，相对于经济增长，国内环境恶化速度并没有明显放慢。

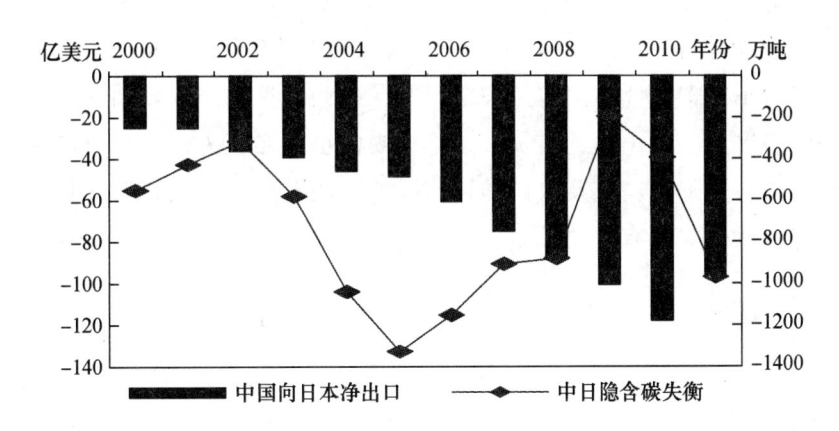

图 3-24　2000—2011 年中国碳排放与出口及经济总量的脱钩弹性

2. 碳排放和出口之间脱钩关系

此外，2000—2011 年碳排放总量与出口贸易增长之间总体上呈现较为稳定的正相关，为弱脱钩状态（见图 3-24）。从二者之间关系的变化趋势看，可以分为以下几个阶段：

（1）2000—2001 年，在这一阶段，中国碳排放增速慢于出口增速。由于碳排放与出口贸易脱钩弹性下降，表明出口对环境的负面影响有所削弱。

(2) 2002—2007 年，随着中国在 2001 年加入世界贸易组织，出口迅猛增长，年增长率高于 20%。与此同时，国内能源消耗也迅速上升，年增长率约为 10%。由于国内碳排放增长率总体上呈现下降趋势（尤其 2003 年以后），因而，碳排放与出口增长之间弱脱钩弹性不断下降，国内环境恶化速度继续放缓。

(3) 2008—2011 年，在此期间的 2008—2009 年，受全球金融危机影响，中国出口急剧萎缩，出口规模呈现负增长。在此之后，迅速恢复快速增长，同时，国民经济总量保持较高速度增长。因此，除了 2008—2009 年碳排放及出口为强负脱钩以外，其他年份二者之间脱钩关系为弱脱钩，并且，脱钩弹性有所上升，表明对于出口贸易而言，国内环境恶化现象有所加重。

总的来讲，2000—2011 年，中国碳排放与国民经济、出口之间存在较为显著的"弱脱钩"关系。其中，碳排放与出口之间的弱脱钩弹性明显小于碳排放与国内经济之间的弱脱钩弹性。这一方面表明随着中国经济及出口金额的增长，碳排放规模也随之扩大；另一方面也显示出相对于国民经济及出口的快速增长，碳排放的增速相对缓慢，国内环境恶化速度有所减缓。

第四章 基于隐含碳的中国贸易环境测算

近年来，中国对外贸易迅猛增长，对国民经济发展起到了重要的推动作用。与此同时，国内污染不断加剧，国内环境日益恶化。由于在一国对外贸易过程中，隐含在进出口产品及服务的碳消耗并没有随贸易流进行转移，从而对出口国的国内环境产生一定程度的影响。与此同时，进口国则通过从其他国家进口产品及服务并在本国进行消费，向出口国转移了碳排放。那么，中国作为世界最大的贸易国和出口国，在其对外贸易过程中，是否因此承接了其他国家尤其是其主要贸易伙伴的碳转移？如果存在，其转移规模即贸易隐含碳排放量如何？对国内环境影响如何？这些都是本章重点研究和解答的问题。

第一节 贸易隐含碳的测算模型

一 投入产出模型

在对一国对贸易隐含碳的测算和研究中，建立在 Leontief (1951) 分析框架之上投入产出模型是其最主要的分析工具（见图 4-1）。

（一）投入产出表

投入产出表描述了一国各经济部门在某个时期的投入产出情况。[①] 其中，行表示部门产出，列表示部门投入（见表 4-1）。x_i 表示部门 i 的总产出（或总投入）水平（$i=1, 2, \cdots, n$），x_{ij} ($j=1, 2, \cdots, n$) 表示 j 部门生产所需的 i 部门货物或服务的价值，各部门的最终需

---

① 书中投入产出表及消耗系数均指价值型投入产出表和消耗系数。

求(包括居民消耗、政府使用、出口和社会储备等)为 y_j。

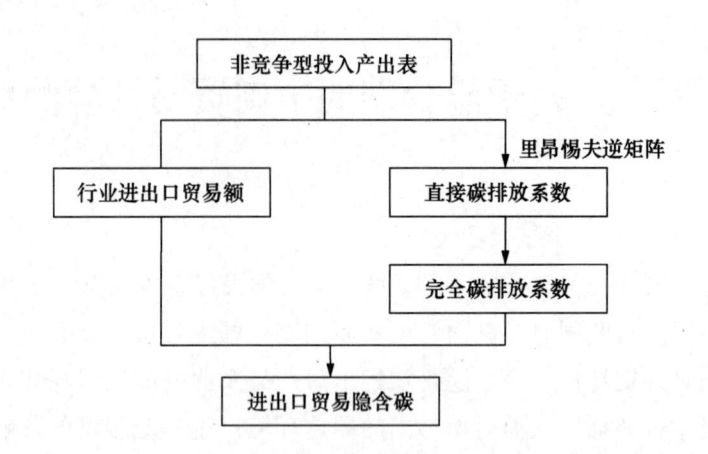

```
        ┌─────────────────┐
        │ 非竞争型投入产出表 │
        └─────────────────┘
           │           │
           │           │ 里昂惕夫逆矩阵
           ▼           ▼
    ┌──────────┐  ┌──────────────┐
    │行业进出口贸易额│  │ 直接碳排放系数 │
    └──────────┘  └──────────────┘
           │           │
           │           ▼
           │    ┌──────────────┐
           │    │ 完全碳排放系数 │
           │    └──────────────┘
           │           │
           ▼           ▼
        ┌─────────────────┐
        │  进出口贸易隐含碳  │
        └─────────────────┘
```

图 4-1　一国贸易进出口隐含碳测算模型

表 4-1　　　　　　　　　投入产出表

		投入部门（中间产品）				最终产品	总产出
		部门 1	部门 2	⋯	部门 n	小计		
产出部门（中间投入）	部门 1	x_{11}	x_{12}	⋯	x_{1n}	$\sum x_{1j}$	y_1	x_1
	部门 2	x_{21}	x_{22}	⋯	x_{2n}	$\sum x_{2j}$	y_2	x_2
	⋮	⋮	⋮	⋱	⋮	⋮	⋮	⋮
	部门 n	x_{n1}	x_{n2}	⋯	x_{nn}	$\sum x_{nj}$	y_n	x_n
	小　计	$\sum x_{i1}$	$\sum x_{i2}$	⋯	$\sum x_{in}$	$\sum\sum x_{ij}$	$\sum y_i$	$\sum x_i$
最初投入	固定资产折旧	d_1	d_2	⋯	d_n	$\sum d_j$		
	劳动者报酬	l_1	l_2	⋯	l_n	$\sum l_j$		
	生产税净额	t_1	t_2	⋯	t_n	$\sum t_j$		
	营业盈余	m_1	m_2	⋯	m_n	$\sum m_j$		
	增加值	v_1	v_2	⋯	v_n	$\sum v_j$		
	总投入	x_1	x_2	⋯	x_n	$\sum x_j$		

由价值型投入产出表的行平衡关系可知，一个部门的总产出等于其分配给本部门及其他各部门的中间投入品与其最终需求品之和，即总产出 = 中间需求 + 最终需求。由此可以得到：

$$\begin{cases} x_{11} + x_{12} + \cdots + x_{1n} + y_1 = x_1 \\ x_{21} + x_{22} + \cdots + x_{2n} + y_2 = x_2 \\ \quad \cdots \\ x_{n1} + x_{n2} + \cdots + x_{nn} + y_n = x_n \end{cases} \quad (4-1)$$

将方程组（4-1）进行简化，得到与之相对应的产出平衡方程组（也称分配平衡或消耗平衡方程组）：

$$\sum_{j=1}^{n} x_{ij} + y_i = x_i \quad (4-2)$$

或

$$x_i - \sum_{j=1}^{n} x_{ij} = y_i \quad (4-3)$$

（二）直接消耗系数

将 $a_{ij} = z_{ij}/x_j$ 代入上面方程组，得到：

$$\begin{cases} a_{11}x_1 + a_{12}x_2 + \cdots + a_{1n}x_n + y_1 = x_1 \\ a_{21}x_1 + a_{22}x_2 + \cdots + a_{2n}x_n + y_2 = x_2 \\ \quad \cdots \\ a_{n1}x_1 + a_{n2}x_2 + \cdots + a_{nn}x_n + y_n = x_n \end{cases} \quad (4-4)$$

其中，a_{ij} 为直接消耗系数，表示生产过程中 j 部门单位产出所直接消耗的 i 部门货物或服务的价值，又称为投入系数或技术系数。测算直接消耗系数主要的作用和目的有以下几个方面：

（1）反映各部门间通过中间品投入或消耗而形成的生产关联，以及国民经济的生产技术结构；

（2）构成中间产品（消耗）与总产出之间的媒介；

（3）计算完全消耗系数（和其他系数）的基础。

根据直接消耗系数定义，a_{ij} 可以表示为：

$$a_{ij} = \frac{x_{ij}}{x_j} \quad (4-5)$$

$a_{ij} = \frac{x_{ij}}{x_j}$ 的取值范围为：

$$0 \leq a_{ij} < 1; 0 < \sum_{i=1}^{n} a_{ij} < 1$$

式（4-5）还可以表示为 $x_{ij} = a_{ij}x_j$，将其代入平衡方程组（4-4），并对其进行简化得到：

$$\sum_{j=1}^{n} a_{ij}x_j + y_i = x_i$$

该式的矩阵形式为：

$AX + Y = X$

此矩阵平衡式即为投入产出的基本模型。其中，A 为直接消耗系数矩阵，$X = (x_1 x_2 \cdots x_n)'$，$Y = (y_1 y_2 \cdots y_n)'$，分别为各部门总产出和最终需求的列向量。对其进一步变形得：

$X = (I - A)^{-1}$ （4-6）

I 为与 A 同阶的单位矩阵，$(I - A)^{-1}$ 是代表中间投入技术系数的里昂惕夫逆矩阵，也称为完全需求系数矩阵，它全面揭示了一国经济中各部门间复杂的技术关联。

（三）完全消耗系数

由于直接消耗系数是在生产过程中，对产品的第一轮消耗，只反映各部门间的直接消耗。而产品生产不仅产生直接消耗，还通过被消耗品的媒介关系而形成对有关产品的消耗，称为间接消耗。[①] 正是彼此复杂交错的间接联系传递经济体系中经济变量的变动，才形成了现实经济生活中产品之间的一般联系。

相对于直接消耗，间接消耗具有以下特征：

（1）传递性，间接消耗不是直接观察到的第一次消耗，而是通过被消耗品的传递关系形成的消耗；

（2）层次性，间接消耗按照传递环节的不同分为不同的层次；

（3）无限性，由于社会生产的循环过程无始无终，从而间接消耗的传递关系永无止境；

（4）收敛性，在极限意义上，间接消耗的不断传递过程本身是收敛的。从这个意义上来说，全部间接消耗可以通过计算得出。

[①] 当一个部门对某种产品没有直接消耗时，却仍然对它有间接消耗，因而完全消耗通常不为零。

由于产品间的相互消耗,除了直接消耗外,产品的生产过程中还包括间接消耗。在国民经济各部门和产品的生产中,几乎都存在间接消耗和完全消耗。正确认识各种间接消耗关系是充分理解宏观经济问题复杂性的有力工具。完全消耗系数是直接、间接联系的全面反映,是对某产品直接消耗与所有各次间接消耗之总和,能够反映产品生产的全部消耗。[①] 其理论公式为:完全消耗系数 = 直接消耗系数 + 间接消耗系数。实际表示为:

$$b_{ij} = a_{ij} + \sum_{k=1}^{n} b_{ik} a_{kj} \qquad (4-7)$$

其中,b_{ij} 为完全消耗系数,是第 j 部门生产单位价值所直接和间接消耗的第 i 部门的全部价值总和。由 b_{ij} 构成的 n 阶方阵 $B = (b_{ij})$ 称为完全消耗系数矩阵,且有:

$$B = (I - A)^{-1} - I \qquad (4-8)$$

总的来看,投入产出模型中总产出的构成、直投消耗系数、完全消耗系数之间的关系可以由图 4-2 表示。

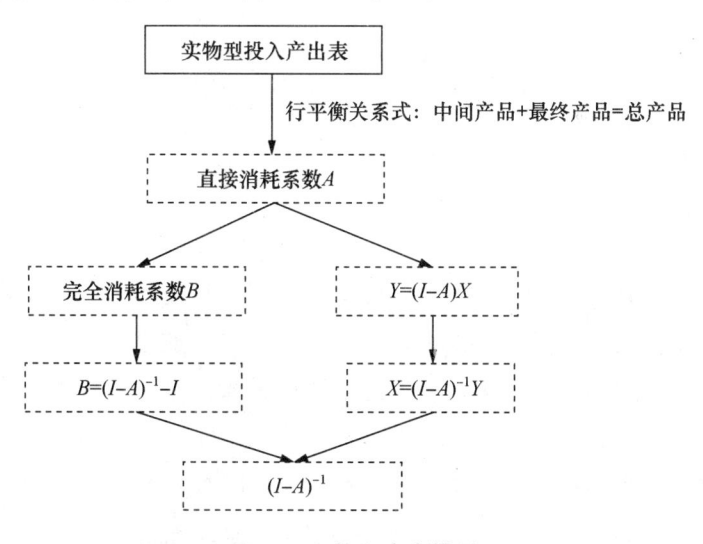

图 4-2 投入产出模型

---

① 完全消耗系数从另一个角度反映了生产过程的技术经济联系,它与直接消耗系数的分析意义不同。同时,虽然完全消耗系数矩阵的值远远大于直接消耗系数矩阵的值,但通常需要运用矩阵代数方法从整体上加以计算,而无法直接运用理论公式进行计算。

二 贸易隐含碳模型

在一国投入产出基本模型（4-6）的基础上，通过引入隐含碳概念，可构建一国碳排放及贸易隐含碳的测算模型。

令 c 表示一国各部门直接碳排放系数的列向量，其基本元素 c_i 即直接碳排放系数，表示部门 i 单位产出的直接碳排放量，其公式表示为：

$$c_i = \frac{C_i}{X_i} \qquad (4-9)$$

其中，C_i 表示各部门直接碳排放的总量，X_i 表示各部门的总产出量。考虑到产品整个生产链中还隐含着间接碳排放，结合里昂惕夫逆矩阵构建各部门的完全碳排放系数列向量 $\hat{c}$，表示各部门单位产出所引致的直接和间接碳排放总和，其公式为：

$$\hat{c} = c \times (I-A)^{-1} \qquad (4-10)$$

为满足最终需求 Y 而在整个生产链中所直接和间接的总碳排放量为：

$$C = c(I-A)^{-1}Y = \hat{c}Y \qquad (4-11)$$

类似地，满足一国最终贸易需求量 T 而引致的贸易碳排放量可表示为：

$$C = c(I-A)^{-1}T = \hat{c}T \qquad (4-12)$$

需要注意的是，由于 A 为一国生产过程中的直接消耗系数矩阵，并未对其来源于进口和国内生产的中间品投入进行区分，即未剔除进口中间品投入对中间投入技术系数（即里昂惕夫逆矩阵）的影响。考虑到进口中间品是一国进口后才进入该国的生产环节，因而其生产过程中所产生的消耗及碳排放均发生在进口国而非出口国。就中国而言，自20世纪80年代以来，加工贸易占中国对外贸易及GDP比重不断上升，成为中国十分重要的贸易方式。[①] 而加工贸易主要以大量进口中间产品，在国内对其进行加工、装配后再出口为主要内容和特

---

① 1995—2010年，加工贸易出口占中国总出口比重一直超过一般贸易，直到2011年再次被一般贸易所超越（见本书第三章）。

征。因此,如果在测算中国贸易隐含碳时将通过加工贸易大量进口的中间产品视为国内生产,必然导致中国贸易碳的排放量大大被高估。因此,在测算中国碳排放及贸易隐含碳排放时,应将进口中间投入(消耗)从中予以剔除。

由于一国中间品投入可由进口中间品和国内中间品投入两部分构成,即有:

$$A = A^{im} + A^d$$

其中,A^d、A^{im}分别表示国内中间品投入和进口中间品投入的直接消耗系数矩阵,式(4-11)可写为:

$$C = c(I - A^d)^{-1}Y = \hat{c}^d Y \tag{4-13}$$

在此基础上,构建一国对外出口/进口隐含碳的多区域投入产出模型(Multi-Region Input-Output Model,MRIO):

$$EXC = c_{ex}(I - A^d)^{-1}EX = \hat{c}_{ex}^d \cdot EX \tag{4-14}$$

$$IMC = c_{im}(I - A^{im})^{-1}IM = \hat{c}_{im}^d \cdot IM \tag{4-15}$$

其中,EXC、IMC分别表示由于一国出口和进口时产生的碳排放量,即对外出口及进口隐含碳。在多区域投入产出模型中,CI实际上是该国贸易伙伴出口时产生的碳排放,A^{im}是该贸易伙伴国的直接消耗系数矩阵,EX、IM则表示该国出口量和进口量,$\hat{c}_{ex}^d$、$\hat{c}_{im}^d$分别表示一国(本书中指中国)及其贸易伙伴(指美国及日本)各部门的完全碳排放系数矩阵。

当$EXC > IMC$时,表示一国出口隐含碳量大于其进口隐含碳量,此时该国处于双边贸易的隐含碳顺差(或净出口);当$EXC < IMC$时,出口隐含碳量小于其进口隐含碳量,该国拥有隐含碳逆差(或净进口)。

不同于贸易顺差意味着一国通过对外贸易使本国拥有外汇盈余,从而在双边贸易中处于优势地位。贸易隐含碳顺差表明一国通过对外贸易,为其他国家生产的出口产品所产生的碳排放大于其他国家为其进口产品产生的碳排放。换句话说,贸易隐含碳的顺差国实际上存在"环境逆差"或"生态逆差"。

总的来看,一国贸易隐含碳顺差(以及顺差扩大,逆差缩小)显示出该国通过对外贸易使其环境得到恶化。相反，贸易隐含碳逆差（以及顺差缩小，逆差扩大）则表明该国通过对外贸易使其环境得到改善。

第二节 直接碳排放系数及完全碳排放系数测算

一 数据来源及其处理

书中所需数据为各国投入产出表、各部门碳排放、货物和服务贸易量。

中国、美国及日本各国投入产出表来源于 OECD 投入产出数据库。由于该数据库中仅有各国 2000 年、2005 年投入产出表，其他年份数据在此基础上通过替代或调整获得。①

各国货物贸易数据来源于 OECD 的双边贸易数据库（STAN Bilateral Trade Database in goods）。中美间服务贸易数据来源于美国经济分析局（BEA），中日间服务贸易数据来源于联合国服务贸易数据库（UN Service trade database）。同时，采用 WIOD 数据库中的总产出价格指数（GO_P）对相关数据进行调整，以剔除价格变动的影响。各国各年的部门碳排放量来源于 WIOD 中的 Environmental Accounts 表。

鉴于各个数据库的行业划分标准不同，在投入产出表部门分类的基础上，参照 ISIC Rev.3 的部门分类法并综合其他数据库的部门分

---

① 鉴于一国生产结构和技术水平的相对稳定性，以及数据的可获得性，2001—2004 年各国投入产出表的里昂惕夫逆矩阵用 2000 年的近似替代，2006—2011 年的数据用 2005 年的近似替代。其他年份的各部门直接碳排放系数则通过使用技术系数的比值作为调整系数，在相应基期的基础上调整所得。其中，技术系数取自国际能源署（IEA）公布的不变价格单位 GDP 所排放的 CO_2 量。

类，最终合并划分为 20 个行业。①

二 中国分行业碳排放系数测算

（一）中国分行业直接碳排放系数

根据 WIOD 数据库所提供的数据表，可以直接计算出 2000—2009 年各部门的直接碳排放系数，2010—2011 年的需要通过间接方法获取。间接方法主要有近似替代法和系数调节法两类。虽然投入产出法一般基于一国各行业直接碳排放系数在一段时期内（3—5 年）固定不变的基础上，然而，由于各国经济交流日益频繁，先进技术在各国迅速扩散。与此同时，各国自主创新能力不断提高。这些都使各国技术水平和能源消耗逐年呈现不同程度的提高和改善。因此，采用系数调节法比近似替代法更有利于缩小测算结果与实际水平之间的偏差。

首先，根据式（4-11），计算得出 2000—2011 年中国各行业直接碳排放系数（见表 4-2）。

表 4-2　2000—2011 年中国分行业直接碳排放系数

	2000	2001	2002	2003	2004	2005	2006	2007	2008	2009	2010	2011
农林牧副渔业	0.309	0.293	0.285	0.300	0.316	0.354	0.344	0.322	0.302	0.289	0.280	0.281
采掘业	1.040	0.986	0.959	1.010	1.062	1.094	1.062	0.993	0.931	0.893	0.863	0.866
食品、饮料及烟草加工制造业	0.260	0.246	0.240	0.253	0.266	0.179	0.174	0.163	0.152	0.146	0.141	0.142
纺织业	0.163	0.154	0.150	0.158	0.166	0.131	0.128	0.119	0.112	0.107	0.104	0.104
木材加工及家具制造业	0.267	0.253	0.246	0.259	0.272	0.118	0.114	0.107	0.100	0.096	0.093	0.093

---

① OECD 的投入产出表和货物贸易表包括 37 个部门，BEA 的中美服务贸易表包括 19 个部门，UN Service trade database 的中日服务贸易表包括 11 个部门，WIOD 的各表包括 35 个部门。其中，OECD 数据库中货物贸易表的部门分类依据是 ISIC Rev.3。这 20 个行业分别为：1. 农林牧副渔业，2. 采掘业，3. 食品、饮料及烟草加工制造业，4. 纺织业，5. 木材加工及家具制造业，6. 造纸、出版、印刷和文教业，7. 石油加工、炼焦及核燃料加工业，8. 化学制品业，9. 橡胶和塑料制品业，10. 其他非金属矿物制品业，11. 金属冶炼及压延加工业，12. 机械设备制造业，13. 电气机械及光学设备制造业，14. 交通运输设备制造业，15. 其他制造业，16. 电力、燃气和水供应业，17. 建筑业，18. 交通运输、仓储和邮政业，19. 金融与保险业，20. 其他服务业。

续表

	2000	2001	2002	2003	2004	2005	2006	2007	2008	2009	2010	2011
造纸、出版、印刷和文教业	0.577	0.547	0.532	0.560	0.589	0.272	0.265	0.247	0.232	0.222	0.215	0.216
石油加工、炼焦及核燃料加工业	0.675	0.640	0.622	0.655	0.689	0.724	0.703	0.657	0.616	0.591	0.571	0.573
化学制品业	1.058	1.002	0.975	1.027	1.080	0.585	0.568	0.532	0.498	0.478	0.462	0.464
橡胶和塑料制品业	0.194	0.183	0.179	0.188	0.198	0.170	0.166	0.155	0.145	0.139	0.135	0.135
其他非金属矿物制品业	4.228	4.006	3.898	4.105	4.318	6.820	6.623	6.195	5.808	5.567	5.383	5.402
金属冶炼及压延加工业	1.229	1.164	1.132	1.193	1.255	1.030	1.000	0.936	0.877	0.841	0.813	0.816
机械设备制造业	0.194	0.183	0.178	0.188	0.198	0.060	0.058	0.054	0.051	0.049	0.047	0.047
电气机械及光学设备制造业	0.037	0.035	0.034	0.036	0.038	0.022	0.021	0.020	0.018	0.018	0.017	0.017
交通运输设备制造业	0.106	0.100	0.097	0.102	0.108	0.069	0.067	0.063	0.059	0.057	0.055	0.055
其他制造业	0.197	0.186	0.181	0.191	0.201	0.050	0.048	0.045	0.042	0.041	0.039	0.039
电力、燃气和水供应业	15.817	14.985	14.581	15.355	16.153	15.818	15.362	14.368	13.470	12.911	12.486	12.529
建筑业	0.095	0.090	0.087	0.092	0.097	0.140	0.136	0.127	0.119	0.114	0.111	0.111
交通运输、仓储和邮政业	1.358	1.287	1.252	1.318	1.387	0.692	0.672	0.629	0.589	0.565	0.546	0.548
金融与保险业	0.037	0.035	0.034	0.036	0.038	0.020	0.020	0.018	0.017	0.016	0.016	0.016
其他服务业	0.203	0.193	0.187	0.197	0.208	0.123	0.120	0.112	0.105	0.100	0.097	0.097

由表4-2可以看出，2000—2011年，在中国各行业中，直接碳排放系数最高的行业是电力、燃气和水供应业，远远高于其他行业；其次是其他非金属矿物制品业，表明这两个行业的单位生产直接消耗了大量的资源，是典型的高消耗行业。采掘业，金属冶炼及压延加工

业，石油加工、炼焦及核燃料加工业，化学制品业等重化工业及交通运输、仓储和邮政业的直接碳排放系数也相对较高。金融与保险业、电气机械及光学设备制造业、交通运输设备制造业和机械设备制造业的直接碳排放系数则较小。通过对比可以发现，直接碳排放系数最高行业与系数最低行业之间相差高达 400—800 倍。由于中国各行业直接碳排放系数巨大的差距不仅反映出各行业对能源的直接消耗数量有很大不同，同时也能够反映出行业之间生产技术、能源结构以及对其他行业中间品投入依赖程度也存在相当大的差异。

与此同时，中国各行业直接碳排放系数总体上呈现出显著的下降趋势。按照具体变化趋势，可以分为四个阶段：

（1）2000—2002 年，中国所有行业的直接碳排放系数均有所下降，且各行业下降速度相差不大。其中 2000—2001 年下降速度明显快于 2001—2002 年。

（2）2002—2004 年，中国所有行业的直接碳排放系数均有所上升，并且两年的上升速度比较稳定，每年在 5%—6%。

（3）2004—2005 年，在这一年内，中国各行业直接碳排放系数的变化趋势出现较大程度的分化。大部分行业显示出显著的下降趋势，其中一些行业下降速度相当快，下降最快的行业为其他制造业和机械设备制造业，下降速度达到 70%。木材加工及家具制造业，造纸、出版、印刷和文教业，交通运输、仓储和邮政业的下降速度超过50%，其他行业的下降速度也高于 30%。相反，一些行业直接碳排放系数则出现较为显著的上升，上升速度最快的行业为其他非金属矿物制品业，达到 58%，建筑业直接碳排放系数的上升速度也比较快。

（4）2005—2011 年，这一阶段内，中国各行业直接碳排放系数均呈现出下降的趋势。其中，2005—2007 年直接碳排放系数下降趋势最为显著，并且各行业下降速度也较为相近，为年均 6%—7%。此后，各行业直接碳排放系数下降速度逐年放缓。2010—2011 年，下降速度接近零，各行业碳排放系数保持在比较稳定的水平。值得注意的是，尽管 2005 年以后中国直接碳排放系数有所下降，但是 2007 年的数据仍高于 2002 年的水平。这主要由于 2003—2004 年，中国明显加快了工业化和城市化进程，导致这两年能源消费的增长速度十分迅速（超过15%）。

2000—2011年，在所有行业中，直接碳排放系数下降最快的是其他制造业和机械设备制造业，其次依次为木材加工及家具制造业，造纸、出版、印刷和文教业，交通运输、仓储和邮政业，金融与保险业，化学制品业，电气机械及光学设备制造业和其他服务业，它们的直接碳排放系数均下降了一半以上。并且，这些行业大多属于服务业和轻工业行业。降幅最小的行业是农林牧副渔，幅度为10%；石油加工、炼焦及核燃料加工业，采掘业及电力、燃气和水供应业等行业下降幅度也比较小，在20%左右。这些行业直接碳排放系数下降速度较慢的原因主要在于这些行业基本属于传统的高耗能行业，对煤炭等高碳能源消耗依赖性较高，短期内其能源结构难以有较大改观，从而影响其直接碳排放系数的下降。金属冶炼及压延加工业、橡胶和塑料制品业及纺织业降幅在50%左右。此外，与其他行业相反，建筑业的直接碳排放系数有所提高，上升了16.8%。

总的来看，除了金融与保险业因为本身拥有显著的服务业低碳特征以外，其他制造业多由于较依赖于其他行业的中间品投入，因而其直接碳排放相对较低。

（二）中国分行业完全碳排放系数

由于完全碳排放系数更能全面、准确地反映产品生产对能源的消耗。因此，根据式（4-12），对2000—2011年中国各行业的完全碳排放系数进行测算，结果见表4-3。

表4-3　　　2000—2011年中国各行业完全碳排放系数

	2000	2001	2002	2003	2004	2005	2006	2007	2008	2009	2010	2011
农林牧副渔业	1.475	1.397	1.360	1.432	1.506	1.280	1.243	1.162	1.090	1.044	1.010	1.014
采掘业	3.439	3.258	3.170	3.339	3.512	4.082	3.964	3.708	3.476	3.332	3.222	3.233
食品、饮料及烟草加工制造业	1.694	1.605	1.562	1.645	1.730	1.463	1.421	1.329	1.246	1.194	1.155	1.159

续表

	2000	2001	2002	2003	2004	2005	2006	2007	2008	2009	2010	2011
纺织业	1.728	1.637	1.593	1.677	1.765	1.806	1.754	1.641	1.538	1.474	1.426	1.431
木材加工及家具制造业	2.545	2.411	2.347	2.471	2.599	2.162	2.099	1.963	1.841	1.764	1.706	1.712
造纸、出版、印刷和文教业	2.933	2.778	2.703	2.847	2.995	2.348	2.280	2.133	2.000	1.917	1.853	1.860
石油加工、炼焦及核燃料加工业	3.030	2.871	2.793	2.942	3.095	3.581	3.478	3.253	3.050	2.923	2.827	2.837
化学制品业	4.604	4.361	4.244	4.469	4.701	3.624	3.519	3.291	3.086	2.958	2.860	2.870
橡胶和塑料制品业	2.832	2.683	2.611	2.749	2.892	4.056	3.939	3.685	3.454	3.311	3.202	3.213
其他非金属矿物制品业	8.068	7.644	7.438	7.833	8.240	9.905	9.619	8.997	8.434	8.084	7.818	7.845
金属冶炼及压延加工业	5.359	5.077	4.940	5.203	5.473	4.217	4.096	3.831	3.591	3.442	3.329	3.341
机械设备制造业	2.961	2.805	2.730	2.875	3.024	2.470	2.399	2.244	2.104	2.016	1.950	1.957
电气机械及光学设备制造业	2.139	2.026	1.972	2.077	2.184	1.679	1.631	1.525	1.430	1.370	1.325	1.330
交通运输设备制造业	2.404	2.278	2.217	2.334	2.455	2.185	2.122	1.984	1.860	1.783	1.724	1.730
其他制造业	2.366	2.242	2.182	2.297	2.417	1.662	1.614	1.510	1.416	1.357	1.312	1.317
电力、燃气和水供应业	18.932	17.936	17.452	18.379	19.334	18.872	18.327	17.142	16.070	15.403	14.897	14.948
建筑业	3.344	3.168	3.083	3.247	3.415	2.896	2.812	2.631	2.466	2.364	2.286	2.294
交通运输、仓储和邮政业	3.040	2.880	2.802	2.951	3.104	2.210	2.146	2.008	1.882	1.804	1.745	1.751
金融与保险业	0.626	0.593	0.577	0.608	0.639	0.877	0.852	0.797	0.747	0.716	0.692	0.695
其他服务业	1.848	1.751	1.704	1.794	1.888	1.446	1.404	1.314	1.231	1.180	1.142	1.145

从中国各行业的完全碳排放系数来看，同样是电力、燃气和水供应业最高，远高于其他行业；其次是其他非金属矿物制品业、金属冶

炼及压延加工业；系数低的行业包括金融与保险业，农林牧副渔业，食品、饮料及烟草加工制造业，纺织业及其他服务业。

从完全碳排放系数变化趋势来看，除了橡胶和塑料制品业和金融与保险业的系数总的来看有所上升以外，绝大多数行业的完全碳排放系数均呈下降趋势，下降幅度为5%—80%。下降较快的行业有其他制造业，交通运输、仓储和邮政业，其他服务业和化学制品业等行业；下降较慢的包括其他非金属矿物制品业，采掘业，石油加工、炼焦及核燃料加工业等行业。

与此同时，可以看出，各行业完全碳排放系数的变化趋势与直接碳排放系数基本相同，即主要呈现出先下降（2000—2002年），然后上升（2002—2004年）的趋势。其中，各行业表现有所不同：大部分行业下降，但部分行业上升（2004—2005年），再下降的波动趋势。其间的2004—2005年，除了采掘业，石油加工、炼焦及核燃料加工业，橡胶和塑料制品业，其他非金属矿物制品业及金融与保险业完全碳排放系数上升以外，其他行业均有所下降。

从各行业完全碳排放系数与直接碳排放系数之间的差距来看[①]，差距最大的行业是电气机械及光学设备制造业，平均为70倍；其次为金融与保险业，机械设备制造业，交通运输设备制造业，建筑业和其他制造业，为25—33倍。表明这些行业所直接消耗的能源在其总能源消耗的比重很小，大部分碳排放是通过间接能源消耗产生的。电力、燃气和水供应业、其他非金属矿物制品业两个重耗能行业由于主要基于一次能源的直接消耗，因此其完全碳排放系数与直接碳排放之间差距最小，仅为1.2—1.6倍。

三 美国分行业碳排放系数测算

（一）美国分行业直接碳排放系数

同样，根据公式计算出2000—2011年美国各行业的直接碳排放

---

① 虽然理论上完全消耗系数＝直接消耗系数＋间接消耗系数。但实际上，二者之间并不是真正的包含关系。因此，采用完全碳排放系数除以直接碳排放系数的方法对二者之间的差距进行研究。

系数，结果见表4-4。

表4-4　　　2000—2011年美国分行业直接碳排放系数

	2000	2001	2002	2003	2004	2005	2006	2007	2008	2009	2010	2011
农林牧副渔业	0.200	0.197	0.191	0.189	0.185	0.200	0.192	0.191	0.186	0.178	0.182	0.174
采掘业	0.836	0.824	0.799	0.789	0.774	0.668	0.641	0.637	0.620	0.594	0.608	0.581
食品、饮料及烟草加工制造业	0.114	0.112	0.109	0.107	0.105	0.119	0.115	0.114	0.111	0.106	0.109	0.104
纺织业	0.137	0.135	0.131	0.129	0.127	0.124	0.119	0.119	0.115	0.110	0.113	0.108
木材加工及家具制造业	0.162	0.160	0.155	0.153	0.150	0.134	0.129	0.128	0.125	0.119	0.122	0.117
造纸、出版、印刷和文教业	0.161	0.159	0.154	0.152	0.150	0.160	0.154	0.153	0.149	0.142	0.146	0.139
石油加工、炼焦及核燃料加工业	1.331	1.312	1.272	1.257	1.233	1.082	1.038	1.032	1.005	0.962	0.984	0.941
化学制品业	0.471	0.464	0.450	0.445	0.436	0.362	0.347	0.345	0.336	0.322	0.329	0.315
橡胶和塑料制品业	0.046	0.045	0.044	0.043	0.042	0.039	0.037	0.037	0.036	0.035	0.035	0.034
其他非金属矿物制品业	1.516	1.495	1.449	1.432	1.404	1.527	1.465	1.458	1.418	1.359	1.390	1.329
金属冶炼及压延加工业	0.462	0.456	0.442	0.437	0.428	0.346	0.332	0.330	0.321	0.308	0.315	0.301
机械设备制造业	0.080	0.079	0.077	0.076	0.075	0.067	0.064	0.064	0.062	0.060	0.061	0.058
电气机械及光学设备制造业	0.024	0.024	0.023	0.023	0.022	0.017	0.017	0.017	0.016	0.015	0.016	0.015
交通运输设备制造业	0.054	0.053	0.051	0.051	0.050	0.033	0.032	0.032	0.031	0.030	0.030	0.029
其他制造业	0.048	0.047	0.046	0.045	0.044	0.030	0.029	0.029	0.028	0.027	0.028	0.026
电力、燃气和水供应业	7.445	7.338	7.115	7.031	6.894	8.071	7.744	7.703	7.495	7.179	7.342	7.024
建筑业	0.073	0.072	0.069	0.069	0.067	0.069	0.066	0.066	0.064	0.061	0.062	0.060

续表

	2000	2001	2002	2003	2004	2005	2006	2007	2008	2009	2010	2011
交通运输、仓储和邮政业	0.449	0.442	0.429	0.424	0.415	0.400	0.384	0.382	0.371	0.356	0.364	0.348
金融与保险业	0.029	0.029	0.028	0.028	0.027	0.025	0.024	0.023	0.023	0.022	0.022	0.021
其他服务业	0.097	0.095	0.093	0.091	0.090	0.075	0.072	0.072	0.070	0.067	0.069	0.066

测算结果显示，除了电力、燃气和水供应业系数高达7—8以外，其他行业直接碳排放系数均低于1.6。并且，绝大部分行业的系数低于1，一半以上行业甚至低于0.2。在所有行业中，电气机械及光学设备制造业、金融与保险业直接碳排放系数最低，仅为0.02左右，表明这两个行业的直接碳消耗水平极低。

此外，大部分行业直接碳排放系数的变化趋势比较相似，总体上可以分为三个阶段：

（1）2000—2004年，所有行业直接碳排放系数均出现比较显著的下降。

（2）2004—2005年，各行业直接碳排放系数的变化趋势出现明显不同：大部分行业继续下降，而一些行业如电力、燃气和水供应业，其他非金属矿物制品业及农林牧副渔业等行业则有所上升。

（3）2005—2011年，各行业直接碳排放系数总体上呈现出较为平稳的下降趋势。

通过对中美两国分行业直接碳排放系数进行对比，可以看出，中、美两国直接碳排放系数总体上均呈现下降的趋势，表明20世纪90年代中期以来，由于对能源利用和环境问题的重视，两国在减排方面都取得了明显的成效。并且，绝大部分美国行业的直接碳排放系数低于中国。这表明虽然中国在节能减排上取得了较大进步，但是，由于中国生产水平较低，能源消耗结构具有较强刚性，能源利用及强度与美国之间也还存在巨大差距。

与此同时，中国与美国之间直接碳排放系数的差距变化总体上呈现出波动的态势——由2000年的4.6倍下降到2002年的4.4倍，而后又上升到 2006 年的最高值 5.3 倍,此后两次出现下降。2008—2011 年,两国平均碳排放系数的差距稳定在 4.7 倍左右。其中,中、美两国其他非金属矿物制品业、建筑业直接碳排放系数之间差距显著拉大;而机械设备制造业,其他制造业,造纸、出版、印刷和文教业,木材加工及家具制造业等行业的差距明显缩小。

(二) 美国分行业完全碳排放系数

对 2000—2011 年美国各行业的完全碳排放系数进行测算,结果见表 4-5。

表 4-5　　　2000—2011 年美国各行业完全碳排放系数

	2000	2001	2002	2003	2004	2005	2006	2007	2008	2009	2010	2011
农林牧副渔业	0.693	0.683	0.662	0.654	0.642	0.616	0.591	0.588	0.572	0.548	0.560	0.536
采掘业	1.161	1.144	1.109	1.096	1.075	0.957	0.918	0.913	0.889	0.851	0.870	0.833
食品、饮料及烟草加工制造业	0.575	0.567	0.549	0.543	0.532	0.601	0.576	0.573	0.558	0.534	0.546	0.523
纺织业	0.533	0.526	0.510	0.504	0.494	0.512	0.491	0.488	0.475	0.455	0.466	0.445
木材加工及家具制造业	0.569	0.561	0.544	0.537	0.527	0.486	0.467	0.464	0.452	0.433	0.443	0.423
造纸、出版、印刷和文教业	0.482	0.475	0.460	0.455	0.446	0.454	0.436	0.434	0.422	0.404	0.413	0.395
石油加工、炼焦及核燃料加工业	2.063	2.034	1.972	1.948	1.910	1.654	1.587	1.578	1.536	1.471	1.505	1.439
化学制品业	0.954	0.940	0.911	0.901	0.883	0.814	0.781	0.777	0.756	0.724	0.741	0.708
橡胶和塑料制品业	0.501	0.494	0.479	0.473	0.464	0.478	0.459	0.456	0.444	0.425	0.435	0.416
其他非金属矿物制品业	2.143	2.112	2.047	2.023	1.984	2.144	2.057	2.046	1.991	1.907	1.950	1.866
金属冶炼及压延加工业	0.907	0.894	0.867	0.857	0.840	0.773	0.742	0.738	0.718	0.687	0.703	0.673
机械设备制造业	0.411	0.405	0.392	0.388	0.380	0.371	0.356	0.354	0.344	0.330	0.337	0.323
电气机械及光学设备制造业	0.277	0.273	0.264	0.261	0.256	0.258	0.247	0.246	0.239	0.229	0.234	0.224

续表

	2000	2001	2002	2003	2004	2005	2006	2007	2008	2009	2010	2011
交通运输设备制造业	0.354	0.349	0.338	0.334	0.328	0.335	0.322	0.320	0.311	0.298	0.305	0.292
其他制造业	0.332	0.327	0.317	0.313	0.307	0.303	0.291	0.289	0.281	0.270	0.276	0.264
电力、燃气和水供应业	7.772	7.660	7.427	7.339	7.196	8.372	8.033	7.990	7.774	7.446	7.616	7.286
建筑业	0.389	0.384	0.372	0.368	0.360	0.360	0.345	0.343	0.334	0.320	0.327	0.313
交通运输、仓储和邮政业	0.758	0.747	0.724	0.716	0.702	0.704	0.675	0.672	0.653	0.626	0.640	0.612
金融与保险业	0.163	0.160	0.155	0.154	0.151	0.132	0.126	0.126	0.122	0.117	0.120	0.115
其他服务业	0.329	0.324	0.314	0.310	0.304	0.321	0.308	0.306	0.298	0.286	0.292	0.279

同样，在美国各行业中，电力、燃气和水供应业的完全碳排放系数最高，且远高于其他行业；其次是其他非金属矿物制品业、金属冶炼及压延加工业；系数低的行业是金融与保险业。

从完全碳排放系数变化趋势来看，绝大多数美国行业呈现出下降趋势。其中，石油加工、炼焦及核燃料加工业下降幅度较大，其他行业下降则相对平缓。在所有行业中，电气机械及光学设备制造业、橡胶和塑料制品业完全碳排放系数与直接碳排放系数的差距最大，超过10倍；其次为其他制造业；其余大部分行业的差距在5倍之内；差距最小的行业为电力、燃气和水供应业，二者仅差距10%；其他非金属矿物制品业，采掘业，石油加工、炼焦及核燃料加工业，交通运输、仓储和邮政业完全碳排放系数与直接碳排放系数之间的差距也较小，小于1倍。

通过将中国与美国各行业完全碳排放系数进行比较，可以看出，中国所有行业的完全碳排放系数均高于美国。并且，除了石油加工、炼焦及核燃料加工业和农林牧副渔以外，其他行业完全碳排放系数的差距都大于1倍，差距最大的行业是橡胶和塑料制品业、建筑业，两国差距超过6倍。与此同时，大部分行业中、美两国完全碳排放系数的差距有所缩小，其中，变化趋势较为显著的包括建筑业，电气机械及光学设备制造业,其他制造业;而橡胶和塑料制品业、采掘业、金融与保险业等行业的差距明显扩大。

四 日本分行业碳排放系数测算

(一)日本分行业直接碳排放系数

同样,根据公式计算出2000—2011年日本各行业的直接碳排放系数,结果见表4-6。

表4-6　　　　　2000—2011年日本分行业直接碳排放系数

	2000	2001	2002	2003	2004	2005	2006	2007	2008	2009	2010	2011
农林牧副渔业	0.138	0.136	0.140	0.138	0.135	0.138	0.134	0.135	0.127	0.127	0.127	0.133
采掘业	2.514	2.474	2.544	2.517	2.460	2.725	2.645	2.667	2.506	2.519	2.515	2.636
食品、饮料及烟草加工制造业	0.049	0.049	0.050	0.049	0.048	0.042	0.041	0.041	0.039	0.039	0.039	0.041
纺织业	0.077	0.075	0.078	0.077	0.075	0.087	0.085	0.085	0.080	0.081	0.080	0.084
木材加工及家具制造业	0.112	0.110	0.113	0.112	0.109	0.108	0.104	0.105	0.099	0.100	0.099	0.104
造纸、出版、印刷和文教业	0.083	0.081	0.084	0.083	0.081	0.079	0.076	0.077	0.072	0.073	0.073	0.076
石油加工、炼焦及核燃料加工业	0.321	0.316	0.325	0.321	0.314	0.386	0.374	0.378	0.355	0.357	0.356	0.373
化学制品业	0.258	0.254	0.261	0.258	0.252	0.247	0.240	0.242	0.227	0.229	0.228	0.239
橡胶和塑料制品业	0.046	0.045	0.046	0.046	0.045	0.030	0.029	0.029	0.028	0.028	0.028	0.029
其他非金属矿物制品业	0.930	0.915	0.941	0.931	0.910	1.054	1.023	1.031	0.969	0.974	0.972	1.019
金属冶炼及压延加工业	0.470	0.462	0.475	0.470	0.460	0.388	0.376	0.379	0.356	0.358	0.358	0.375
机械设备制造业	0.013	0.013	0.014	0.014	0.013	0.009	0.008	0.008	0.008	0.008	0.008	0.008
电气机械及光学设备制造业	0.014	0.014	0.014	0.014	0.014	0.010	0.009	0.010	0.009	0.009	0.009	0.009

续表

	2000	2001	2002	2003	2004	2005	2006	2007	2008	2009	2010	2011
交通运输设备制造业	0.025	0.025	0.025	0.025	0.024	0.021	0.021	0.021	0.020	0.020	0.020	0.021
其他制造业	0.054	0.053	0.054	0.054	0.053	0.046	0.044	0.045	0.042	0.042	0.042	0.044
电力、燃气和水供应业	1.398	1.376	1.415	1.400	1.368	1.543	1.498	1.510	1.419	1.426	1.424	1.492
建筑业	0.048	0.048	0.049	0.048	0.047	0.051	0.050	0.050	0.047	0.048	0.047	0.050
交通运输、仓储和邮政业	0.227	0.223	0.229	0.227	0.222	0.213	0.206	0.208	0.196	0.196	0.196	0.206
金融与保险业	0.015	0.015	0.015	0.015	0.015	0.012	0.011	0.011	0.011	0.011	0.011	0.011
其他服务业	0.039	0.039	0.040	0.040	0.039	0.038	0.037	0.037	0.035	0.035	0.035	0.037

不同于中国和美国，在日本所有行业中，直接碳排放系数最高的行业是采掘业，为2.5左右；其次是电力、燃气和水供应业；其余行业的直接碳排放系数基本上都低于1，并且绝大多数行业低于0.5；机械设备制造业、电气机械及光学设备制造业、金融与保险业等行业直接碳排放系数最低，在0.01左右。

2000—2011年，大部分日本行业的直接碳排放系数呈现出较为稳定的下降态势。其中，橡胶和塑料制品业、金属冶炼及压延加工业，化学制品业下降速度相对较快。此外，也有少数行业如石油加工、炼焦及核燃料加工业，纺织业在此期间的直接碳排放系数有所上升。

通过对中日、日美分行业直接碳排放系数进行对比，可以看出：

（1）与中国各行业直接碳排放系数相比，日本采掘业直接碳排放系数明显高于中国，平均是中国的2.6倍；2009年以后，日本木材加工及家具制造业、其他制造业的直接碳排放系数也高于中国。除此之外，日本其他行业的直接碳排放系数均低于中国。其中，差距最大的是电力、燃气和水供应业，仅为中国的1/10；机械设备制造业、其他非金属矿物制品业、橡胶和塑料制品业约为中国的1/5；造纸、出版、印刷和文教业，交通运输设备制造业，交通运输、仓储和邮政业，其他服务业约为1/3。

（2）与美国各行业直接碳排放系数相比，日本采掘业明显高于美国，平均为其3.7倍；其他制造业、金属冶炼及压延加工业也稍高于美国。其余行业日本的直接碳排放系数则均低于美国，其中，差距最大的是机械设备制造业，约为美国的15%；电力、燃气和水供应业约为美国的20%；食品、饮料及烟草加工制造业，石油加工、炼焦及核燃料加工业约为美国的40%；金融与保险业，其他服务业，交通运输、仓储和邮政业，造纸、出版、印刷和文教业等行业直接碳排放系数约为美国的50%。

（二）日本分行业完全碳排放系数

对2000—2011年日本各行业的完全碳排放系数进行测算，结果见表4-7。

表4-7　　　　2000—2011年日本各行业完全碳排放系数

	2000	2001	2002	2003	2004	2005	2006	2007	2008	2009	2010	2011
农林牧副渔业	0.241	0.237	0.244	0.241	0.236	0.251	0.243	0.245	0.23	0.232	0.231	0.242
采掘业	2.67	2.628	2.702	2.674	2.613	2.904	2.818	2.842	2.67	2.684	2.679	2.809
食品、饮料及烟草加工制造业	0.191	0.188	0.194	0.191	0.187	0.192	0.186	0.188	0.176	0.177	0.177	0.185
纺织业	0.225	0.221	0.227	0.225	0.22	0.25	0.242	0.244	0.23	0.231	0.23	0.241
木材加工及家具制造业	0.264	0.26	0.267	0.264	0.259	0.27	0.262	0.264	0.249	0.25	0.249	0.261
造纸、出版、印刷和文教业	0.239	0.235	0.242	0.239	0.234	0.238	0.23	0.232	0.218	0.219	0.219	0.23
石油加工、炼焦及核燃料加工业	0.391	0.385	0.396	0.392	0.383	0.441	0.428	0.431	0.405	0.407	0.407	0.426
化学制品业	0.503	0.495	0.509	0.504	0.493	0.53	0.514	0.518	0.487	0.489	0.489	0.512
橡胶和塑料制品业	0.273	0.268	0.276	0.273	0.267	0.254	0.247	0.249	0.234	0.235	0.235	0.246
其他非金属矿物制品业	1.262	1.241	1.277	1.263	1.235	1.457	1.414	1.426	1.34	1.347	1.345	1.409
金属冶炼及压延加工业	0.819	0.806	0.828	0.82	0.801	0.8	0.776	0.783	0.736	0.739	0.738	0.774

续表

	2000	2001	2002	2003	2004	2005	2006	2007	2008	2009	2010	2011
机械设备制造业	0.216	0.212	0.218	0.216	0.211	0.209	0.202	0.204	0.192	0.193	0.192	0.202
电气机械及光学设备制造业	0.176	0.173	0.178	0.176	0.172	0.185	0.179	0.181	0.17	0.171	0.171	0.179
交通运输设备制造业	0.237	0.233	0.24	0.237	0.232	0.249	0.241	0.243	0.229	0.23	0.229	0.241
其他制造业	0.287	0.282	0.29	0.287	0.281	0.275	0.267	0.269	0.253	0.254	0.254	0.266
电力、燃气和水供应业	1.545	1.52	1.563	1.547	1.512	1.7	1.65	1.664	1.564	1.571	1.569	1.645
建筑业	0.278	0.274	0.281	0.278	0.272	0.321	0.312	0.314	0.295	0.297	0.296	0.311
交通运输、仓储和邮政业	0.323	0.317	0.326	0.323	0.316	0.311	0.302	0.304	0.286	0.287	0.287	0.301
金融与保险业	0.07	0.069	0.071	0.07	0.069	0.061	0.059	0.059	0.056	0.056	0.056	0.059
其他服务业	0.121	0.119	0.122	0.121	0.118	0.119	0.115	0.116	0.109	0.11	0.11	0.115

与直接碳排放系数相同，日本完全碳排放系数最高的行业是采掘业，为2.7左右；其次是电力、燃气和水供应业，其他非金属矿物制品业。这三个行业也是日本完全碳排放系数大于1的行业，其他行业均小于1。系数最低的行业为金融与保险业和其他服务业。与此同时，日本大部分行业完全碳排放系数的变化比较稳定，波动幅度较小。

此外，机械设备制造业、电气机械及光学设备制造业、交通运输设备制造业三个行业的完全碳排放系数与其直接碳排放系数之间的差距超过10倍；大部分行业二者差距在2倍之内。

通过对中日、日美各行业完全碳排放系数进行对比，可以看出：

（1）与中国各行业完全碳排放系数相比，日本均显著低于中国。除了采掘业完全碳排放系数与中国差距较小（平均为其1.3倍），其他行业的差距都十分巨大。其中，橡胶和塑料制品，其他服务业，机械设备制造业,金融与保险业,电力、燃气和水供应业等行业两国完全碳排放系数差距超过 10 倍。

此外,除了橡胶和塑料制品、金融与保险业两国差距显著扩大以外,其他行业两国完全碳排放系数的差距基本上呈现出逐年缩小的态势。

(2)与美国各行业完全碳排放系数相比,同样,日本采掘业显著高于美国,平均为其 2.8 倍;自 2005 年以后,日本金属冶炼及压延加工业的完全碳排放系数也逐渐超过美国。除此之外的其他行业,日本的完全碳排放系数均低于美国。其中,差距最大的是石油、炼焦及核燃料加工业,约为美国的 1/4;其他服务业,食品、饮料及烟草加工制造业约为美国的 1/3;日本交通运输、仓储和邮政业,金融与保险业,纺织业,木材加工及家具制造业,造纸、出版、印刷和文教业等轻工业及传统服务行业的完全碳排放系数则约为美国的 50%。

并且,除了食品加工业以外,其他行业日本与美国完全碳排放系数差距均呈现出逐渐缩小的趋势。其中,石油加工、炼焦及核燃料加工业,化学制品业,纺织业,农业等行业差距下降速度较快。

总的来看,在中国、美国、日本三个贸易大国中,日本整体上行业的直接碳排放系数和完全碳排放系数最小,其次是美国,中国最大。这也反映出作为技术水平先进的发达国家,日本和美国,尤其是日本,在其产品及服务生产过程中,无论是能源的一次直接消耗,还是总消耗,均低于中国。同时也体现出日本及美国国民经济的低碳生产能力、节能减排政策的推广和实施效果普遍强于中国。

第三节 中国对外贸易隐含碳测算

一 中国对美国贸易隐含碳

(一)中美总体贸易隐含碳

根据 MRIO 模型和相关数据,可以得到 2000—2011 年中国对美国的进出口贸易隐含碳（见表4-8）。可以看出，中国对美国出口隐含碳远大于其从美国进口隐含碳，存在规模巨大的贸易隐含碳顺差（净出口）。

表4-8　　　　2000—2011年中国对美国贸易隐含碳　　　　单位：Mt,%

年份	中国对美国出口 隐含碳	中国对美国出口 占中国碳排放比	中国从美国进口 隐含碳	中国从美国进口 占美国碳排放比	中国对美国净出口 隐含碳	中国对美国净出口 占中国碳排放比
2000	132.10	3.99	12.14	0.21	119.96	3.62
2001	128.79	3.79	13.02	0.23	115.77	3.41
2002	159.32	4.42	13.60	0.24	145.72	4.04
2003	210.08	5.03	16.78	0.30	193.30	4.63
2004	283.86	5.87	20.97	0.36	262.89	5.43
2005	299.18	5.54	21.17	0.37	278.01	5.15
2006	357.77	6.05	23.58	0.41	334.19	5.65
2007	353.54	5.60	27.58	0.48	325.97	5.16
2008	336.46	5.18	31.11	0.56	305.35	4.70
2009	272.44	4.01	29.16	0.56	243.28	3.58
2010	338.99	4.67	39.89	0.73	299.09	4.12
2011	397.56	5.00	45.57	0.86	351.99	4.43

1. 中国对美国出口隐含碳

从出口隐含碳上看，2000—2011年中国向美国出口隐含碳呈现不断增长的趋势，其变化大致可以分为四个阶段：2000—2001年、2001—2006年、2006—2009年和2009—2011年。

（1）2000—2001年的短暂下降期，这是由于2000年美国网络经济破灭，造成中国对其出口的增长较缓，中国对美国出口隐含碳规模小幅下降。

（2）2001—2006年为增长高峰期，其中2001—2004年的年均增速超过30%。这主要由于2001年年底中国加入世界贸易组织带动了对美出口的大幅扩张，从而引致出口隐含碳的快速攀升。

（3）2006—2009年为下降期，这主要归因于2007年美国爆发次贷危机，经济陷入衰退，内需萎缩，从而使中国对其出口增长放缓甚至出现下降，导致中国对美国出口隐含碳规模也明显下降，占中国碳排放总量的比重降至4%。

（4）2009—2011年再次迎来增长高峰，这与2009年开始美国经济逐渐复苏，中国对其的出口又大幅增长有关，中国对其出口隐含碳规模恢复快速增长。

从中国对美国出口隐含碳占中国国内碳排放比重来看，呈现出与出口隐含碳较为一致的变化趋势：从2000年的3.99%先是有所下降，2001年为3.79%，然后持续增加，峰值为2006年的6.05%；此后开始下降，2009年到达最低点4.01%，2009年以后再次出现上升，增长到2011年的5.0%。表明在中国全年碳排放总量中，有相当一部分是基于满足美国消费者的需求所产生的。

2. 中国从美国进口隐含碳

从进口隐含碳上看，除了2009年由于受经济危机影响出现了短暂下滑外，中国从美国进口隐含碳均呈现较为平缓的增长态势。其中，2002—2004年及2009—2010年两个阶段增长速度较快，年增速分别达到24%及37%。

与此同时，中国从美国进口隐含碳占美国当年国内碳排放总量的比重呈现出持续的上升趋势。从2000年的0.21%增长到2011年的0.86%。虽然所占比重并不大，但是12年增长了近3倍，上升速度较快。

图4-3显示，中国对美贸易隐含碳（出口隐含碳、进口隐含碳及净出口隐含碳）与两国贸易（出口、进口及净出口）规模之间呈现出较为一致的变化趋势，从而从直观上可以看出，中美贸易隐含碳与两国双边贸易之间存在较强的相关性。从二者关系对比来看，中国对美国出口隐含碳是其从美国进口隐含碳规模的8.5—15.2倍，而中国对美出口贸易额仅为其进口的1.8—3.1倍。这也证实了由于中国在生产对美国出口产品的过程中消耗了更多的能源，即与中国对美国的相对贸易（出口除以进口）规模比较，中国相对隐含碳贸易（出口隐含碳除以进口隐含碳）的规模大得多，二者之间相差3—5倍。也就是说，与两国的相对贸易规模相比，中国承接了美国更多的贸易

隐含碳转移，从而加剧了全球范围的"碳泄漏"问题。

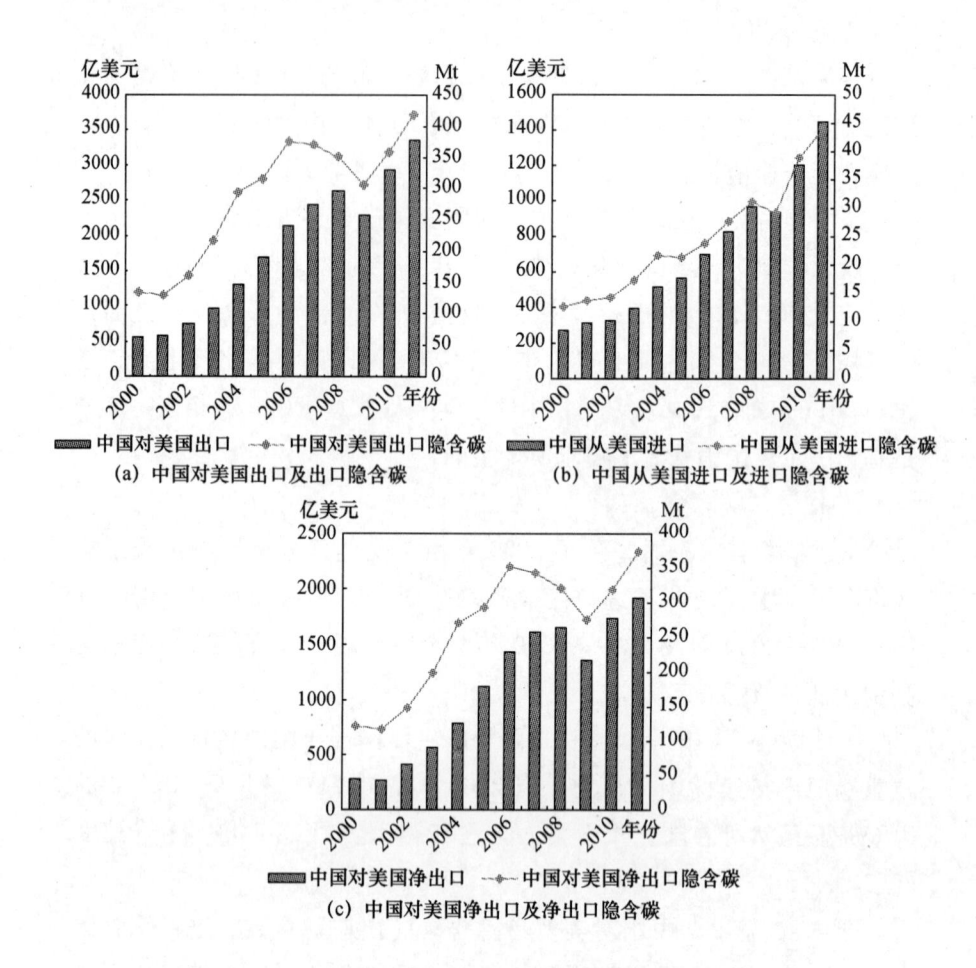

图 4-3 中国、美国贸易额与中国与美国贸易隐含碳

将中国和美国单位进出口隐含碳分别与进出口单位 GDP 碳排放量进行对比（见图 4-4），可以看出：

（1）中国。2002 年之前，中国单位出口美国的隐含碳大于国内单位 GDP 碳排放量，此后则出现相反趋势。这表明中国在 2002 年之前出口美国的产品中，碳含量高于国内的平均碳排放水平，即在中国出口美国的产品中，高碳产品所占比重较大。然而，这种现象在 2002 年以后得以改观，尤其在 2004 年后中国出口产品的碳含量迅速下降

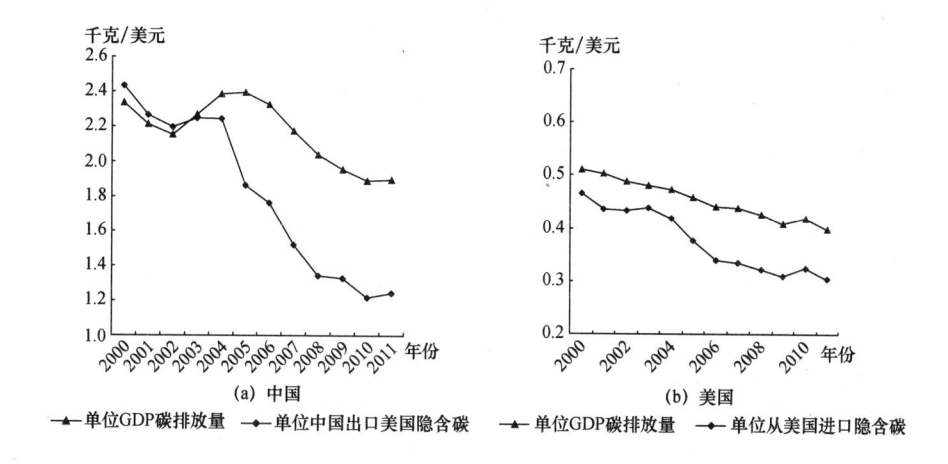

图 4-4 中美两国单位进/出口隐含碳与单位 GDP 碳排放

并低于国内平均水平,表明中国出口美国的高碳产品比重大幅减少,这在一定程度上削弱了中国承接美国隐含碳转移的强度。

(2) 美国。2000—2011 年,美国单位出口中国的隐含碳小于其单位 GDP 碳排放量。这表明,相对于国内生产的平均碳排放水平,美国出口到中国的高碳产品比重也逐渐下降,中国从美国进口产品的碳结构也得以改善。

总体来看,中国对美国一直处于贸易隐含碳的净出口方,这与中国对其拥有巨额的贸易顺差有着密切的关系。因此,中国通过双边贸易不仅输出了大量商品和服务,也承接其大量的碳转移。

(二) 各行业中美贸易隐含碳

1. 中国对美国出口隐含碳

在三大产业中,第二产业在中国对美国出口隐含碳中占有绝对优势,其比重大于 90%,2003 年以后更是超过 95%,且比重呈现持续上升趋势。这表明中国对美国出口隐含碳产业集中度较高,并且程度有不断加剧的态势。其中,电气机械及光学设备制造业出口隐含碳规模最大,占中国对美国总出口隐含碳的约 30%;其次是纺织业、金属冶炼及压延加工业,各占约 10%。这三大行业对美国出口隐含碳占中国对美国总出口隐含碳的比重超过 50%,同时,这几个行业也是中国对美国出口贸易规模较大的行业。

从各行业对美国出口隐含碳的变化看，大部分行业在2000—2006年逐年增长，此后一直到2009年不断下降，2009年之后恢复上升趋势。其中，中国向美出口隐含碳增长最快的行业依次为金融与保险业，建筑业，造纸、出版、印刷和文教业，橡胶和塑料制品业，年均增长率均超过14%。

表4-9　　2000—2011年中国分行业对美国出口隐含碳　　单位：万吨

	2000	2001	2002	2003	2004	2005	2006	2007	2008	2009	2010	2011
农林牧副渔业	18.7	18.3	21.0	28.8	35.1	32.5	36.7	34.3	31.3	30.6	37.6	40.4
采掘业	177.7	90.7	91.9	97.4	118.1	235.3	257.4	161.2	199.7	97.6	127.1	136.2
食品、饮料及烟草加工制造业	159.1	154.9	204.9	266.2	289.2	290.0	368.4	378.5	384.3	339.3	400.3	469.4
纺织业	1873.1	1779.6	1933.4	2397.4	2812.6	4036.2	4392.9	4334.3	3937.0	3828.4	4779.1	5395.8
木材加工及家具制造业	121.6	136.4	184.8	240.7	372.0	372.7	458.2	408.7	324.1	264.8	316.8	326.7
造纸、出版、印刷和文教业	83.7	110.2	136.8	197.9	258.9	240.8	281.9	317.3	317.2	285.6	316.7	399.5
石油加工、炼焦及核燃料加工业	86.2	65.1	81.7	110.0	208.5	208.4	244.2	218.0	386.1	79.6	112.9	223.9
化学制品业	726.3	736.9	855.7	1161.4	1618.4	1609.7	1670.1	1842.6	2281.4	1735.7	2112.3	2566.9
橡胶和塑料制品业	650.3	624.3	744.1	906.9	1135.0	2012.6	2356.5	2329.9	2116.1	1816.8	2179.7	2769.4
其他非金属矿物制品业	724.5	723.1	834.3	998.3	1248.5	1888.5	2353.1	2027.3	1743.6	1492.2	2111.3	2871.5
金属冶炼及压延加工业	1604.7	1527.1	1878.0	2313.2	3615.6	3508.9	4808.7	4591.9	4722.8	2587.4	3112.9	3723.6
机械设备制造业	992.5	1103.9	1420.2	1841.5	2384.3	2345.2	2890.8	3248.3	3115.0	2522.5	3073.6	3620.1
电气机械及光学设备制造业	3143.4	3055.7	4233.5	6534.1	9221.4	8844.6	10530.9	10233.0	9354.5	8479.9	10497.1	11776.0
交通运输设备制造业	389.9	373.5	443.3	727.0	1087.5	1163.1	1288.4	1290.7	1213.3	795.8	1278.0	1610.3

续表

	2000	2001	2002	2003	2004	2005	2006	2007	2008	2009	2010	2011
其他制造业	1756.2	1636.6	2026.9	2402.5	2854.1	2284.4	2510.5	2643.1	2578.5	2117.4	2529.3	2761.7
建筑业	6.5	4.2	12.0	8.6	11.5	14.5	26.5	27.9	31.1	31.5	37.6	68.9
交通运输、仓储和邮政业	473.2	527.4	633.4	587.8	817.2	549.5	919.1	826.6	486.7	324.4	414.8	448.0
金融与保险业	0.2	0.3	0.3	0.7	1.1	1.8	3.4	5.4	9.8	7.9	10.8	16.6
其他服务业	222.6	211.0	196.2	187.3	296.6	279.3	379.4	435.4	413.3	406.8	450.7	531.3

注：电力、燃气和水供应业由于进出口贸易隐含碳规模十分小，因此不在表中给出。下文同。

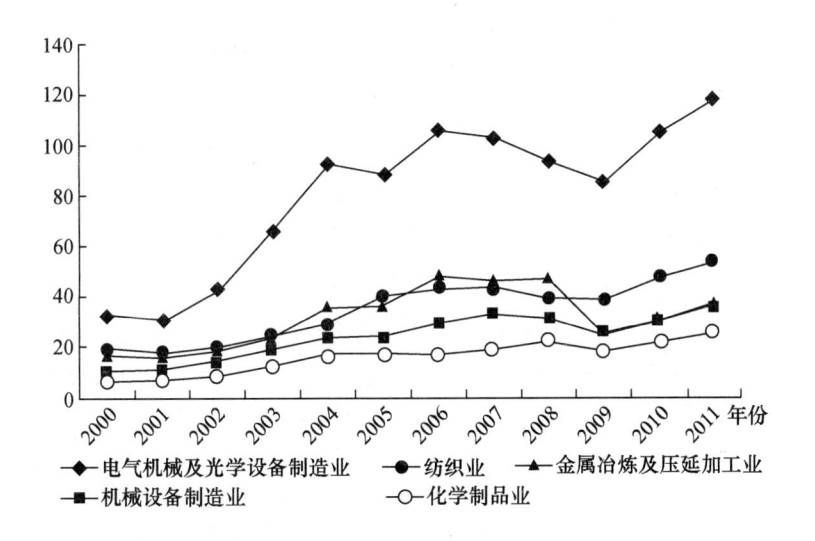

图 4-5　中国对美国出口隐含碳的主要部门

2. 中国从美国进口隐含碳

2000—2011 年，中国从美国进口隐含碳规模最大的行业主要有化学制品业，占从美国总进口隐含碳比重的约 1/4；其次是电气机械及光学设备制造业、农林牧副渔业，两个行业的比重也分别超过 10%，这三个行业比重总和大约为 50%。同样，这几个行业也是中国从美国进口规模较大的行业。

各行业从美国进口隐含碳规模总体上均呈现出增长的趋势，从进口隐含碳的增幅看，2000—2011 年，中国从美国进口隐含碳增速最高的行业依次为采掘业、金融与保险业，增长超过 15 倍；其次是农林牧副渔业，石油加工、炼焦及核燃料加工业，增长也比较快。

表 4－10　2000—2011 年中国分行业从美国进口隐含碳　　单位：万吨

	2000	2001	2002	2003	2004	2005	2006	2007	2008	2009	2010	2011
农林牧副渔业	88.5	89.3	73.7	180.3	328.9	251.3	252.6	281.0	445.9	451.5	632.1	731.5
采掘业	10.8	8.4	9.4	12.3	36.6	50.0	46.9	89.0	84.4	81.6	159.5	181.9
食品、饮料及烟草加工制造业	64.0	69.9	75.0	90.1	75.6	87.1	100.8	128.7	154.3	124.2	166.3	231.0
纺织业	14.6	13.6	14.2	18.9	22.0	24.7	29.6	32.5	29.6	23.0	32.2	32.5
木材加工及家具制造业	6.1	6.7	10.5	12.0	13.1	13.9	15.6	16.3	14.0	11.5	20.1	31.8
造纸、出版、印刷和文教业	44.9	39.9	47.3	47.5	53.0	56.5	58.6	64.2	69.8	68.7	85.4	101.9
石油加工、炼焦及核燃料加工业	16.0	18.8	26.0	35.4	40.6	39.4	33.7	46.1	74.4	53.5	75.4	106.1
化学制品业	305.8	296.4	364.9	469.3	552.1	538.9	541.6	672.9	723.9	695.4	931.6	1036.8
橡胶和塑料制品业	14.3	16.1	17.7	22.3	30.0	33.6	38.5	44.5	48.2	42.5	67.9	67.3
其他非金属矿物制品业	28.7	31.2	24.6	38.0	52.4	59.5	64.6	76.8	92.1	82.3	143.1	193.2
金属冶炼及压延加工业	75.4	57.0	54.8	101.0	89.5	103.0	116.4	149.2	185.0	152.5	182.7	183.1
机械设备制造业	95.1	113.9	122.1	138.9	189.1	174.1	192.1	224.7	239.3	196.9	275.8	305.6
电气机械及光学设备制造业	199.7	256.7	223.2	221.2	273.1	288.6	339.6	348.3	358.9	312.0	393.1	375.1
交通运输设备制造业	58.1	77.5	84.8	90.0	100.5	135.3	201.5	200.2	179.1	219.1	277.2	313.3
其他制造业	3.4	3.7	4.0	3.6	3.5	3.7	4.2	5.8	5.9	4.7	7.9	9.8
建筑业	17.0	11.4	9.2	11.2	15.6	22.9	21.6	28.0	28.7	37.4	45.7	62.2

续表

	2000	2001	2002	2003	2004	2005	2006	2007	2008	2009	2010	2011
交通运输、仓储和邮政业	82.9	98.3	99.1	87.8	108.1	99.1	136.3	157.8	158.4	130.0	176.0	203.1
金融与保险业	2.0	2.1	2.3	2.2	4.1	3.9	7.2	9.5	8.0	12.1	19.6	19.2
其他服务业	86.9	91.4	97.7	96.1	108.8	131.7	157.0	182.0	211.5	217.2	297.7	371.8

3. 中国与美国贸易隐含碳差额

从表4-9和4-10可以得出，2000—2011年，除了农林牧副渔业、建筑业和金融与保险业以外，其他他部分行业中国对美国出口贸易隐含碳均大于其从美国进口隐含碳，处于贸易隐含碳的顺差地位。[①] 其中，农林牧副渔业隐含碳逆差最大，占总逆差规模的85%以上，在2002—2010年其比重甚至超过95%。在所有呈现贸易隐含碳顺差的行业中，电气机械及光学设备制造业所占比重最大，从2000年的24.4%上升到2011年的31.7%（其峰值为2004年的33.7%）；其次是纺织业和金属冶炼及压延加工业，比重均在10%—15%。这三个行业的贸易隐含碳顺差占中国对美国总贸易隐含碳顺差的一半以上。

二 中国对日本贸易隐含碳

（一）中日总体贸易隐含碳

根据式（4-14）、式（4-15）对2000—2011年中日贸易隐含碳进行测算。可以看出，中国对日本出口隐含碳一直大于从其进口隐含碳，存在贸易隐含碳顺差（见表4-11）。

1. 中国对日本出口隐含碳

中国对日本出口隐含碳的变化趋势大致可以分为五个阶段：

（1）2000—2001年，中国对日本出口隐含碳出现极小幅度的下降。

[①] 建筑业在2002年、2006年、2008年和2011年，金融与保险业在2008年呈现贸易隐含碳顺差。采掘业在2010年以后也出现贸易隐含碳逆差。

表 4-11　　　　　2000—2011 年中国对日本贸易隐含碳　　　　单位：Mt，%

年份	中国对日本出口 隐含碳	中国对日本出口 占中国碳排放比	中国从日本进口 隐含碳	中国从日本进口 占日本碳排放比	中国对日本净出口 隐含碳	中国对日本净出口 占中国碳排放比
2000	100.98	3.05	14.47	0.25	86.51	2.61
2001	99.83	2.94	14.53	0.26	85.3	2.51
2002	104.63	2.90	18.75	0.33	85.88	2.38
2003	132.84	3.18	25.08	0.44	107.76	2.58
2004	165.9	3.43	31.84	0.55	134.07	2.77
2005	162.82	3.01	36.15	0.63	126.67	2.34
2006	165.74	2.80	39.93	0.70	125.81	2.13
2007	161.66	2.56	46.65	0.81	115.01	1.82
2008	164.85	2.54	49.46	0.89	115.39	1.78
2009	126.7	1.87	43.84	0.85	82.86	1.22
2010	152.52	2.1	58.29	1.07	94.23	1.30
2011	191.94	2.41	67.64	1.28	124.3	1.56

（2）2001—2004 年为上升期。尤其在 2002—2004 年，年均增速达到 25%。这同样归功于中国加入世界贸易组织以后，对日本出口规模迅速攀升，从而对其出口隐含碳也得以快速增长。

（3）2004—2008 年为平稳期。这一阶段，中国对日本出口隐含碳波动幅度非常小，增长（下降）在 1%—2%。

（4）2008—2009 年为快速下降期。由于受到金融危机冲击，中国对日本出口大幅萎缩，其出口隐含碳规模也明显下降。

（5）2009—2011 年，再次出现快速增长。随着金融危机影响逐渐削弱，日本国内对中国产品需求上升，中国对日本出口隐含碳规模恢复较快增长。

从中国对日本出口隐含碳占中国国内碳排放总量的比重来看，呈现出较为明显的波动变化趋势：2000 年为 3.05%，之后先是有所下降，然后上升，最高增长到 2004 年的 3.43%；此后不断下降，到 2009 年到达最低点 1.87%；2010 年比重又开始上升，达 2.1%。

2. 中国从日本进口隐含碳

2000—2011年，除了2009年中国从日本进口隐含碳呈现明显下滑以外，其他年份均表现出较为平稳的增长态势。其中，2002—2004年及2009—2010年两年增长尤为明显，年均增长速度超过30%。

中国从日本进口隐含碳占日本国内碳排放总量的比重也呈现出持续且较为快速的增长趋势。从2000年的0.25%一直增长到2011年的1.28%。12年间增长了4倍多。

根据两国贸易隐含碳及贸易规模的变化（见图4-6），可以看出：

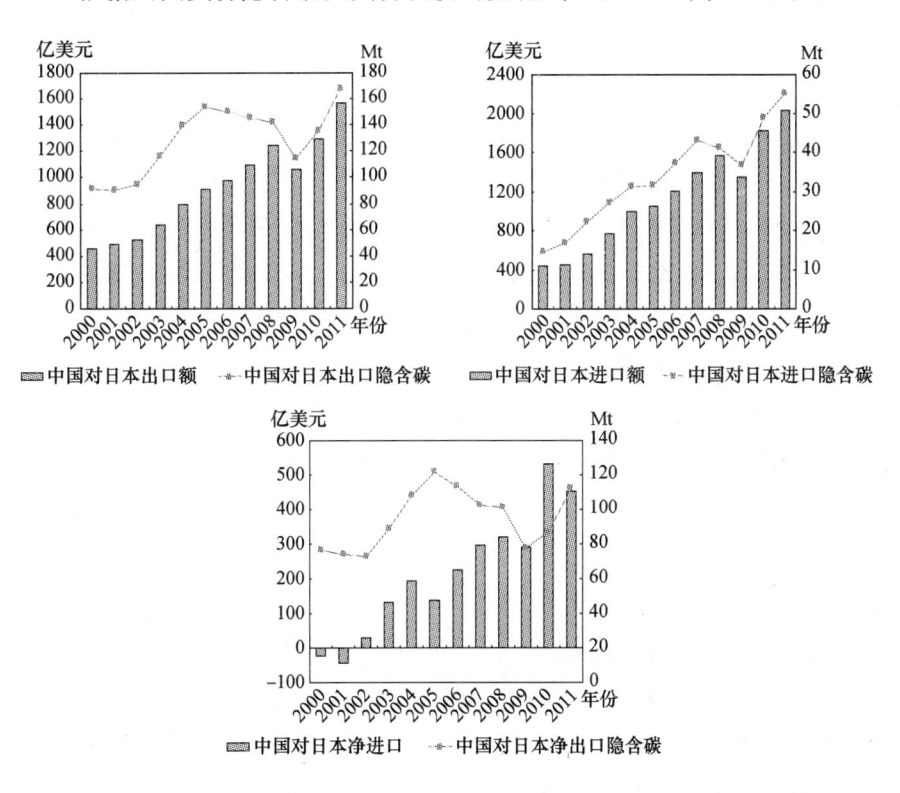

图4-6 中日两国贸易额及贸易隐含碳规模

（1）2000—2005年，在双边贸易方面，2000年、2001年两年中国处于顺差地位，2002年以后转为逆差，并且逆差不断扩大。在贸易隐含碳方面，这一阶段，中国进口隐含碳呈现逐年增长的态势（除了2004—2005年稍有减少之外），净出口隐含碳规模在2002年前有所下降，之后又快速上升。

（2）2005—2009 年，在此期间的 2005—2008 年，中国出口和进口规模均不断扩大，而中国出口隐含碳及净出口隐含碳却呈现下降趋势。这主要由于中国政府开始通过加大财政补贴、税收优惠和资金投入等节能减排措施，使这一阶段国内生产整体碳排放强度有了较大幅度的下降。此外，2008—2009 年，金融危机的爆发使两国贸易大幅缩减，中国出口萎缩尤为明显，导致两国贸易隐含碳尤其是中国净出口隐含碳迅速下降。

（3）2009—2011 年，随着世界经济状况逐渐好转，中日双边贸易恢复快速增长，两国贸易隐含碳规模也迅速扩大。

可以看出，虽然 2002 年以后中国由顺差国转变为逆差国，但在贸易隐含碳方面却始终处于顺差地位。其中，中国进口隐含碳与其进口贸易额呈现出较为一致的变化，表明中国从日本进口产品的碳密集度变化较小。相比之下，中国出口隐含碳与出口额的变化趋势存在一定差异，并且在 2000—2002 年、2005—2008 年表现得尤为明显，显示出在这两个时期中国对日本出口产品的碳密集度发生了较大变化。

由于中国从日本进口贸易隐含碳变化相对较小，因此，中国对日本贸易隐含碳的顺差变化趋势基本上与中国对日本出口隐含碳一致。

3. 中日贸易隐含碳失衡

由一国进口隐含碳和出口隐含碳得到贸易内涵碳失衡（CTB）的测算公式：

$$CTB = C_{im} - C_{ex} = c_{im}(I - A_{im}^D)^{-1}IM - c_{ex}(I - A_{ex}^D)^{-1}EX \qquad (4-16)$$

根据式（4-16），对 2000—2011 年中日整体贸易内涵失衡进行测算，结果如下（见表 4-12）：

可以看出，2000—2011 年，中国出口隐含碳一直大于其进口隐含碳，即中日贸易隐含碳始终处于失衡状态。根据失衡的变化趋势，可以将整个时期分为四个阶段：

①2000—2002 年，尤其在 2001—2002 年间，中国进口规模迅速扩大。2002 年，进口超过出口，中国由顺差国转变为逆差国。与此同时，进口隐含碳也呈现出较大幅度的增长，中日贸易隐含碳失衡小幅改善；

表 4-12　　2000—2011 年中日贸易隐含碳失衡及贸易失衡

单位：Mt，亿美元

年份	中日贸易隐含碳			中日贸易		
	中国进口隐含碳	中国出口隐含碳	中日贸易隐含碳失衡	中国进口	中国出口	中日贸易失衡
2000	14.6	90.9	-76.3	434.2	457.1	22.9
2001	16.7	90.7	-74	444.2	487.8	43.6
2002	22.1	94.9	-72.7	554.7	526.2	-28.5
2003	27.2	115.9	-88.7	772	640.9	-131
2004	31.2	139.7	-108.5	992	797.2	-194.8
2005	31.6	153.5	-121.9	1053.5	915.6	-138.2
2006	37.2	150.5	-113.3	1209.1	981.8	-227.3
2007	43.1	145.3	-102.2	1391.6	1094.8	-296.8
2008	41.1	142.2	-101.1	1563	1241.9	-321.1
2009	36.8	114.2	-77.4	1348.7	1058.5	-290.2
2010	48.9	135.2	-86.3	1823.7	1289.9	-533.7
2011	55.1	167.5	-112.4	2022.9	1568.9	-454

②2003—2005 年，随着中国正式加入 WTO，两国贸易规模迅速扩大。但是，由于两国碳排放强度差距很大，虽然中国进出口贸易增长速度相近，但出口隐含碳扩张规模远大于进口隐含碳，中日贸易隐含碳失衡急剧恶化；

③2006—2009 年，在此间的 2006—2008 年，节能减排政策开始在中国正式推行，并取得显著成效，各行业碳排放强度均出现较快速度的下降。这使得中国在出口继续快速增长的情况下，出口隐含碳从而净出口隐含碳规模不断下降，中日贸易隐含碳失衡得到改善。此后，在金融危机冲击下，2008—2009 年，双边贸易大幅萎缩。由于中国出口隐含碳缩减规模远大于进口隐含碳，贸易隐含碳失衡显著改善；

④2010—2011 年，随着金融危机影响逐渐减弱，中日贸易恢复快

速增长。同样，由于出口隐含碳增长规模远大于进口隐含碳，中日贸易隐含碳失衡明显加剧。

总的看来，虽然中国在双边贸易中主要处于逆差国地位，但是，一方面由于中国经济的高碳性，出口隐含碳随出口规模的不断扩张而大幅增长；另一方面，日本单位生产的碳消耗远低于中国，使得虽然中国进口规模快速扩大，进口隐含碳增长却相对缓慢。因此，中国同时处于贸易失衡和贸易隐含碳失衡的"双失"局面①。中国通过对日（净进口）贸易非但没有减轻国内环境压力，反而使环境进一步恶化。

(二) 各行业中日贸易隐含碳

对 2000—2011 年中日两国各行业的贸易隐含碳进行测算，结果见表 4-13。

表 4-13　　2000—2011 年中国分行业对日本出口隐含碳　　单位：万吨

	2000	2001	2002	2003	2004	2005	2006	2007	2008	2009	2010	2011
农林牧副渔业	157.8	160.4	146.8	179.4	206.9	162.1	143.7	121.6	100.0	88.6	105.5	121.3
采掘业	565.6	557.3	498.1	588.8	541.4	734.8	620.0	440.9	796.3	318.0	362.1	602.2
食品、饮料及烟草加工制造业	663.7	644.3	633.0	663.3	808.6	728.3	723.2	644.4	515.8	506.4	577.7	705.3
纺织业	2452.4	2365.6	2189.1	2511.5	2768.5	2899.3	2938.5	2689.4	2559.9	2472.0	2529.7	3036.1
木材加工及家具制造业	218.1	215.8	232.0	275.8	294.3	252.8	256.4	216.7	183.3	159.5	166.4	207.6
造纸、出版、印刷和文教业	59.7	66.2	73.6	113.4	116.3	105.1	107.1	114.1	117.1	133.3	138.1	182.4
石油加工、炼焦及核燃料加工业	129.4	100.6	105.3	188.6	355.2	336.1	248.0	329.3	355.2	95.2	159.3	167.3
化学制品业	675.9	667.5	689.3	871.4	1098.3	1124.7	1298.8	1441.3	1625.9	977.0	1423.5	2057.0
橡胶和塑料制品业	163.8	174.3	202.1	251.8	335.0	591.8	674.9	643.1	622.4	537.6	634.7	801.8

---

① 在本书中，贸易失衡侧重指一国进口大于出口，即对外贸易存在逆差。

续表

	2000	2001	2002	2003	2004	2005	2006	2007	2008	2009	2010	2011
其他非金属矿物制品业	562.9	571.6	596.9	697.3	792.2	1042.7	1058.4	960.4	988.9	821.9	978.0	1223.9
金属冶炼及压延加工业	964.6	832.0	843.8	1262.8	1996.7	1810.4	1934.7	1914.0	2004.4	1034.0	1506.4	2304.2
机械设备制造业	346.9	418.1	509.5	735.1	1017.6	1025.4	1186.5	1343.6	1453.9	1160.4	1402.0	1743.5
电气机械及光学设备制造业	1820.7	1935.3	2392.9	3398.1	4199.1	3570.9	3541.5	3343.4	3240.2	2689.6	3571.9	4096.4
交通运输设备制造业	163.3	195.4	248.9	295.6	388.7	434.5	521.4	585.4	548.3	427.2	457.7	494.1
其他制造业	318.4	337.1	340.4	384.6	491.6	382.9	385.8	454.7	495.0	464.4	464.1	595.6
建筑业	40.1	31.2	20.1	37.5	61.9	43.8	18.6	11.6	26.2	17.6	10.7	7.8
交通运输、仓储和邮政业	304.9	295.2	268.5	265.6	373.5	411.2	474.9	459.3	392.6	234.4	253.2	298.7
金融与保险业	4.4	3.8	3.4	3.8	3.8	2.6	2.9	4.4	3.0	2.0	2.4	2.9
其他服务业	484.3	411.4	469.2	559.5	740.7	621.9	438.6	448.1	456.4	530.4	508.7	545.9

1. 中国对日本出口隐含碳

在所有行业中，中国出口隐含碳规模最大的行业有电气机械及光学设备制造、纺织业、金属冶炼及压延加工、化学制品业和机械设备制造业，这些行业同时也是中国出口规模最大的行业。其中，机械设备制造业和化学制品业这两个行业出口隐含碳之和占中国对日本总出口隐含碳的60%—70%。从中国各行业对日本出口隐含碳的增长速度看，机械设备制造业、电气机械及光学设备制造和化学制品业等行业由于出口扩张迅速且碳排放强度变化不大，所以增长最快；建筑业、金融与保险业的出口规模均有较大幅度下降，并且金融与保险业的碳排放强度呈现不断下降趋势，因此这两个行业出口隐含碳下降最快。木材加工及家具制造，食品、饮料及烟草加工制造业等轻工业由于出口规模和碳排放强度均比较稳定，因而其出口隐含碳变化较小。

2. 中国从日本进口隐含碳

中国从日本进口隐含碳规模最大的行业是电气机械及光学设备制造业、金属冶炼及压延加工业、化学制品业、机械设备制造业和交通运输设备制造业等行业（见表4-14），这些行业同时也是中国进口规模最大的行业。值得注意的是，在中日双边贸易中，中国均为这些行业的逆差方，这反映出中日两国之间较大的技术水平差距。同时，与其进口额相比，金属冶炼及压延加工业、化学制品业进口隐含碳规模更大，表明这两个行业是日本碳密集度较大的行业。

2000—2011年，中国从日本进口隐含碳增速最高的为交通运输设备制造业，石油加工、炼焦及核燃料加工业和其他服务业。

表4-14　　2000—2011年中国分行业从日本进口隐含碳　　单位：万吨

	2000	2001	2002	2003	2004	2005	2006	2007	2008	2009	2010	2011
农林牧副渔业	0.6	0.3	0.3	0.3	0.3	0.3	0.4	0.3	0.4	0.5	0.7	0.6
采掘业	0.6	0.7	0.7	1.2	1.3	1.5	1.5	1.9	4.7	1.4	2.4	3.6
食品、饮料及烟草加工制造业	2.4	2.5	2.3	2.7	2.8	3.4	3.9	3.7	3.4	4.2	5.5	3.0
纺织业	32.3	31.1	29.1	32.5	36.6	35.1	33.9	33.5	34.1	30.3	33.5	37.4
木材加工及家具制造业	0.1	0.1	0.2	0.3	0.3	0.3	0.3	0.3	0.3	0.3	0.3	0.3
造纸、出版、印刷和文教业	5.8	5.3	6.4	8.1	9.7	10.3	10.4	12.9	13.5	13.7	18.1	17.2
石油加工、炼焦及核燃料加工业	2.0	2.6	3.5	4.1	7.1	12.7	15.1	19.0	46.1	20.0	20.6	20.8
化学制品业	58.1	57.3	70.2	91.2	123.0	140.6	157.3	190.0	194.8	190.7	233.1	258.3
橡胶和塑料制品业	9.2	9.4	12.4	18.5	25.2	29.6	35.1	40.8	44.8	44.6	64.3	72.4
其他非金属矿物制品业	7.7	7.5	8.3	10.2	12.6	13.1	14.0	14.5	14.9	13.7	21.9	26.4

续表

	2000	2001	2002	2003	2004	2005	2006	2007	2008	2009	2010	2011
金属冶炼及压延加工业	45.5	44.8	58.1	71.3	96.3	109.1	128.6	151.9	176.3	154.9	197.3	211.9
机械设备制造业	66.2	75.2	98.0	142.8	187.2	183.4	208.1	223.8	245.2	198.8	354.1	420.7
电气机械及光学设备制造业	168.0	174.9	227.9	339.1	414.9	438.0	496.4	569.9	593.0	530.8	670.1	719.6
交通运输设备制造业	18.1	20.4	34.4	51.8	64.4	58.9	77.7	96.8	121.2	136.2	195.9	210.3
其他制造业	3.3	3.4	3.2	4.9	6.4	7.2	7.9	9.2	9.7	10.1	13.0	14.1
电力、燃气和水供应业	0.0	0.0	0.0	0.0	0.0	0.0	0.0	0.0	0.0	0.0	0.0	0.0
建筑业	1.8	2.3	2.6	3.1	4.2	2.9	1.8	1.3	1.1	0.9	0.8	1.3
交通运输、仓储和邮政业	11.0	11.6	12.8	18.9	24.6	29.9	33.5	41.6	47.9	36.4	47.4	48.0
金融与保险业	0.3	0.2	0.3	0.6	0.9	0.9	0.8	0.9	0.9	0.7	1.1	1.5
其他服务业	10.9	10.1	13.3	21.6	38.9	41.2	43.4	41.4	42.8	45.8	58.9	83.3

从净出口隐含碳规模来看，差额最大的5个行业中，除了纺织业长期拥有顺差以外，其他行业都是对日本逆差较大的行业。并且，中国净出口隐含碳与出口隐含碳的变化趋势基本一致。因此，中国隐含碳的顺差更多的是受到其出口规模的影响。

总的来说，中国通过贸易承接了日本大量的碳转移。同时，工业占贸易隐含碳总量的90%以上，呈现出明显的行业集中特征。从出口隐含碳的变化趋势来看，一些重工业增长迅速，而服务业则有所下降。反映出中国出口的产品结构和碳结构均不够合理，高碳产品出口比重过大，低碳产品出口增长缓慢甚至有所下降，从而使得中国出口（净出口）隐含碳规模不断扩大。

3. 中日贸易隐含碳失衡

表4-15显示出2000—2011年各行业中日贸易隐含碳失衡的测算结果。可以看出，与中日整体贸易隐含碳地位相同，所有行业中日贸易隐含碳均始终处于失衡状态。

表4-15　　2000—2011年各行业中日贸易隐含碳失衡　　单位：万吨

		2000	2001	2002	2003	2004	2005	2006	2007	2008	2009	2010	2011
农业	农林牧副渔业	-135	-140	-131	-153	-163	-148	-128	-102	-73	-66	-78	-89
工业	采掘业	-519	-527	-474	-564	-497	-567	-469	-330	-569	-237	-260	-428
	食品、饮料及烟草加工制造业	-627	-610	-595	-579	-669	-692	-655	-564	-421	-416	-472	-581
	纺织业	-2257	-2227	-2101	-2400	-2660	-2698	-2677	-2446	-2192	-2132	-2169	-2604
	木材加工及家具制造业	-164	-167	-183	-213	-220	-221	-216	-177	-144	-130	-133	-164
	造纸、出版、印刷和文教业	-32	-36	-37	-64	-66	-75	-75	-69	-77	-99	-91	-134
	石油加工、炼焦及核燃料加工业	-124	-101	-104	-194	-327	-225	-140	-196	-140	-20	-61	-57
	化学制品业	-317	-279	-218	-282	-276	-443	-464	-434	-687	-137	-350	-765
	橡胶和塑料制品业	-123	-129	-143	-173	-232	-289	-318	-281	-264	-221	-221	-294
	其他非金属矿物制品业	-334	-331	-351	-430	-564	-564	-525	-438	-481	-384	-387	-479
	金属冶炼及压延加工业	-552	-428	-316	-580	-1040	-1327	-1152	-908	-882	-198	-395	-971
	机械设备制造业	-163	-191	-200	-301	-445	-679	-719	-797	-900	-768	-707	-838

续表

		2000	2001	2002	2003	2004	2005	2006	2007	2008	2009	2010	2011
工业	电气机械及光学设备制造业	-1345	-1351	-1535	-2041	-2491	-2832	-2580	-2244	-2167	-1945	-2500	-2920
	交通运输设备制造业	-115	-133	-141	-120	-176	-279	-295	-304	-224	-122	-22	-6
	其他制造业	-251	-264	-264	-284	-364	-392	-366	-416	-438	-418	-403	-515
	合计	-6923	-6774	-6662	-8225	-10027	-11283	-10651	-9604	-9586	-7227	-8171	-10756
建筑业	建筑业	-30	-20	-9	-24	-47	-40	-15	-9	-23	-16	-9	-5
服务业	交通运输、仓储和邮政业	-181	-171	-145	-119	-169	-262	-247	-221	-144	-80	-57	-82
	金融与保险业	-5	-5	-4	-4	-4	-1	-1	-2	-1	-1	-1	-1
	其他服务业	-354	-291	-319	-350	-435	-455	-284	-282	-286	-348	-311	-309
	合计	-540	-467	-468	-473	-608	-718	-532	-505	-431	-429	-369	-392

（1）农业。在对日贸易中，中国农业一直拥有顺差，但规模不大。然而，由于农业自身的低碳特征，虽然中日两国农业生产的碳排放强度存在一定差异，中国仍然处于贸易隐含碳的净出口地位。可以看出，农业中日贸易隐含失衡的规模与两国贸易差额呈现出十分显著的相关性（见图4-7）。

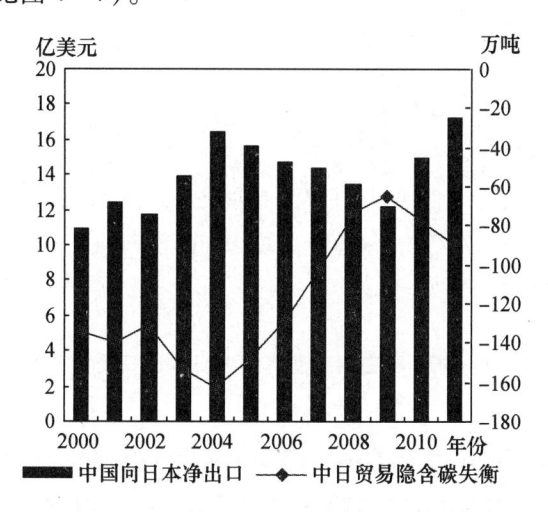

图4-7 2000—2011年农业中日净出口及贸易隐含碳失衡

与此同时，总体上看，2000—2015 年，中日贸易隐含碳失衡的状况有所改善。期间，2000—2004 年，中日贸易隐含碳净出口规模有所增加，之后呈现明显下降的趋势。

（2）工业。工业是中日两国贸易的主导产业，其贸易隐含碳失衡规模占整体比重超过90%。其中，纺织业，电气机械及光学设备制造业是失衡规模最大的行业，其总和约占整体失衡规模的一半；其次是金属冶炼及压延加工业及机械设备制造业（见图4-7）。

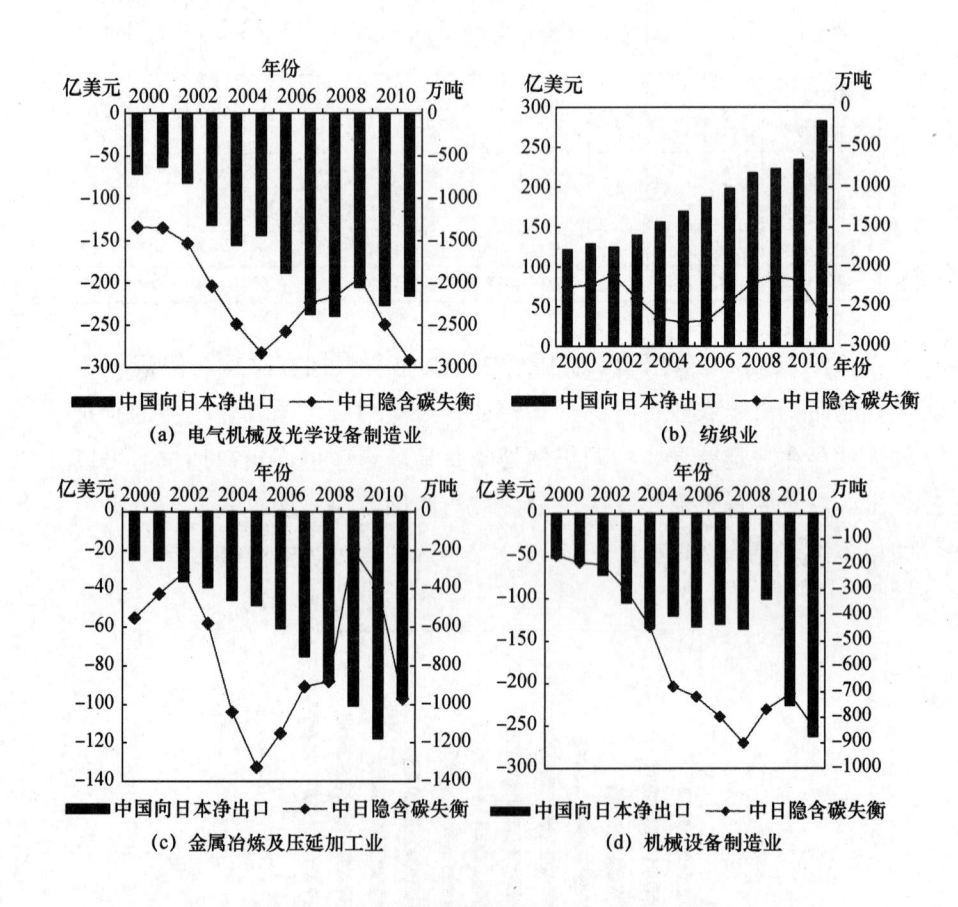

图4-8　2000—2011年主要制造行业中日净出口及贸易隐含碳失衡

①纺织业。在双边贸易中，纺织业一直是中国的比较优势行业，出口规模巨大，且拥有巨额顺差。然而，由于中国纺织业完全碳排放

系数高达日本的6—8倍,使得该行业贸易隐含碳仍然处于严重的失衡状态,其失衡规模占整体失衡比重的20%—30%。与此同时,2000—2011年,中国纺织业对日贸易隐含碳净出口增长3.47Mt,占增长总量的9.6%。

②电气机械及光学设备制造业。该行业在中日双边贸易中占有十分重要的地位,是目前中国出口规模最大的行业。由于出口增长迅速,贸易隐含碳失衡规模也快速扩大。2000—2011年,该行业贸易隐含碳净出口增长15.75Mt,占整体增量的43.6%,成为中日贸易隐含碳失衡规模最大的行业。

③金属冶炼及压延加工业。除2011年以外,该行业对日贸易逆差逐年扩大。同时,贸易隐含碳失衡规模波动较大,呈现出改善—恶化—改善—恶化的趋势。其中,2005年达到失衡的峰值。

④机械设备制造业。除了2008—2010年以外,该行业对日贸易隐含碳失衡呈现出较为显著的恶化趋势。尤其是2004—2008年,尽管中国进出口扩张规模相近,两国贸易差额变化不大,但是,中日贸易隐含碳失衡规模仍然迅速扩大。

(3)建筑业。除2008年、2009年以外,其他年份该行业对日贸易均存在逆差,期间,2000—2004年贸易逆差规模相对较大,2004年以后逆差金额有所下降,直到2008年中日贸易差额由逆差转为顺差,2010年后又出现逆差。

相比之下,中日贸易隐含碳失衡规模并不大,虽然整体上呈现出一定的改善趋势,但是波动十分明显。并且,与两国贸易差额之间的相关性不强。

(4)服务业。不同于其他产业,服务业对日贸易地位变化较大。21世纪初为顺差,2006年转变为逆差,2009年重新出现顺差,2010年又再次变为逆差。从具体行业看,交通运输、仓储和邮政业逆差迅速扩大,而其他服务业则主要呈现出顺差(见图4-8)。与此同时,服务业对日贸易隐含碳失衡总体上经历了改善—恶化—改善的变化趋势。在几个行业中,其他服务业贸易隐含碳失衡规模最大,其次是交通运输、仓储和邮政业,金融与保险业失衡规模极小。

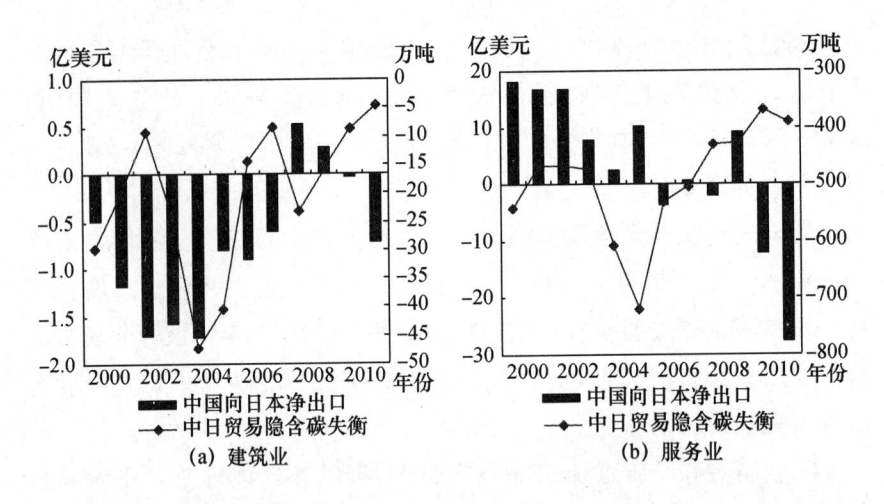

图 4-9 2000—2011 年建筑业及服务业中日净出口及贸易隐含碳失衡

总的来看，在中日两国贸易中，虽然中国总体上处于逆差地位，但是对日贸易隐含碳却一直拥有巨大顺差，即中国处于对日贸易及贸易隐含碳"双失衡"的局面。中国通过对日贸易逆差不但没有减少碳排放，反而使国内环境进一步恶化。从具体行业看，不论贸易地位是顺差还是逆差，所有行业对日贸易隐含碳始终处于失衡状态。其中，纺织业、电气机械及光学设备制造业贸易隐含碳失衡规模最大。

三 中美及中日贸易隐含碳对比

通过对比中国对美国贸易隐含碳及中国对日本贸易隐含碳的规模及变化趋势，可以得出：

（一）总体贸易隐含碳对比

1. 出口隐含碳

2000—2011 年，中国向美国出口隐含碳规模均大于对日本出口隐含碳，这主要与中国对美国出口规模较大有关。同时，中国对美、日两国出口隐含碳总体呈现逐步增长的趋势，中国对日本出口隐含碳增速明显低于美国。并且，由于中国对日本的出口增长较为平缓，中国向日本出口隐含碳整体波动较小。

从中国对美国、日本两国出口隐含碳的变化来看，除了 2004—2008 年之外，其他年份中国向两国出口隐含碳的变化趋势相似：

2000—2001年的短暂下降期,中国对两国出口增长较缓;2001—2004年,由于中国加入世界贸易组织带动了中国出口的大幅扩张,从而引致中国对两国出口隐含碳的快速攀升;2008—2009年为下降期,这归因于全球金融危机,美、日国内需求萎缩,从而使中国对其出口急剧减少,出口隐含碳也大幅下降;2009—2011年,由于美、日两国经济逐步好转,中国对其出口明显回升,从而出口隐含碳也较快增加。

总的来看,由于中国向美、日两国出口隐含碳的变化趋势与中国对两国出口的变化趋势基本一致。由此可以初步判定,出口规模是影响中国对两国出口隐含碳变化的主要因素。

2. 进口隐含碳

除了2009年由于受经济危机影响出现了短暂下滑外,中国从美、日两国进口隐含碳均呈现较为平缓的增长态势。其中,中国从日本进口隐含碳无论从总量还是增幅上都明显高于美国,这主要由于中国从日本的进口规模的增长速度远高于美国。

总体来说,2000—2011年,中国一直处于贸易隐含碳的净出口方,且向美国净出口隐含碳是向日本净出口隐含碳的1—4倍。由此可见,美日两国都向中国转移了碳排放,但美国的碳转移规模较大。此外,对于导致中国隐含碳净出口的原因有所差异。从美国来看,主要归因于中国对其巨额贸易顺差;而对于日本而言,由于中国在中日双边贸易中处于逆差地位①,因此两国生产技术水平的显著差距才是其主要根源。

(二) 分行业贸易隐含碳对比

1. 出口隐含碳

从出口隐含碳规模看,中国向美、日两国出口隐含碳最多的行业均集中于第二产业,占中国对其总出口隐含碳的90%以上。其中,电气机械及光学设备制造业、纺织业、金属冶炼及压延加工业、机械设备制造业和化学制品业等行业中国对两国出口隐含碳占其对两国总出

---

① 自2002年以来,中国在中日两国贸易中一直处于逆差地位,并且逆差呈现不断扩大的趋势。

口隐含碳比重的60%—70%。这表明中国对美日两国出口隐含碳的行业及产业集中度均较高,并且呈现出日益加剧的趋势。其中,中国对美国出口隐含碳的产业集中度明显高于日本。

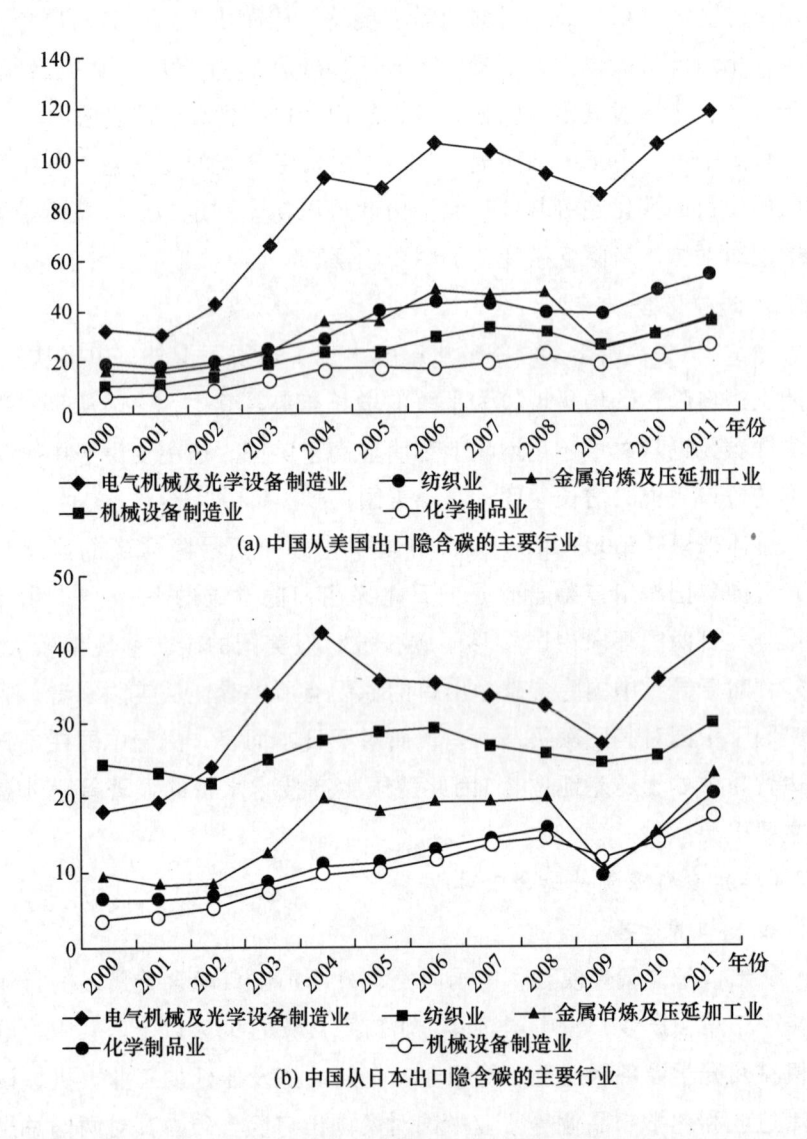

(a) 中国从美国出口隐含碳的主要行业

(b) 中国从日本出口隐含碳的主要行业

图4-10 中国从美国、日本两国出口隐含碳的主要行业

从出口隐含碳的增幅看,2000—2011年,中国向美出口隐含碳增

速最快的行业主要为金融与保险业，建筑业，造纸、出版、印刷和文教业，橡胶和塑料制品业等行业。而中国向日本出口隐含碳增速最快的行业则主要是机械设备制造业、橡胶和塑料制品业，造纸、出版、印刷和文教业，化学制品业，且增幅偏低于美国。由此可见，中国对美国出口隐含碳增速较快的行业涵盖了第二、三产业，而对日本出口隐含碳增速较快的行业仅集中于第二产业，显示出中国对美、日两国出口结构存在较为明显的差异。

2. 进口隐含碳

从进口隐含碳规模来看，中国从美国进口隐含碳的行业主要有化学制品业、电气机械及光学设备制造业，农林牧副渔业和机械设备制造业。其中，除农林牧副渔业以外的其他行业不仅是中国对美国出口隐含碳规模较大的行业，同时也是拥有较大贸易顺差及隐含碳顺差的行业。而中国从日本进口隐含碳的主要行业依次为金属冶炼及压延加工业、电气机械及光学设备制造业、化学制品业和机械设备制造业，这些行业同时也是中国向日本出口及净出口隐含碳规模较大的行业。值得注意的是，中日双边贸易中，中国均为这些行业的逆差方。对比可见，中国从美国进口隐含碳的行业分布相对更为均衡，而中国从日本进口隐含碳的行业和产业集中度也都明显高于美国。

从进口隐含碳的增幅来看，2000—2011年，中国从美国进口隐含碳增速最高的行业依次为采掘业、金融与保险业和农林牧副渔业。而中国从日本进口隐含碳增速最高的为交通运输设备制造业，石油加工、炼焦及核燃料加工业和其他服务业。此外，增速最低的行业大都集中于轻工业行业，该特点在中日之间更为显著。对比可见，中国从两国进口隐含碳增速最快的行业均分布在第二产业，这表明第二产业是当前中国的重点引进产业。其次，中国从两国的进口结构逐渐向均衡发展，并且，相比之下，从美国进口商品的结构发展得更为合理。

可以看出，由中国对美国出口隐含碳大于中国对日本出口隐含碳，中国从美国进口隐含碳小于中国从日本进口隐含碳可知，中国对美国贸易隐含碳顺差远大于中国对日本贸易隐含碳顺差。中国通过对外出口，从美国承接了更大规模的碳排放。

(a) 中国从美国进口隐含碳的主要行业

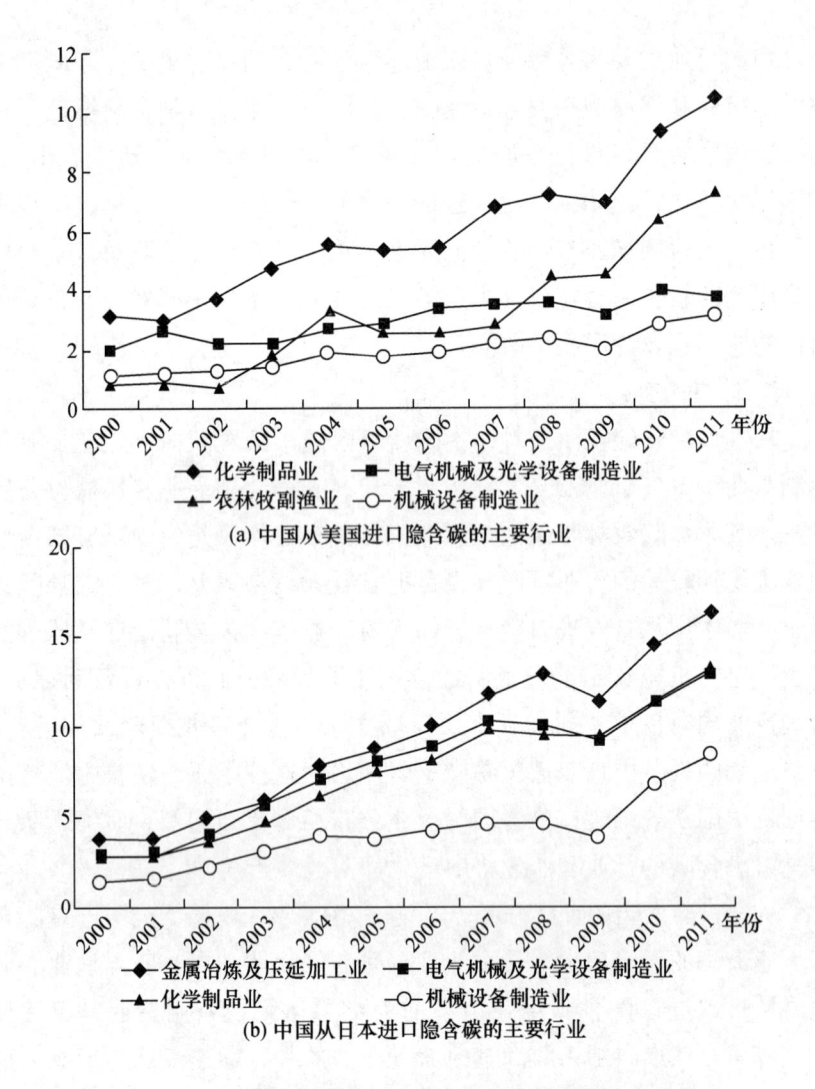

(b) 中国从日本进口隐含碳的主要行业

图 4-11 中国从美国、日本两国进口隐含碳的主要行业

第四节 贸易污染条件模型及中国贸易环境测度

一 中国贸易污染条件模型

上文通过对中国整体及中美、中日两国贸易隐含碳的测算，得出

中国通过对外贸易，承接了美国、日本大量的隐含碳。这一方面表明包括中国在内的大多数发展中国家由于生产水平较低，尤其缺乏先进的低碳生产技术，在对外贸易过程中成为发达国家碳转移的主要对象。另一方面，也证实了对外贸易是导致全球大规模"碳泄漏"的重要原因。

为了进一步明确对外贸易对中国碳排放的影响，引入贸易污染条件模型，对贸易与中国国内污染之间的关系深入进行解释。并以中美、中日贸易为主要研究对象，分析中国与这两国贸易对国内碳排放及污染的影响。

在贸易隐含碳 MRIO 模型的基础上，构建衡量一国贸易对其环境影响的评价指标——贸易污染条件 PTT（Pollution Terms of Trade），用来衡量一国在对外贸易过程中所获得或免除的环境污染程度。其具体测算公式是一国单位出口隐含碳排放量与其单位进口隐含碳排放量的比值，其公式如下：

$$PTT_i = \frac{EXC_i/EX_i}{IMC_i/IM_i} \qquad (4-17)$$

同上，EXC_i、IMC_i 是一国与 i 国出口及进口隐含碳，EX_i、IM_i 则分别是一国与 i 国的出口与进口。显然，PTT 值越大，反映出口国通过对外贸易给本国环境质量造成的不利影响就越大。当 $PTT > 1$ 时，表明在双边贸易中出口国为进口国承担环境污染，出口国因两国贸易导致本国环境条件恶化；$PTT < 1$ 则表明出口国因对外贸易使本国环境状况得到改善。该指标是能够更为直观地衡量一国对外贸易对本国环境状况的影响程度。

二 中美贸易污染条件

根据式（4-17），测算得出 2000—2011 年中美贸易污染条件。

（一）中美两国总体贸易污染条件

可以看出，2000—2011 年，中美各年的 PTT 值均大于 1，总体贸易污染条件在 3.8—5.3，表明中国对美国出口单位产品的平均隐含碳是其进口单位产品平均隐含碳的 3—6 倍。由于中国对美国出口产品远比其进口产品"肮脏"，中国成为美国转移其高污染产业的"污染避难所"。

124 | 基于隐含碳视角的中国贸易环境研究

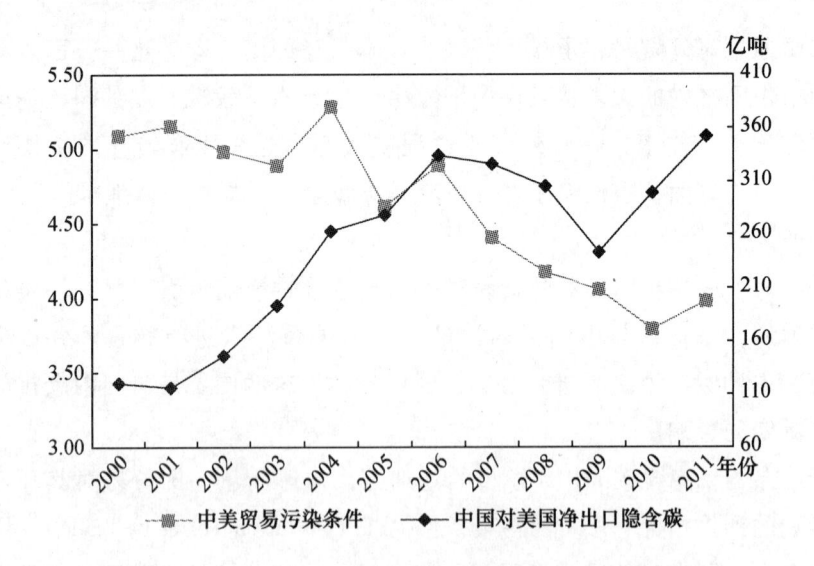

图 4-12 中美贸易污染条件与中国对美国净出口隐含碳

从变化趋势上看，总的看来，中美贸易污染条件趋于改善，主要经历了以下几个阶段变化和波动：2000—2001 年，中美贸易条件先是恶化；此后两年逐渐好转；2004—2005 年急剧恶化，到达峰值（5.3）后迅速改善；2006—2007 年再次出现恶化趋势；2007—2010 年则持续下降，表明中美贸易条件不断改善；2010 以后又有所恶化。从图 4-12 可以看出，中美贸易污染条件与中美两国净出口隐含碳规模变化趋势差异较大，二者之间并没有表现出较强的相关关系。①

(二) 中美分行业贸易污染条件

从具体行业看，建筑业与橡胶和塑料制品业这两个行业的 PTT 值最高，表明中国这两个行业对美国单位出口产品与其单位进口产品的隐含碳差距最大，分别为 8.0 和 7.0，也反映出这两个行业中美贸易污染条件最为恶劣；机械设备制造业、电气机械及光学设备制造业、交通运输设备制造业等行业 PTT 值均在 6 以上，同样表明中国这些制

---

① 由于中国对美国出口隐含碳规模远大于从美国进口隐含碳，因而以中国对美国净出口隐含碳作为表示两国贸易隐含碳规模和变化的变量。中日贸易污染条件分析相同。

造行业贸易污染条件较为严重;相比之下,农林牧副渔业,石油加工、炼焦及核燃料加工业 PTT 值最低,大约在 2。此外,食品、饮料及烟草加工制造业,纺织业 PTT 值也较小,表明中美两国初级产品制造业及轻工业的贸易污染条件相对较好。

表 4-16　　　　2000—2011 年中美贸易污染条件

	2000	2001	2002	2003	2004	2005	2006	2007	2008	2009	2010	2011
总体	5.09	5.15	4.98	4.89	5.28	4.62	4.89	4.41	4.18	4.06	3.79	3.98
农林牧副渔业	2.13	2.05	2.05	2.19	2.35	2.08	2.10	1.98	1.91	1.91	1.80	1.89
采掘业	2.96	2.85	2.86	3.05	3.27	4.27	4.32	4.06	3.91	3.91	3.70	3.88
食品、饮料及烟草加工制造业	2.95	2.83	2.84	3.03	3.25	2.44	2.47	2.32	2.23	2.24	2.11	2.22
纺织业	3.24	3.11	3.13	3.33	3.57	3.53	3.57	3.36	3.24	3.24	3.06	3.21
木材加工及家具制造业	4.47	4.30	4.31	4.60	4.93	4.44	4.50	4.23	4.07	4.08	3.86	4.04
造纸、出版、印刷和文教业	6.09	5.85	5.87	6.26	6.71	5.17	5.23	4.92	4.74	4.74	4.48	4.70
石油加工、炼焦及核燃料加工业	1.47	1.41	1.42	1.51	1.62	2.17	2.19	2.06	1.99	1.99	1.88	1.97
化学制品业	4.83	4.64	4.66	4.96	5.32	4.45	4.51	4.24	4.08	4.08	3.86	4.05
橡胶和塑料制品业	5.65	5.43	5.45	5.81	6.23	8.48	8.59	8.07	7.78	7.78	7.36	7.72
其他非金属矿物制品业	3.77	3.62	3.63	3.87	4.15	4.62	4.68	4.40	4.24	4.24	4.01	4.21
金属冶炼及压延加工业	5.91	5.68	5.70	6.07	6.52	5.46	5.52	5.19	5.00	5.01	4.73	4.97
机械设备制造业	7.21	6.93	6.96	7.42	7.96	6.66	6.74	6.34	6.11	6.11	5.78	6.06
电气机械及光学设备制造业	7.73	7.43	7.46	7.95	8.53	6.52	6.60	6.20	5.98	5.98	5.66	5.93
交通运输设备制造业	6.79	6.52	6.55	6.98	7.49	6.51	6.59	6.20	5.97	5.98	5.65	5.93

续表

	2000	2001	2002	2003	2004	2005	2006	2007	2008	2009	2010	2011
其他制造业	7.13	6.85	6.88	7.33	7.87	5.48	5.55	5.22	5.03	5.03	4.76	4.99
建筑业	8.59	8.26	8.29	8.83	9.48	8.05	8.15	7.67	7.39	7.39	6.99	7.33
交通运输、仓储和邮政业	4.01	3.85	3.87	4.12	4.42	3.14	3.18	2.99	2.88	2.88	2.73	2.86
金融与保险业	3.85	3.70	3.71	3.96	4.25	6.66	6.75	6.34	6.11	6.12	5.78	6.07
其他服务业	5.62	5.40	5.42	5.78	6.20	4.50	4.56	4.29	4.13	4.13	3.91	4.10

从变化趋势来看，大部分行业 PTT 值变化与整体的中美贸易污染条件相似，表现出逐步改善的趋势。其中，其他制造业、其他服务业贸易污染条件改善幅度最大，PTT 值下降了近 20%；纺织业、木材加工及家具制造业等行业的贸易污染条件虽然总体上有所改善，但是变化较小，PTT 值下降不到 10%。此外，金融与保险业，橡胶和塑料制品业，石油加工、炼焦及核燃料加工业，化学制成品，其他非金属矿物制品业等行业的贸易污染条件不但没有改善，反而明显恶化。

三 中日贸易污染条件

根据公式对中日总体及分行业贸易污染条件进行测算，结果见表 4-17。

表 4-17　　　　2000—2011 年中日贸易污染条件

	2000	2001	2002	2003	2004	2005	2006	2007	2008	2009	2010	2011
总体	6.54	5.65	5.26	6.22	7.21	7.49	6.84	6.28	6.70	6.29	6.21	6.23
农林牧副渔业	4.77	4.09	4.06	4.51	4.68	4.67	4.47	4.05	4.06	4.04	3.88	3.77
采掘业	4.07	3.02	2.74	3.04	3.35	3.75	3.51	3.21	3.12	3.18	3.08	2.99
食品、饮料及烟草加工制造业	8.24	7.11	6.66	7.16	7.77	7.50	6.74	6.10	6.13	6.26	5.96	5.84
纺织业	6.61	5.69	5.32	6.02	6.47	6.54	6.39	6.13	6.74	6.95	6.57	6.45
木材加工及家具制造业	7.54	6.76	6.44	7.10	7.85	8.19	7.43	6.61	6.81	7.10	6.62	6.45
造纸、出版、印刷和文教业	7.90	6.82	6.22	7.07	8.49	8.39	7.43	6.45	6.98	7.87	7.42	7.18

续表

	2000	2001	2002	2003	2004	2005	2006	2007	2008	2009	2010	2011
石油加工、炼焦及核燃料加工业	7.09	6.92	6.79	7.75	8.36	8.98	9.02	8.89	10.22	8.37	7.92	7.46
化学制品业	8.00	6.92	6.62	7.49	7.77	7.62	6.80	6.39	7.02	6.81	6.44	6.21
橡胶和塑料制品业	8.92	7.46	7.09	8.48	10.23	10.03	9.04	8.36	8.93	8.51	7.91	7.75
其他非金属矿物制品业	4.82	4.07	3.90	4.52	5.90	5.36	4.83	4.62	4.86	4.68	4.48	4.32
金属冶炼及压延加工业	6.81	6.17	5.59	6.03	6.98	8.18	7.00	6.21	6.51	6.52	6.20	6.04
机械设备制造业	12.34	10.48	9.38	10.73	12.13	13.41	11.85	10.57	11.42	11.51	10.86	10.29
电气机械及光学设备制造业	10.17	7.84	6.96	7.64	8.69	9.02	8.39	7.70	7.72	8.14	7.57	7.39
交通运输设备制造业	9.60	8.20	7.82	7.86	8.95	9.56	8.75	8.26	7.94	8.38	7.81	7.47
其他制造业	6.54	5.87	5.53	6.12	7.00	6.96	5.84	5.23	5.31	5.29	4.99	4.82
建筑业	10.60	9.18	8.45	9.84	12.62	12.99	11.45	10.45	11.01	11.61	10.94	10.60
交通运输、仓储和邮政业	6.09	5.27	4.95	5.46	6.06	5.56	4.40	4.25	4.33	4.70	4.48	4.24
金融与保险业	11.03	9.78	9.45	10.37	11.30	10.36	8.34	6.60	6.20	6.70	6.28	6.12
其他服务业	10.60	8.72	7.93	8.50	9.51	9.32	8.41	7.53	8.07	8.69	8.11	7.86

（一）中日总体贸易污染条件

2000—2011年，中国对日本的总体贸易污染条件在5.3—7.5（见表4-17），表明中国出口单位产品的平均隐含碳是其进口单位产品平均隐含碳的5—8倍。由于中国出口产品远比其进口产品"肮脏"，中国成为日本转移其高污染产业的"污染避难所"（马晶梅等，2016a）。

从变化趋势上看，中日贸易污染条件先是有所改善，2002年后迅速恶化，并于2005年达到峰值，此后逐渐好转（2008年有所波动）。其中，2003—2011各年PTT值均高于2002年，表明尽管2005年后中日贸易污染条件有所善,但是仍然没有恢复到 2002 年的水平。

此外,2009 年前,中日贸易污染条件与中国净出口隐含碳(见图 4-13)的变化趋势十分相似,显示出二者之间具有较强的相关性。2009 年以后,尽管中国净出口隐含碳规模迅速扩大,但是贸易污染条件却并未出现恶化趋势,而是呈现出较为稳定的态势,二者之间的相关性明显减弱。

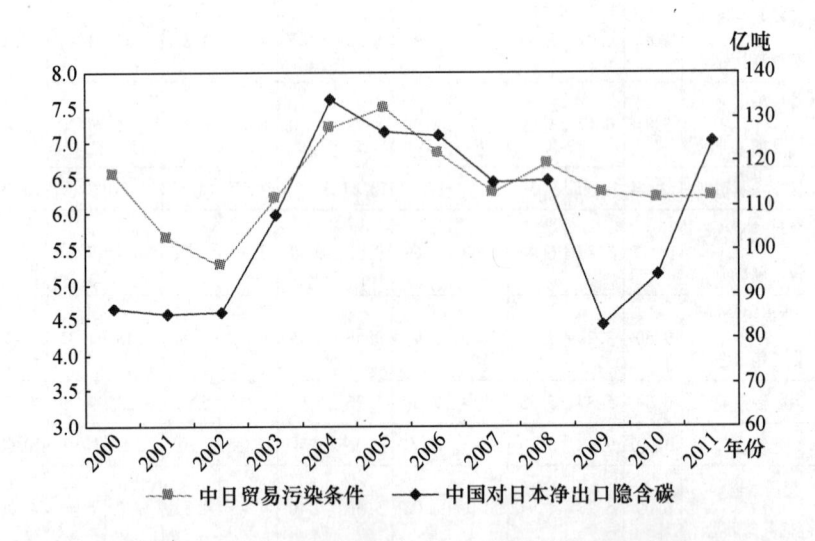

图 4-13 中日贸易污染条件与中国对日本净出口隐含碳

(二) 中日行业贸易污染条件

在各行业中,机械设备制造业和建筑业 PTT 值最高,均值大于 10,表明中国这两个行业出口产品与进口产品的隐含碳差距最大,中日贸易污染条件最为恶劣;采掘业 PTT 值最低,大约为 3;其次是农林牧副渔业,表明两国初级产业的贸易污染条件差距相对较小。

从变化趋势来看,大部分行业 PTT 值变化与总体相似。其中,金融与保险业的贸易污染条件改善最大,PTT 值下降了 45%;纺织业,造纸、出版、印刷和文教业等轻工业的贸易污染条件虽然总体上有所改善,但是变化不大,PTT 值下降不到 10%;而石油加工、炼焦及核燃料加工业和建筑业的贸易污染条件不但没有改善,反而有所恶化。

此外，金属冶炼及压延加工业、非金属矿物制品业等传统高耗能行业贸易污染条件改善程度也较小。

四 中美、中日贸易污染条件对比

通过对比中美贸易污染条件及中日贸易污染条件，可以得出：总的看来，在与美国及日本的双边贸易过程中，中国对美国、日本两国单位出口的隐含碳均远大于其单位进口隐含碳，中国污染条件处于不利地位，通过对其贸易成为其转移高污染产业的"污染避难所"。并且，由于总体上PTT（中日）大于PTT（中美），中国通过对日本贸易为其承担的环境污染大于通过对美国贸易所承担的污染程度，即中日贸易对中国国内污染产生的负面影响大于中美贸易。

与此同时，中国对美国、日本两国的贸易污染条件呈现出逐步改善的趋势，并且，中日贸易污染条件改善的速度快于中美贸易污染条件，这也表明中国贸易尤其是出口产品的低碳化趋势不断加强，贸易碳结构有所优化。

第五章　中国贸易环境效应分解研究

根据前面内容分析，可以得出，2000—2011年，总体上来看，中国对美国、日本两国贸易隐含碳规模不断扩大，并呈现出快增长的态势。与此同时，中国对外贸易隐含碳的变化与贸易之间存在较强的相关关系。通过将影响一国出口隐含碳变化的影响因素进行分析[①]，构建SDA模型，对影响中国出口隐含碳变化的主要因素进行进一步的研究。

第一节　贸易环境效应的SDA分解模型

根据Grossman和Krueger（1991）提出的环境效应分析框架，可以将影响一国出口隐含碳变化的因素进一步分解为技术效应、结构效应和规模效应。并结合SDA法对中国出口隐含碳变化进行因素分解，考察影响中国对美国、日本出口隐含碳变化的主要因素及差异。

SDA法是变量因素分解过程中所采用的主要经济分析工具，通过将因变量变动分解为相互独立的各自变量变动之和，以分析各自变量变动对因变量变动的影响方向和程度。SDA分解法对有n个影响因素的因变量变化存在$n!$种分解式，Dietzenbacher和Los（1998）证明通过对$n!$种分解式进行加总求算术平均值，即可精确得到每个自变量变化对因变量变化的影响程度。然而，随着n的增加，该算法就变得十分烦琐，而通过采用两级分解法，分别从基期和计算期两期对有n

---

① 由于一国进口隐含碳的变化主要受到进口国国内因素影响，因此，本书中一国贸易环境效应分解主要针对出口隐含碳变化的影响因素展开分析。

种影响因素的因变量变化进行分解后再求算术平均数，可以简便而精确地求得各自变量因素的变化对因变量变化的影响程度。因此，本章利用 SDA 的两级分解方法对中国贸易的环境效应进行分解。由于一国出口可以写成以下形式：

$$EX = Y^{ex} \cdot \frac{EX}{Y^{ex}} \qquad (5-1)$$

其中，Y^{ex} 为总出口，EX/Y^{ex} 为各行业出口占该国总出口的比重。令 $Y_c = EX/Y^{ex}$，则式（5-1）可改写为：

$$EX = Y_c \cdot Y^{ex} \qquad (5-2)$$

则一国出口隐含碳的测算公式（4-15）可改写为：

$$EXC = c(I-A)^{-1} \cdot EX = \hat{c} \cdot EX = \hat{c} \cdot Y_c \cdot Y^{ex} \qquad (5-3)$$

分别以 0、1 表示基期和计算期，则基期到计算期一国出口隐含碳的变化可表示为：

$$\Delta EXC = EXC(1) - EXC(0) = \hat{c}(1)Y_c(1)Y^{ex}(1) - \hat{c}(0)Y_c(0)Y^{ex}(0) \qquad (5-4)$$

根据 SDA 两级分解法，对式（5-4）进行分解，其步骤为：

（1）基于基期对该式进行分解，得到：

$$\begin{aligned}\Delta EXC &= EXC_1 - EXC_0 \\ &= c_{ex_1}(I - A_{ex}^D)_1^{-1} Y_{ex_1} S_1 - c_{ex_0}(I - A_{ex}^D)_0^{-1} Y_{ex_0} S_0 \\ &= \hat{c}(1)Y_c(1)Y^{ex}(1) - \hat{c}(0)Y_c(0)Y^{ex}(0) \\ &= \Delta\hat{c} Y_c(0) Y^{ex}(0) + \hat{c}(1) \Delta Y_c Y^{ex}(0) + \hat{c}(1) Y_c(1) \Delta Y^{ex}\end{aligned}$$

$$(5-5)$$

（2）基于计算期对其进行分解，得到：

$$\begin{aligned}\Delta EXC &= EXC_1 - EXC_0 \\ &= c_{ex_1}(I - A_{ex}^D)_1^{-1} Y_{ex_1} S_1 - c_{ex_0}(I - A_{ex}^D)_0^{-1} Y_{ex_0} S_0 \\ &= \hat{c}(1)Y_c(1)Y^{ex}(1) - \hat{c}(0)Y_c(0)Y^{ex}(0) \\ &= \Delta\hat{c} Y_c(1) Y^{ex}(1) + \hat{c}(0) \Delta Y_c Y^{ex}(1) + \hat{c}(0) Y_c(0) \Delta Y^{ex}\end{aligned}$$

$$(5-6)$$

（3）在步骤（1）、步骤（2）的基础上，将式（5-5）和式

(5-6)相加,求其算术平均值,得到:

$$\Delta EXC = \frac{1}{2}[\Delta \hat{c} Y_c(0) Y^{ex}(0) + \Delta \hat{c} Y_c(1) Y^{ex}(1)]$$

$$+ \frac{1}{2}[\hat{c}(1)\Delta Y_c Y^{ex}(0) + \hat{c}(0)\Delta Y_c Y^{ex}(1)]$$

$$+ \frac{1}{2}[\hat{c}(1) Y_c(1) \Delta Y^{ex} + \hat{c}(0) Y_c(0) \Delta Y^{ex}]$$

$$= f(\Delta \hat{c}) + f(\Delta Y_c) + f(\Delta Y^{ex}) \qquad (5-7)$$

其中,$f(\Delta \hat{c})$为技术效应,它反映碳排放强度和中间投入结构变化的综合影响。$f(\Delta Y_c)$为结构效应,它反映出口结构变动的影响。$f(\Delta Y^{ex})$为规模效应,它反映总出口变动的影响。

第二节 中美贸易环境效应分解

一 中美总体贸易环境效应分解

根据中国对美国出口隐含碳变化的趋势,将2000—2011年划分为2000—2001年、2001—2006年、2006—2009年和2009—2011年四个阶段,采用式(5-7)分别测算出整体及不同阶段各因素对中美出口隐含碳变化的影响(见表5-1)。

表5-1 中国对美国总体出口隐含碳变化的影响因素分解

时间段	效应	出口隐含碳变化	贡献率(%)
2000—2001年	技术效应	-7.053	212.9
	结构效应	0.455	-13.8
	规模效应	3.285	-99.2
	合计	-3.313	
2001—2006年	技术效应	-29.582	-12.9
	结构效应	1.339	0.6
	规模效应	257.221	112.3
	合计	228.978	

续表

时间段	效应	出口隐含碳变化	贡献率（%）
2006—2009 年	技术效应	-54.399	63.8
	结构效应	-11.728	13.7
	规模效应	-19.202	22.5
	合计	-85.329	
2009—2011 年	技术效应	-10.083	-8.1
	结构效应	8.397	6.7
	规模效应	126.807	101.3
	合计	125.121	
2000—2011 年	技术效应	-109.189	-41.1
	结构效应	-3.508	-1.3
	规模效应	378.155	142.5
	合计	265.458	

（一）整体出口效应分解

可以看出，总的来看，2000—2011年影响中国对美国出口隐含碳变动的所有因素中：

（1）规模效应对中国出口隐含碳的变化起到了十分显著的正效应，充分显示出中国对美国出口规模的不断扩大是推动中国对美国出口隐含碳日益增长的主要力量。

（2）技术效应显著为负，表明其对中国向美国出口隐含碳的增长起到了重要的抑制作用。由于技术效应能够反映出一国碳排放强度及其投入产业结构，负的技术效应也体现出由于国内节能减排政策的贯彻和实施，中国企业能源效率不断提高，促使国内碳排放强度明显下降。同时，产品生产的中间投入结构逐渐向低能耗型转化。

（3）出口结构效应也为负，反映出中国对美国高碳产品出口比重降低在一定程度上使中国对美国出口隐含碳规模有所缩减，但是其影响较小。

（二）分阶段效应分解

从各个阶段来看，各效应的表现有所不同：

(1) 2000—2001年，影响中国对美国出口隐含碳最大的技术效应，使得虽然出口规模的正效应在一定程度上抑制了中国出口隐含碳的下降，但是由于在国内生产中低碳技术的推广、使用以及生产技术的提高，使技术效应对中国出口隐含碳下降发挥了显著的促进作用。此外，规模效应显示出显著的正效应；结构效应也为正，但影响比较小。由于技术负效应十分显著，超过了规模效应及结构效应的和，使该阶段净效应为负，中国对美国出口隐含碳呈现下降态势。

(2) 2001—2006年，效应最大的是规模效应，显示出这一阶段中国对美国出口快速上升是促使中国出口隐含碳增长的最主要因素；技术效应仍然显著为负；结构效应为正，但是数值非常小。

(3) 2006—2009年，这一阶段是整个时期中唯一一个三个效应全部为负的阶段，显示出技术效应、规模效应、结构效应均推动了中国出口隐含碳的下降。其中，技术效应最大，其次为规模效应，出口结构效应最小①。值得注意的是，规模效应和结构效应在这一阶段显示出的负效应表明：一方面，在这一阶段，中国对美国出口规模有所下降（实际上，只有2008—2009年中国对美出口下降，但是由于下降幅度较大，使这一阶段的规模效应也呈现出负效应）；另一方面，也显示出中国对美国出口结构中低碳产品的比重有所上升，高碳产品的比重下降。

(4) 2009—2011年，规模效应显示出明显的正效应；结构效应也为正，但影响有限；技术效应仍然为负，但与其他阶段相比，作用有所下降。这主要因为在这一阶段，中国对美国出口规模迅速上升，对中国出口隐含碳的快速增长起到重要的拉动作用。

二 中美产业贸易环境效应分解

从三大产业看，中国对美国出口隐含碳的变化与总体存在较为明显的差异（见表5-2）。

---

① 在对负效应进行比较时，依据各效应绝对值的大小：绝对值较大的负效应更为显著。

表 5-2　　中国对美国产业出口隐含碳变化的影响因素分解

时间段	因素分析	第一产业	第二产业	第三产业
2000—2001 年	技术效应	-0.010	-6.652	-0.391
	结构效应	0.001	-0.159	0.613
	规模效应	0.005	3.099	0.182
	合计	-0.004 (0.2%)	-3.712 (112.1%)	0.404 (-12.2%)
2001—2006 年	技术效应	-0.033	-26.616	-2.933
	结构效应	-0.101	4.995	^-3.554
	规模效应	0.318	244.561	12.343
	合计	0.184 (0.1%)	222.940 (97.4%)	5.856 (2.6%)
2006—2009 年	技术效应	-0.058	-52.549	-1.791
	结构效应	0.019	-8.596	-3.151
	规模效应	-0.021	-18.545	-0.637
	合计	-0.060 (0.1%)	-79.690 (93.4%)	-5.579 (6.5%)
2009—2011 年	技术效应	-0.011	-9.796	-0.276
	结构效应	-0.028	8.698	-0.274
	规模效应	0.136	123.180	3.492
	合计	0.097 (0.1%)	122.082 (97.6%)	2.942 (2.4%)
2000—2011 年	技术效应	-0.121	-104.202	-4.866
	结构效应	-0.136	4.193	-7.565
	规模效应	0.474	361.627	16.054
	合计	0.217 (0.1%)	261.618 (98.6%)	3.623 (1.4%)

（1）第一产业。2000—2011 年，中国对美国农业出口隐含碳增长规模十分有限，12 年间增长了 0.2Mt，仅占中国对美国出口隐含碳增长总量的 0.1%。其中，规模效应为正，起到了主要的促进作用；技术效应和结构效应均为负，影响较小。

从四个阶段来看，2000—2001年、2006—2009年的两个阶段，中国对美国农业出口隐含碳规模稍有下降：2000—2001年规模效应为正，而2006—2009年则为负。

相对而言，2001—2006年、2009—2011年两个阶段则呈现小幅上升。技术效应、结构效应均为负；规模效应为正。在这两个阶段，不同于总体及其他产业，结构效应对中国农业出口隐含碳变化的影响大于技术效应。

（2）第二产业。第二产业在中国对美国出口隐含碳的变化中起到了最为重要的作用，其贡献率为98.6%。其中，尤以重工业贡献最大，占了82.2%；其次是轻工业，对中国向美国出口隐含碳的变化贡献了16.4%；建筑业的贡献最小，仅为0.6%。在各个效应中，规模效应的正向影响最大；其次是显著为负的技术效应；结构效应为正，但作用十分有限。

从各阶段的表现看，同样，在2000—2001年、2006—2009年的两个阶段，中国对美国第二产业出口隐含碳规模均显示出下降的态势。其中，2000—2001年下降规模很小，技术效应为负，其中技术效应起到了主要的作用；规模效应为正。2006—2009年，中国对美国第二产业出口隐含碳下降规模较大，并且技术效应、结构效应、规模效应均为负。其中，技术效应对中国出口隐含碳下降的影响最大，其次是规模效应。

在2001—2006年、2009—2011年两个阶段，中国对美国第二产业出口隐含碳规模明显扩大，且以2001—2006年更为显著。在这两个阶段，技术效应为负；规模效应和结构效应为正，对中国出口隐含碳的增长起到了重要的推动作用。

（3）第三产业。在中国对美国出口隐含碳的变化中，第三产业的贡献也较小，为1.4%。规模效应起到了显著的推动作用；结构效应和技术效应均为负。对于第一、第二产业，技术效应作为抑制中国对美国出口隐含碳增长的最主要因素，而对于第三产业而言，结构效应对于中国出口隐含碳的负向影响大于技术效应。

除了2006—2009年以外，其他三个阶段中国对美国第三产业出口隐含碳均呈现上升趋势。其中，2001—2006 年阶段增长幅度相对较大，规模效应的正向拉动影响较大；2000—2001 年，结构效应和规模效应均为正，且结构效应影响远大于规模效应，技术效应为负；2009—2011 年，技术效应和结构效应均为负且影响大小相当；规模效应为正，对中国向美国第三产业出口隐含碳的增长起到了极其重要的推动作用。2006—2009 年，三个效应均为负，且结构效应影响最大，其次是技术效应，规模效应最小。表明在这一阶段，促使中国对美国第三产业出口隐含碳下降的最主要因素是低碳服务行业出口比重的上升，碳排放强度及生产技术的影响次之，出口规模下降的影响最小。

三　中国对美国分行业出口隐含碳效应分解

（一）整体效应分解

从行业看，2000—2011 年在影响中国对美国出口隐含碳变化的三个效应中（见表 5-3）[①]，各行业规模效应均为正；绝大多数行业技术效应为负（除了橡胶和塑料制品业和金融与保险业以外）；结构效应也主要为负，只有造纸、出版、印刷和文教业，化学制品业，机械设备制造业，电气机械及光学设备制造业，交通运输设备制造业，建筑业，金融与保险业结构效应为正，表明这些行业在 2000—2011 年整个时期出口占比有所上升。

表 5-3　2000—2011 年中国对美国出口隐含碳变化的影响因素分解

单位：Mt

		技术效应	结构效应	规模效应	合计
农业	农林牧副渔业	-0.121	-0.136	0.474	0.217
工业	采掘业	-0.097	-3.866	3.548	-0.415
	食品、饮料及烟草加工制造业	-1.334	-0.082	4.519	3.102
	纺织业	-7.218	-10.240	52.686	35.227
	木材加工及家具制造业	-0.994	-0.285	3.329	2.051
	造纸、出版、印刷和文教业	-1.305	1.496	2.967	3.158
	石油加工、炼焦及核燃料加工业	-0.104	-0.849	2.330	1.377

---

① 2000—2011 年不同阶段的因素分解结果见附录。

续表

		技术效应	结构效应	规模效应	合计
工业	化学制品业	-9.119	5.261	22.264	18.406
	橡胶和塑料制品业	2.079	-2.640	21.753	21.191
	其他非金属矿物制品业	-0.508	-1.430	23.409	21.470
	金属冶炼及压延加工业	-14.273	-6.201	41.663	21.189
	机械设备制造业	-10.974	6.394	30.857	26.277
	电气机械及光学设备制造业	-41.765	29.161	98.929	86.326
	交通运输设备制造业	-3.683	3.038	12.849	12.204
	其他制造业	-14.905	-15.563	40.523	10.055
	合计	-104.200	4.194	361.626	261.618
建筑业	建筑业	-0.168	0.415	0.377	0.624
服务业	交通运输、仓储和邮政业	-2.653	-7.373	9.774	-0.252
	金融与保险业	0.008	0.089	0.067	0.165
	其他服务业	-2.053	-0.696	5.836	3.087
	合计	-4.698	-7.980	15.677	3.000
合计		-109.187	-3.508	378.155	265.459

(二) 分阶段效应分解

从各阶段看,影响中国对美国各行业出口隐含碳变化的因素有所差异:

(1) 2000—2001 年,中国对美国出口隐含碳总体及大部分行业呈现下降趋势。其中,影响各行业中国对美国出口隐含碳变化的规模效应均为正;技术效应均为负;一半行业的结构效应为负,而机械设备制造业、化学制品业、纺织业、交通运输、仓储和邮政业等行业结构效应为正,这些行业中国对美国出口隐含碳也主要呈现出增长态势,显示出虽然对于许多行业而言中国对美出口隐含碳下降,但是这些行业的出口比重却有所上升。

(2) 在 2001—2006 年的各年中,中国对美国出口隐含碳各行业均呈现出增长态势。其中,规模效应均显著为正;大部分行业技术效应为负,但也有少数行业为正,如纺织业、橡胶和塑料制品业、其他非金属矿物制品业等。表明这些行业的碳消耗水平在该阶段不但没有下降，反而有所上升。许多行业的结构效应为负，比较显著的包括纺织业、其他制造业等行业，显示出这些行业出口比重的下降对中国向美国出口隐含碳上升起到了一定的抑制作用。

（3）2006—2009年，中国对美国大部分行业出口隐含碳显示出下降的趋势。各行业技术效应和规模效应均为负，表明在此期间各行业碳排放强度的提升及出口规模减小对中国向美国出口隐含碳的降低起到了明显的推动作用。对于大部分行业而言，技术效应的作用明显强于规模效应。与此同时，金属冶炼及压延加工业，交通运输、仓储和邮政业，交通运输设备制造业等许多行业的结构效应也显著为负，并且结构效应在三个效应中为最强。

（4）2009—2011年，在影响中国对美国各行业出口隐含碳的主要因素中，技术效应为负；规模效应为正；大部分行业的结构效应也为正。其中，规模效应的正效应最强，成为推动中国对美国各行业出口隐含碳增长的主要力量。

（三）主要制造业效应分解

从具体行业来看，首先以中国对美国出口隐含碳规模较大，变化也较为显著的几个制造业为例（见图5-1），分析不同阶段影响中国对美国行业出口隐含碳变化的主要因素及其差异。

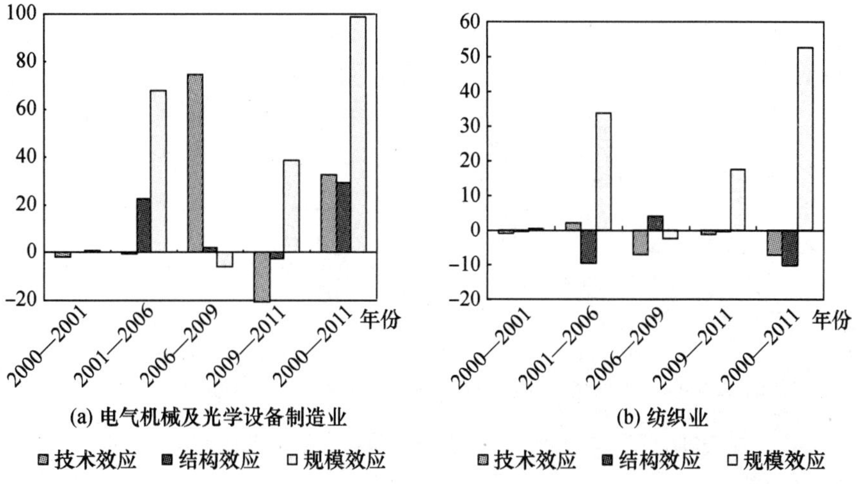

(a) 电气机械及光学设备制造业

■技术效应　■结构效应　□规模效应

(b) 纺织业

■技术效应　■结构效应　□规模效应

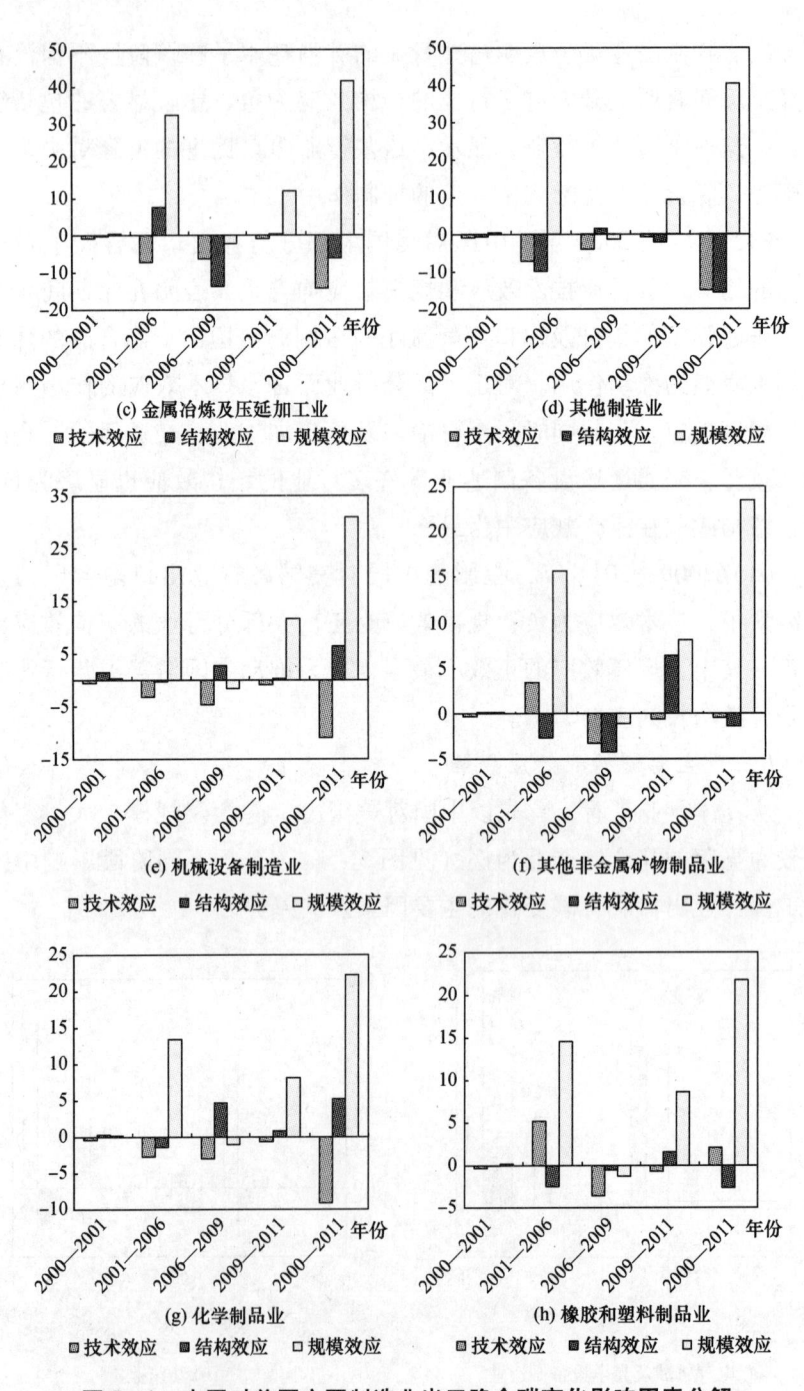

图 5-1　中国对美国主要制造业出口隐含碳变化影响因素分解

1. 电气机械及光学设备制造业

该行业是中国对美国出口隐含碳规模最大且变化幅度最大的行业。从图5-1（a）中可以看出，2000—2011年，影响中国对美国电气机械及光学设备制造业出口隐含碳的因素中，规模效应、技术效应、结构效应均为正，表明这三个因素均是推动该行业中国对美国出口隐含碳上升的主要力量。其中，规模效应最强，技术效应及结构效应影响相似。值得注意的是，与绝大多数行业技术效应为负不同，电气机械及光学设备制造业的技术效应为正，且作用较强，表明该行业的碳排放强度较大，节能减排技术在生产中的实施及效果有限。

在2000—2011年期间的四个阶段中，影响中国对美国电气机械及光学设备制造业出口隐含碳变化的净效应均为正，表明该行业中国对美国出口隐含碳在各个阶段均呈现上升趋势。并且以2001—2006年、2006—2009年两个阶段的增长尤为明显。然而，在不同阶段各个效应的表现有显著的差别：

（1）2000—2001年，规模效应及结构效应为正，技术效应为负，同时三个效应均较弱；

（2）2001—2006年，规模效应为正，且作用十分强，结构效应也为正，影响小于结构效应，技术效应为负且作用有限；

（3）2006—2009年，技术效应为正且影响十分大，结构效应虽然也为正但作用较弱，规模效应为负；

（4）2009—2011年，规模效应显著为正，技术效应及结构效应为负，其中技术效应的负效应较强。

2. 纺织业

纺织业也是中国对美国出口及出口隐含碳规模较大的行业。2000—2011年，影响其出口隐含碳增长的主要因素是规模效应，结构效应及技术效应均为负。

图5-1（b）显示，在四个阶段中：

（1）2000—2001年，技术效应、结构效应为负，规模效应为正，但是，各效应均不大；

（2）2001—2006年，中国对美国纺织业出口隐含碳的增长最为明显，且主要受正的规模效应影响，技术效应同样为正，但效应不大，结构效应为负；

（3）2006—2009年，技术效应及规模效应均为负，技术效应大于规模效应。结构效应为正，且净效应为负；

（4）2009—2011年，技术效应、结构效应均为负但作用不大，规模效应为正且影响较强。

3. 金属冶炼及压延加工业

2000—2011年，影响中国对美国金属冶炼及压延加工业出口隐含碳变化的各效应大小与纺织业相似，只是负的技术效应表现相对更强。从不同阶段看：

（1）2000—2001年各效应作用均相当有限；

（2）2001—2006年，规模效应、结构效应均为正，且规模效应影响较强，技术效应为负；

（3）2006—2009年，技术效应、结构效应及规模效应均为负，且结构效应影响最为显著；

（4）2009—2011年，规模效应、结构效应均为正，规模效应作用较强，技术效应虽然为负但影响不大。

4. 其他制造业

与纺织业及金属冶炼及压延加工业相同，2000—2011年，中国对美国其他制造业出口隐含碳变化的影响因素中，规模效应为正且作用很强，技术效应及结构效应均显著为负且影响大小相当。在各阶段中：

（1）2000—2001年，技术效应及结构效应为负，规模效应为正，然而，三个效应的影响均十分有限；

（2）2001—2006年，技术效应及结构效应为负，规模效应为正且影响大于技术效应与结构效应的和；

（3）2006—2009年，技术效应及规模效应为负，其中，技术效应的作用大于规模效应。结构效应为正，但影响十分有限；

（4）2009—2011年，技术效应及结构效应均为负且影响较小，规模效应为正，净效应也显著为正。

5. 机械设备制造业

2000—2011年，中国对美国机械设备制造业出口隐含碳的影响因素中，技术效应显著为负，规模效应、结构效应均为正且规模效应影响最大。从不同阶段的表现来看：

（1）2000—2001年，结构效应、规模效应为正，且结构效应的影响相对较大；

（2）2001—2006年，规模效应为正且作用较强，技术效应、结构效应为负，净效应显著为正；

（3）2006—2009年，技术效应、规模效应均为负，结构效应为正，净效应为负；

（4）2009—2011年，规模效应、结构效应为正，规模效应明显大于结构效应。技术效应为负且作用较弱。

6. 其他非金属矿物制品业

在三个效应中，影响中国对美国其他非金属矿物制品业出口隐含碳增长的最主要因素是规模效应，结构效应和技术效应均为负且影响不大。从不同阶段的表现看：

（1）2000—2001年，技术效应为负，结构效应及规模效应为正，但三个效应影响均十分有限；

（2）2001—2006年，规模效应、技术效应为正，规模效应影响非常显著，远大于技术效应，结构效应为负；

（3）2006—2009年，技术效应、结构效应及规模效应均为负，其中规模效应影响最小；

（4）2009—2011年，规模效应及结构效应均为正且两个效应影响相当，表明中国对美国其他非金属矿物制品业出口规模的增长及出口占比的提升是导致这一阶段该行业中国对美国出口隐含碳上升的重要推动力量。技术效应为负但影响不大。

7. 化学制品业

2000—2011年，中国对美国化学制品业出口隐含碳的影响因素中，规模效应和结构效应为正，技术效应为负。从各阶段表现看：

（1）2000—2001年，三个效应影响均比较小，其中技术效应为负，结构效应和规模效应为正；

（2）2001—2006年，技术效应和结构效应均为负，规模效应显著为正，并且净效应为正；

（3）2006—2009年，技术效应和规模效应为负，其中，技术效应大于规模效应，结构效应为正；

（4）2009—2011年，技术效应为负，结构效应、规模效应为正，规模效应对中国对美国出口隐含碳的增长起到最为重要的推动作用。

8. 橡胶和塑料制品业

2000—2011年，中国对美国橡胶和塑料制品业出口隐含碳呈上升趋势，其主要促进因素是规模效应；其次是技术效应；结构效应为负，显示出在此阶段，中国对橡胶和塑料制品业的出口比重有较为明显的下降，因此，在一定程度上抑制了中国向美国出口隐含碳的增长。

（1）2000—2001年，技术效应为负，规模效应为正，但两个效应作用均不大，结构效应的影响则更为有限；

（2）2001—2006年，技术效应及规模效应均显著为正，其中规模效应远大于技术效应，结构效应为负；

（3）2006—2009年，技术效应、结构效应及规模效应均为负，虽然影响不大，但显示出橡胶和塑料制品业碳排放强度的下降，对美国出口占比及出口规模的减少使该阶段中国对美国橡胶和塑料制品业出口隐含碳呈现下降趋势；

（4）2009—2011年，技术效应为负但影响不大，结构效应和规模效应为正，其中规模效应作用较强。

（四）服务业效应分解

从中国对美国服务业各行业出口隐含碳变化来看，虽然规模均比较小，但是也存在一定差异。

1. 交通运输、仓储和邮政业

该行业是中国对美国服务业出口的主要行业，同时，也是中国对美国出口隐含碳变化较大的服务业。总的来看，2000—2011年，导致该行业中国对美国出口隐含碳变化的最主要因素是规模效应，占影响

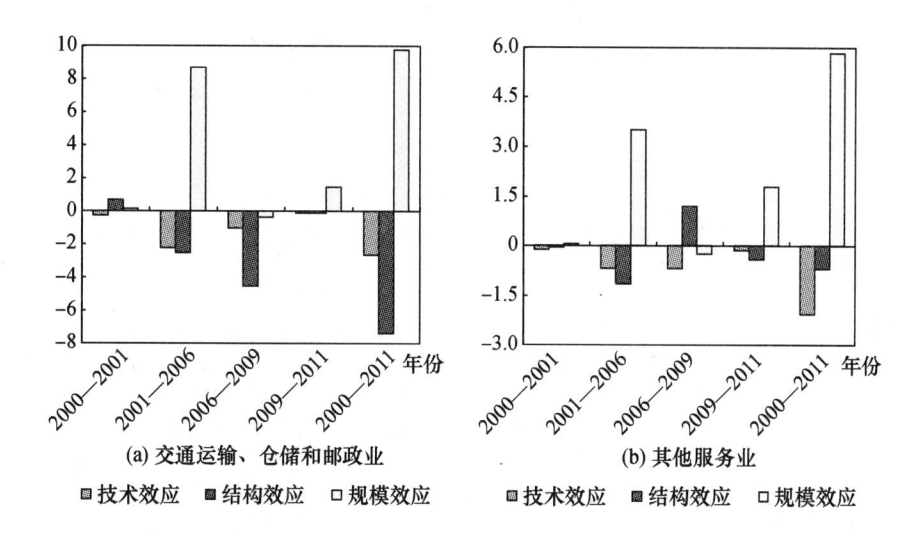

图 5-2　中国对美国主要服务业出口隐含碳变化影响因素分解

中国对美国服务业规模效应的 60% 以上。技术效应、结构效应均为负，且结构效应作用强于技术效应。表明中国对美国交通运输、仓储和邮政业出口占比下降对于该行业中国对美国出口隐含碳的增长起到了更为显著的抑制作用。

从各个阶段看，在所有阶段，该行业的技术效应均为负，且以 2001—2006 年作用最为明显；除了 2000—2001 以外的三个阶段结构效应也均为负，且以 2006—2009 年作用最强，表明该阶段中国对美国交通运输、仓储和邮政业出口占比下降幅度较大，对该行业中国向美国出口隐含碳下降起到了十分重要的作用；除了 2006—2009 年，其他三个阶段规模效应均为正，且尤以 2001—2006 年更为显著。

2. 其他服务业

2000—2011 年，规模效应是拉动中国对美国其他服务业出口隐含碳上升的最主要原因。相比之下，技术效应和结构效应均为负，且技术效应的影响远大于结构效应。从不同阶段各个效应的作用来看：

（1）2000—2001 年，技术效应、结构效应均为负，规模效应虽然为正，但是影响比较有限。

（2）2001—2006 年、2009—2011 年两个阶段，影响中国对美国其他服务业出口隐含碳上升的技术效应、结构效应均为负，规模效应为正。并且2001—2006年各效应的影响均大于2009—2011年，是其2倍以上。

（3）2006—2009年，技术效应、规模效应为负，且技术效应对于该阶段中国对美国其他服务业出口隐含碳上升的抑制作用更强。结构效应为正，且大于技术效应及规模效应两个负效应的总和（绝对值），表明中国对美国其他服务业出口占比的上升抵消了由于该行业碳排放强度下降及出口规模下降的负面影响，使这一时期，中国对美国其他服务业出口隐含碳仍呈现出上升趋势。

第三节 中日贸易环境效应分解

同样，将2000—2011年划分为2000—2001年、2001—2006年、2006—2009年和2009—2011年四个阶段，对影响中国向日本出口隐含碳的变化主要因素进行分解（见表5-4）。

表5-4 中国对日本总体出口隐含碳变化的影响因素分解

时间段	效应	出口隐含碳变化	贡献率（%）
2000—2001年	技术效应	-5.430	471.6
	结构效应	-0.208	18.1
	规模效应	4.487	-389.7
	合计	-1.151	
2001—2006年	技术效应	-11.358	-17.2
	结构效应	8.540	13.0
	规模效应	68.725	104.3
	合计	65.907	
2006—2009年	技术效应	-25.247	64.7
	结构效应	-5.080	13.0
	规模效应	-8.717	22.3
	合计	-39.044	

续表

时间段	效应	出口隐含碳变化	贡献率（%）
2009—2011 年	技术效应	-4.797	-7.4
	结构效应	8.274	12.7
	规模效应	61.766	94.7
	合计	65.243	
2000—2011 年	技术效应	-56.008	-61.6
	结构效应	15.261	16.8
	规模效应	131.703	144.8
	合计	90.956	

一 中国对日本总体及产业出口隐含碳变化分解

（一）整体效应分解

（1）规模效应对中国向日本出口隐含碳的变化起到了显著的推动效应，表明中国对日本出口的增长是促进中国对日本出口隐含碳规模不断上升的最重要因素；

（2）技术效应显著为负，显示出碳排放强度的下降以及低碳生产的推广使用对中国向日本出口隐含碳的增长起到了明显的抑制作用；

（3）出口结构效应为正，但作用有限。

（二）分阶段效应分解

从四个阶段看，各效应的表现差异主要体现在：

（1）2000—2001 年，中国对日本出口隐含碳有所下降，但规模不大。技术效应、结构效应均为负，并且技术效应作用相对明显。规模效应为正。

（2）2001—2006 年，中国对日本出口隐含碳规模呈现较快速度的上升。结构效应及规模效应为正。在这一阶段，规模效应的影响尤为明显，表明出口规模的上升显著拉动了中国对日本出口隐含碳的增长。此外，技术效应为负。

（3）2006—2009 年，在这一阶段，技术效应、规模效应、结构效应均为负。并且，技术效应明显大于其他两个效应，贡献率为

65%,表明碳排放强度的下降显著促进中国对日本出口隐含碳规模的下降。规模效应、结构效应的贡献率分别为22%和13%。

(4) 2009—2011年,规模效应、结构效应显著为正。其中,规模效应影响最大。技术效应为负,但是影响有限。

(三) 分产业效应分解

从产业来看,影响中国对日本出口隐含碳变化的主要因素表现如下(见表5-5)。

表5-5 中国对日本分产业出口隐含碳变化的影响因素分解

时间段	因素分析	第一产业	第二产业	第三产业
2000—2001年	技术效应	-0.523	-51.066	-4.419
	结构效应	-1.369	20.694	-4.064
	规模效应	1.526	121.478	8.699
	合计	-0.366 (-0.4%)	91.106 (100.2%)	0.216 (0.2%)
2001—2006年	技术效应	-0.178	-9.027	-2.153
	结构效应	-0.842	9.795	-0.413
	规模效应	0.853	63.374	4.498
	合计	-0.167 (-0.3%)	64.142 (97.3%)	1.932 (2.9%)
2006—2009年	技术效应	-0.199	-23.558	-1.490
	结构效应	-0.283	-5.295	0.497
	规模效应	-0.069	-8.134	-0.513
	合计	-0.550 (1.4%)	-36.987 (94.7%)	-1.506 (3.9%)
2009—2011年	技术效应	-0.032	-4.519	-0.246
	结构效应	-0.053	10.654	-2.327
	规模效应	0.411	58.072	3.282
	合计	0.327 (0.5%)	64.208 (98.4%)	0.709 (1.1%)

(1) 第一产业。2000—2011 年,中国对日本农业出口隐含碳有所下降,规模为 0.4Mt。在各个影响因素中,规模效应为正,表明该年中国对日本农业实际上呈现上升态势,但是结构效应和技术效应为负,且结构负效应强于技术效应。这表明农产品出口在中国对日本总出口中比重的下降以及中国农业生产的碳排放强度降低对中国出口隐含碳规模的下降起到了促进作用。由于净效应为负,使中国对日本农业出口碳显示出下降的趋势。

从各阶段来看,2001—2006 年、2006—2009 年的两个阶段(即 2001—2009 年),中国对日本农业出口隐含碳呈现较为稳定的下降趋势。在这两个阶段,技术效应和结构效应均为负,且出口结构的负效应更大,这在 2001—2006 年表现得尤为明显。表明在这两个连续阶段,出口比重下降是导致中国对日本农业出口隐含碳下降的最重要因素。此外,2001—2006 年规模效应为正,显示出这一阶段中国对日本农业出口有所增长;而 2006—2009 年规模效应为负,表明中国对日本农业出口出现下降。

对于其他两个阶段——2000—2001 年、2009—2011 年中国对日本农业出口隐含碳均呈现上升态势。其中,2000—2001 年增长规模较小,2009—2011 年增长较为明显。在两个阶段内,技术效应为负,规模效应为正。2000—2001 年,结构效应为正;而在 2009—2011 年结构效应则为负。表明在 2009—2011 年,中国对日本农业出口占对日本总出口比重有所下降。

(2) 第二产业。第二产业在中国对日本出口隐含碳的变化中起到了极为重要的作用,其增长规模超过了中国对日本出口隐含碳增长的问题。其中,重工业贡献为 85.2%;轻工业对中国向日本出口隐含碳变化贡献了 13.2%;而中国对日本建筑业出口隐含碳总体呈现下降趋势。从各个影响因素看,技术效应显著为负。从而可以得出生产技术水平的提高,碳减排强度的下降对中国对日本第二产业出口隐含碳的上升起到十分重要的抑制作用。总体上规模效应、结构效应为正,且规模效应远大于结构效应。但从第二产业的构成看,重工业结构效应显著为正,但是轻工业、建筑业的结构效应均为负。显示出中国对日本重工业出口占比上升，而轻工业和建筑业的出口占比有所下降，其中轻工业出口占比下降趋势明显。

从四个阶段的表现看，2000—2001 年、2006—2009 年，中国对日本第二产业出口隐含碳均呈下降趋势。其中，2000—2001 年，技术效应为负，规模效应和结构效应为正。技术效应与规模效应二者效应（绝对值）相差不大，基本可以抵消。因此，净效应虽然为负，但不大。2006—2009 年，技术效应、结构效应、规模效应三个效应均为负。其中，技术效应作用最强，规模效应次之，结构效应最小。

2001—2006 年、2009—2011 年，中国对日本第二产业出口隐含碳呈增长态势，且两个阶段增长规模大体相当。在这两个阶段，效应表现也相似：技术效应为负，结构效应、规模效应为正。并且，规模效应作用远大于结构效应，对中国向日本第二产业出口隐含碳规模的上升起到了十分重要的推动作用。

（3）第三产业。2000—2011 年，中国对日本出口隐含碳有所增长，但规模不大，仅为中国对日本总出口隐含碳变化的 0.2%。其中，技术效应和结构效应为负，表明中国对日本第三产业出口占总出口比重及碳排放强度均呈较为明显的下降。并且，两者对中国向日本出口隐含碳变化的负面影响相当。此外，规模效应为正。

在四个阶段中，2000—2001 年、2006—2009 年，中国对日本第三产业出口隐含碳出现下降。其中，2000—2001 年，技术效应、结构效应均为负且结构效应的作用相对更强；规模效应为正且数值不大。2006—2009 年，技术效应、规模效应均为负，结构效应为正。其中，技术效应的影响最大，表明这一阶段，第三产业碳排放强度的降低是导致该产业中国对日本出口隐含碳规模减小的最主要因素。

在其他两个阶段——2001—2006 年、2009—2011 年，中国对日本第三产业出口隐含碳均有所增长，且增长规模不大，占中国对日本总出口隐含碳增长的比重不到 3%。在 2001—2006 年，技术效应、结构效应表现为负，规模效应为正。2009—2011 年，技术效应、结构效应为负，规模效应为正。

二 中国对日本分行业出口隐含碳变化分解

(一) 整体效应分解

总的来看，2000—2011年，在影响中国对日本出口隐含碳变化的三个因素中（见表5-6）①，各行业规模效应均为正；绝大多数行业技术效应为负（橡胶和塑料制品业和金融与保险业除外）；一半左右行业结构效应也主要为正，并且主要为重工业行业，其他行业结构效应为负，主要为轻工业和服务业。

表5-6　　2000—2011年中国对日本分行业出口隐含碳变化的影响因素分解　　单位：Mt

		技术效应	结构效应	规模效应	合计
农业	农林牧副渔业	-0.523	-1.369	1.526	-0.366
工业	采掘业	-0.361	-5.240	5.967	0.366
	食品、饮料及烟草加工制造业	-2.675	-3.908	6.998	0.416
	纺织业	-5.264	-16.039	27.141	5.837
	木材加工及家具制造业	-0.862	-1.470	2.227	-0.105
	造纸、出版、印刷和文教业	-0.635	0.878	0.984	1.227
	石油加工、炼焦及核燃料加工业	-0.098	-0.976	1.453	0.379
	化学制品业	-7.484	10.179	11.116	13.811
	橡胶和塑料制品业	0.585	2.197	3.598	6.381
	其他非金属矿物制品业	-0.252	-0.939	7.801	6.610
	金属冶炼及压延加工业	-8.779	8.192	13.984	13.396
	机械设备制造业	-5.063	11.274	7.755	13.966
	电气机械及光学设备制造业	-15.904	13.021	25.640	22.758
	交通运输设备制造业	-1.191	1.823	2.677	3.309
	其他制造业	-3.080	1.729	4.124	2.772
	合计	-51.065	20.720	121.466	91.122
建筑业	建筑业	-0.081	-0.562	0.319	-0.323

① 四个不同阶段的因素分解结果见附录。

续表

		技术效应	结构效应	规模效应	合计
服务业	交通运输、仓储和邮政业	-1.746	-1.455	3.139	-0.062
	金融与保险业	0.004	-0.060	0.041	-0.015
	其他服务业	-2.596	-1.988	5.200	0.616
	合计	-4.338	-3.503	8.380	0.539
合计		-56.008	15.261	131.703	90.956

（二）分阶段效应分解

从不同阶段看，影响中国对日本各行业出口隐含碳变化的因素有所不同：

（1）2000—2001年，中国对日本出口隐含碳总体及大部分行业呈下降趋势。其中，影响各行业中国对日本出口隐含碳变化的规模效应均为正；技术效应均为负；一半行业的结构效应为负，其中一些行业的负结构效应作用十分显著，如采掘业，石油加工、炼焦及核燃料加工业，出口比重下降是导致中国对日本该行业出口隐含碳下降的最主要因素。而机械设备制造业，化学制品业，交通运输、仓储和邮政业等行业结构效应为正。

（2）2001—2006年，中国对日本出口隐含碳各行业均呈现出不同幅度的增长态势。在各效应中，所有行业规模效应均为正，其中电气机械及光学设备制造业，金属冶炼及压延加工业，纺织业等行业规模效应非常显著，是导致中国对日本这些行业出口隐含碳增长的最主要推动力量；大部分行业技术效应为负，电气机械及光学设备制造业、其他制造业、金属冶炼及压延加工业等行业技术效应作用较强。其他行业技术效应为正，其中，橡胶和塑料制品业、其他非金属矿物制品业、纺织业的正效应相对较强。这表明一些行业在此期间碳排放强度显著下降，同时也有一些行业碳排放有所上升。电气机械及光学设备制造业、金属冶炼及压延加工业等行业结构效应为正且作用影响比较大，而其他制造业、纺织业结构效应显著为负，表明这些行业出口占比的下降抑制了行业出口隐含碳的增长。

(3) 2006—2009年，中国对日本的大多数行业出口隐含碳呈现出下降趋势。各行业技术效应和规模效应均为负，表明在此期间各行业中国向日本出口隐含碳的下降主要由碳排放强度提高及出口规模减小所导致。并且，技术效应起到了更为重要的作用。此外，对于纺织业，造纸、出版、印刷和文教业，橡胶和塑料制品业，交通运输设备制造业，其他制造业，其他服务业而言，影响中国对日本出口隐含碳下降的结构效应为正。表明这些行业的出口占比有所上升，而其他行业则有所下降。

(4) 2009—2011年，除了建筑业，所有行业中国对日本出口隐含碳均有所上升。在影响中国对日本行业出口隐含碳变化的因素中，技术效应均为负；规模效应为正；并且，各行业出口规模扩大对推动中国向日本出口隐含碳增长的正效应远远大于抑制其增长的负效应。大部分行业的结构效应为正，但是纺织业、交通运输设备制造业结构效应为负，且作用较强。

(三) 主要制造业效应分解

从具体行业来看，仍以中国对日本出口隐含碳规模较大，变化较为显著的几个制造行业为例（见图5-3），对影响中国对日本各行业出口隐含碳变化的主要原因进行考察和分析。

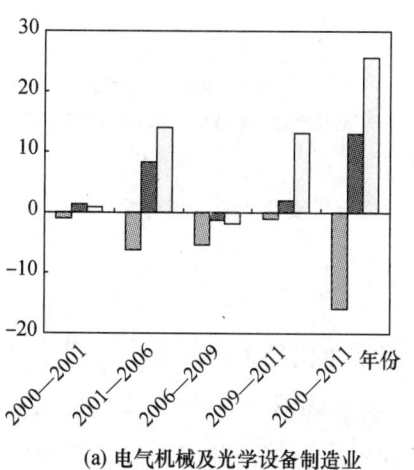

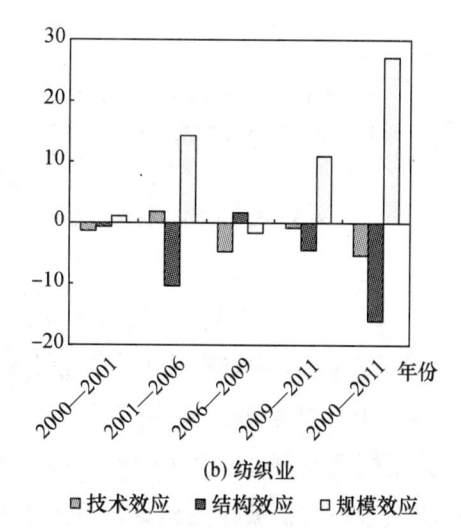

(a) 电气机械及光学设备制造业　■技术效应　■结构效应　□规模效应

(b) 纺织业　■技术效应　■结构效应　□规模效应

154 | 基于隐含碳视角的中国贸易环境研究

(c) 化学制品业
■技术效应 ■结构效应 □规模效应

(d) 金属冶炼及压延加工业
■技术效应 ■结构效应 □规模效应

(e) 机械设备制造业
■技术效应 ■结构效应 □规模效应

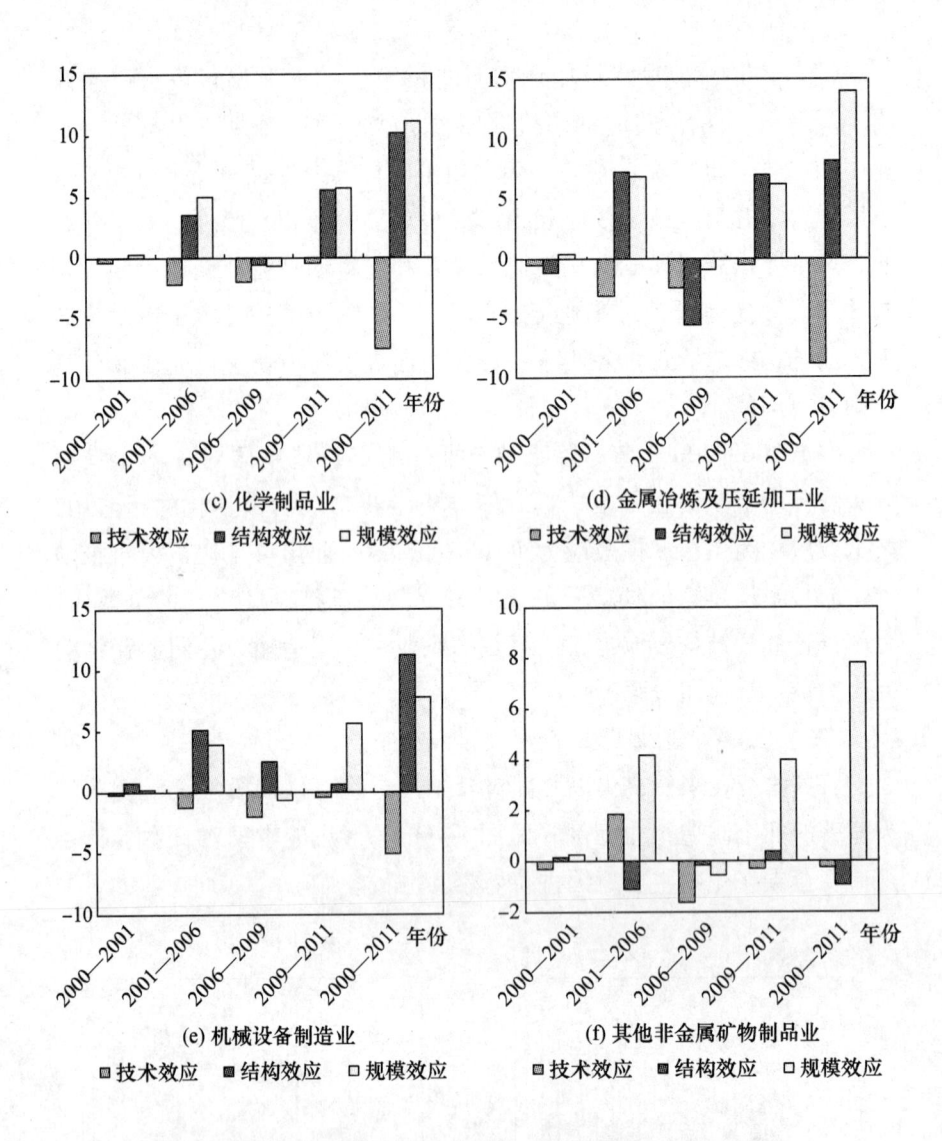

(f) 其他非金属矿物制品业
■技术效应 ■结构效应 □规模效应

图 5-3 中国对日本主要行业出口隐含碳变化影响因素分解

1. 电气机械及光学设备制造业

该行业是中国对日本出口隐含碳规模变化最大的行业。从图5-3 (a) 中可以看出, 2000—2011年, 影响中国对日本电气机械及光学设备制造业出口隐含碳的因素中, 规模效应、结构效应均为正。显示出口规模的扩大以及出口比重的上升是拉动该行业中国对日本出口隐含碳上升的主要因素。并且规模效应大于结构效应。此外，技术效应为负，作用也比较显著。

从不同阶段来看，除了2006—2009年以外，其他阶段影响中国对日本电气机械及光学设备制造业出口隐含碳变化的净效应均为正，其中尤以2001—2006年、2009—2011年两个阶段表现明显。在这两个阶段，规模效应和结构效应均为正，且规模效应的影响十分显著；技术效应为负。同时，2001—2006年技术负效应及结构正效应均远大于2009—2011年。2006—2009年，技术效应、结构效应、规模效应三个效应均为负。其中，结构效应及规模效应作用均比较有限，且技术效应明显大于其他两个效应。

2. 纺织业

纺织业一直作为中国对日本的主要出口行业，其出口隐含碳规模也较大。2000—2011年，与其他制造业相同，影响中国对日本纺织业出口隐含碳变化的主要因素中，规模效应为正，技术效应为负。然而，明显不同于其他行业，中国对日本纺织业出口的结构效应显著为负，且作用很强，远大于技术负效应。这突出表明，近年来中国对日本纺织品出口规模虽然仍呈现不断扩大趋势，但其在中国对日本总出口比重却日益下降。因而，较大程度地抑制了该行业中国对日本出口隐含碳的增长。从各阶段的表现看：

（1）2000—2001年，技术效应、结构效应为负，规模效应为正，但三个效应作用均比较小。

（2）2001—2006年，中国对日本纺织业出口隐含碳的增长主要受到出口规模扩大的影响，即规模正效应显著。同时，技术效应同样为正，但效应不大。结构效应为负且作用较强。

（3）2006—2009年，技术效应及规模效应均为负，结构效应为正，净效应为负。

（4）2009—2011年，技术效应、结构效应均为负。其中，负的结构效应大于技术效应。同时，规模效应为正且影响很强。

3. 化学制品业

2000—2011年，中国对日本化学制品业出口隐含碳的影响因素中，规模效应和结构效应为正，且对于中国向日本出口隐含碳变化的影响均较大，且作用相当。此外，技术效应为负，且影响也较为显著。从各阶段表现看：

（1）2000—2001年，技术效应为负，规模效应为负，但三个效应影响均不大。

（2）2001—2006年，技术效应为负，结构效应和规模效应显著为正，且作用较为显著。

（3）2006—2009年，技术效应、结构效应和规模效应均为负。其中，以技术效应的作用相对更为突出。

（4）2009—2011年，技术效应为负且影响不大，结构效应、规模效应为正，且两个效应对这一时期中国对日本出口隐含碳规模的扩大均起到较为重要的推动作用，且影响大小相当。

4. 金属冶炼及压延加工业

2000—2011年，影响中国对日本金属冶炼及压延加工业出口隐含碳变化的各效应大小与化学制品业较为相似，只是正的规模效应更强，正的结构效应相对较弱，且负的技术效应也表现得更强一些。从各个阶段看：

（1）2000—2001年，虽然各效应作用仍然不大，但其中负的结构效应相对更为显著，技术效应也为负，规模效应为正但影响有限。

（2）2001—2006年，规模效应、结构效应均为正，且结构效应的影响大于规模效应，技术效应为负。

（3）2006—2009年，技术效应、结构效应及规模效应均为负，且结构效应影响最为显著。

（4）2009—2011年，规模效应、结构效应均为正，且作用均比较强且影响力相当，技术效应为负且作用十分有限。

5. 机械设备制造业

2000—2011年，在几个主要制造业中，不同于在其他行业中规模效应最为重要，在中国对日本机械设备制造业出口隐含碳的主要影响因素中，以结构效应作用最强。同时，规模效应也为正且影响较大；

技术效应为负。从各阶段表现看：

（1）2000—2001年，结构效应、规模效应为正，且结构效应的影响相对较大，技术效应为负。

（2）2001—2006年，结构效应、规模效应为正且结构效应作用相对更强，技术效应为负。

（3）2006—2009年，技术效应、规模效应为负，结构效应为正，正负效应基本抵消，净效应不大。

（4）2009—2011年，规模效应、结构效应为正，规模效应明显大于结构效应，技术效应为负且作用较弱。

6. 其他非金属矿物制品业

2000—2011年，对于其他非金属矿物制品业而言，影响中国对日本该行业出口隐含碳变化的主要效应中，规模效应为正，且作用最大，其影响远大于其他效应。表明出口规模的快速扩张是推动中国对日本其他非金属矿物制品业出口隐含碳增长的最主要因素，其规模效应最为显著，结构效应和技术效应均为负且影响不大。从各阶段看：

（1）2000—2001年，技术效应为负，结构效应及规模效应为正，但三个效应均不大。

（2）2001—2006年，规模效应、技术效应为正，且规模效应影响最大，结构效应为负。

（3）2006—2009年，技术效应、结构效应及规模效应均为负，其中技术效应影响最为显著。

（4）2009—2011年，技术效应为负，结构效应及规模效应为正，且规模效应远大于结构效应。

（四）服务业效应分解

2000—2011年，中国对日本各服务业出口隐含碳变化规模均不大。

1. 其他服务业

其他服务业是中国对日本出口隐含碳变化规模最大的服务业。2000—2011年，行业总体出口隐含碳规模有所上升，但上升幅度不大。技术效应和结构效应均为负,且作用相当,是促使中国对日本其他服务业出口隐含碳下降的主要力量。规模效应为正且影响较大,抵消了技术效应和结构效应对中国向日本其他服务业出口增长的抑制效应总和。从而,其净效应为正。从各阶段看:

(1) 2000—2001年,技术效应、结构效应均为负,规模效应虽然为正,但是三个效应的影响均比较有限。

(2) 2001—2006年,影响中国对日本其他服务业出口隐含碳上升的技术效应和结构效应均为负,规模效应为正。

(3) 2006—2009年,技术效应、规模效应均为负,结构效应为正。其中,结构效应影响最大,其次是技术效应,规模效应最小。

(4) 2009—2011年,技术效应、结构效应为负,规模效应为正,规模效应远大于其他两个效应,技术效应的影响十分小。

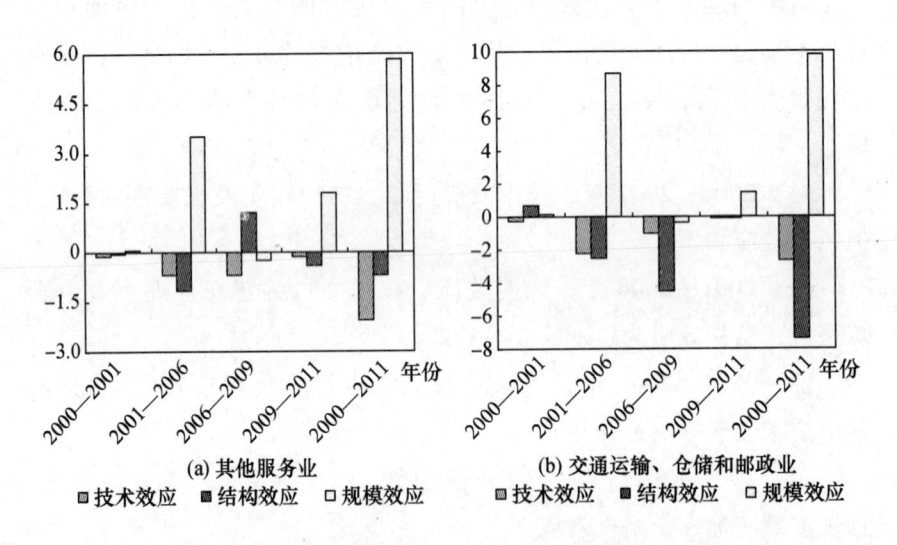

图5-4 中国对日本主要服务业出口隐含碳变化影响因素分解

2. 交通运输、仓储和邮政业

2000—2011年,中国对日本交通运输、仓储和邮政业出口隐含碳有所下降,但下降规模不大。其中,技术效应、结构效应均为负,规模效应为正,该行业中国向日本出口的扩大对其出口隐含碳的变化起到重要的促进作用。

在2001—2006年、2006—2009年的两个阶段,中国对日本交通运输、仓储和邮政业出口隐含碳呈现下降趋势。在这两个阶段,技术效应、结构效应均为负,并且在2006—2009年效应更为显著。2001—2006年的规模效应为正,而2006—2009年规模效应为负。2000—2001年、2009—2011年两个阶段,中国对日本交通运输、仓储和邮政业出口隐含碳规模有所扩大。其中,2000—2001年该行业中国对日本出口规模的上升更为明显。在这两个阶段,技术效应均为负,规模效应为正。而对于结构效应而言,2000—2001年显著为正,而2009—2011年则为负。

三 中日贸易隐含碳失衡效应研究

(一)贸易隐含碳失衡变化的SDA分解模型

在式(4-17)中,令 $IM = S_{im} \cdot Q_{im}$,$EX = S_{ex} \cdot Q_{ex}$,S_{im}、S_{ex} 为进口和出口结构,Q_{im}、Q_{ex} 为进口和出口总量。令 $B_{im} = (I - A_{im}^D)^{-1}$,$B_{ex} = (I - A_{ex}^D)^{-1}$。一国贸易隐含碳失衡公式可进一步表示为:

$$CTB = c_{im} B_{im} S_{im} Q_{im} - c_{ex} B_{ex} S_{ex} Q_{ex} \tag{5-8}$$

则[0, 1]时期贸易隐含碳失衡变化可表示为:

$$\Delta CTB = CTB^1 - CTB^0 = (c_{im}^1 B_{im}^1 S_{im}^1 Q_{im}^1 - c_{im}^0 B_{im}^0 S_{im}^0 Q_{im}^0) - (c_{ex}^1 B_{ex}^1 S_{ex}^1 Q_{ex}^1 - c_{ex}^0 B_{ex}^0 S_{ex}^0 Q_{ex}^0) \tag{5-9}$$

采用SDA的两级分解方法,分别根据基期和计算期对式(5-4)进行分解,然后取两式算术平均,得到:

$$\Delta CTB = \underbrace{\frac{1}{2}[\Delta c_{im} B_{im}^1 S_{im}^1 Q_{im}^1 + \Delta c_{im} B_{im}^0 S_{im}^0 Q_{im}^0]}_{\text{进口国碳排放强度效应}} + \underbrace{\frac{1}{2}[c_{im}^0 \Delta B_{im} S_{im}^1 Q_{im}^1 + c_{im}^1 \Delta B_{im} S_{im}^0 Q_{im}^0]}_{\text{进口国中间投入结构效应}}$$

$$+ \underbrace{\frac{1}{2}[c_{im}^0 B_{im}^0 \Delta S_{im} Q_{im}^1 + c_{im}^1 B_{im}^1 \Delta S_{im} Q_{im}^0]}_{\text{进口结构效应}} + \underbrace{\frac{1}{2}[c_{im}^0 B_{im}^0 S_{im}^0 \Delta Q_{im} + c_{im}^1 B_{im}^1 S_{im}^1 \Delta Q_{im}]}_{\text{进口规模效应}}$$

$$+ \underbrace{\frac{1}{2}[-(\Delta c_{ex} B_{ex}^1 S_{ex}^1 Q_{ex}^1 + \Delta c_{ex} B_{ex}^0 S_{ex}^0 Q_{ex}^0)]}_{\text{出口国碳排放强度效应}} + \underbrace{\frac{1}{2}[-(c_{ex}^0 \Delta B_{ex} S_{ex}^1 Q_{ex}^1 + c_{ex}^1 \Delta B_{ex} S_{ex}^0 Q_{ex}^0)]}_{\text{出口国中间投入结构效应}}$$

$$+ \underbrace{\frac{1}{2}[-(c_{ex}^0 B_{ex}^0 \Delta S_{ex} Q_{ex}^1 + c_{ex}^1 B_{ex}^1 \Delta S_{ex} Q_{ex}^0)]}_{\text{出口结构效应}} + \underbrace{\frac{1}{2}[-(c_{ex}^0 B_{ex}^0 S_{ex}^0 \Delta Q_{ex} + c_{ex}^1 B_{ex}^1 S_{ex}^1 \Delta Q_{ex})]}_{\text{出口规模效应}}$$

$$= f(\Delta c_{im}) + f(\Delta B_{im}) + f(\Delta S_{im}) + f(\Delta Q_{im})$$
$$+ f(\Delta c_{ex}) + f(\Delta B_{ex}) + f(\Delta S_{ex}) + f(\Delta Q_{ex}) \quad (5-10)$$

式 (5-10) 显示影响中日贸易隐含碳失衡变动的主要因素。其中，$f(\Delta c_{im})$、$f(\Delta B_{im})$、$f(\Delta S_{im})$ 和 $f(\Delta Q_{im})$ 表示日本碳排放强度、日本投入结构、进口结构和进口规模效应；$f(\Delta c_{ex})$、$f(\Delta B_{ex})$、$f(\Delta S_{ex})$ 和 $f(\Delta Q_{ex})$ 为中国碳排放强度、中国投入结构、出口结构和出口规模效应。如果分解结果显示效应为正，表明该因素有助于抑制中日贸易隐含碳失衡规模的进一步扩大，使其失衡得到缓解和改善；效应为负则表示该因素对中日贸易隐含碳失衡恶化起到推动作用。

（二）中日贸易隐含碳失衡效应

根据式 (5-10) 分别从整体、产业和行业角度对 2000—2011 年中日贸易隐含碳失衡变化的影响因素进行分解，结果见表 5-7：

表 5-7　2000—2011 年中日贸易隐含碳失衡的影响因素分解　　单位：Mt

		日本				中国			
		碳排放强度效应	投入结构效应	进口结构效应	进口规模效应	碳排放强度效应	投入结构效应	出口结构效应	出口规模效应	合计
农业	农林牧副渔业	-0.005	0.001	-0.035	0.036	0.759	-0.172	0.923	-1.051	0.456
工业	采掘业	0.011	-0.003	0.035	0.205	3.364	-2.086	4.131	-4.745	0.911
	食品、饮料及烟草加工制造业	-0.013	0.005	-0.097	0.108	4.649	-1.409	2.917	-5.705	0.454
	纺织业	-0.194	0.008	-1.725	1.838	20.330	-13.502	13.405	-23.628	-3.469
	木材加工及家具制造业	-0.001	0.001	-0.002	0.007	1.255	-0.670	0.969	-1.552	0.006
	造纸、出版、印刷和文教业	-0.048	-0.015	-0.194	0.512	0.998	-0.636	-0.664	-0.978	-1.025
	石油加工、炼焦及核燃料加工业	-0.139	-0.081	0.266	0.376	0.832	-0.181	0.723	-1.125	0.669

续表

		日本				中国				合计
		碳排放强度效应	投入结构效应	进口结构效应	进口规模效应	碳排放强度效应	投入结构效应	出口结构效应	出口规模效应	
工业	化学制品业	-1.887	-0.086	-0.710	10.155	13.018	-5.557	-7.537	-11.875	-4.478
	橡胶和塑料制品业	-0.325	0.133	0.475	1.208	3.114	-2.037	-1.555	-2.722	-1.709
	其他非金属矿物制品业	-0.206	0.002	-0.829	3.132	2.880	-1.572	0.632	-5.489	-1.449
	金属冶炼及压延加工业	-3.476	0.368	-0.349	10.262	12.264	-3.512	-5.908	-13.839	-4.191
	机械设备制造业	-1.470	0.515	1.216	5.474	8.986	-4.796	-8.347	-8.329	-6.752
	电气机械及光学设备制造业	-2.110	1.886	-1.092	11.582	26.125	-14.846	-10.597	-26.697	-15.750
	交通运输设备制造业	-0.811	0.235	1.741	2.469	2.633	-1.048	-1.407	-2.721	1.090
	其他制造业	-0.084	0.045	-0.034	0.331	3.811	-1.689	-1.194	-3.825	-2.639
	合计	-10.755	3.014	-1.299	47.658	104.262	-53.542	-14.409	-113.241	-38.311
建筑业	建筑业	-0.009	-0.002	-0.119	0.107	0.101	-0.046	0.443	-0.224	0.251
服务业	运输、仓储和邮政业	-0.068	-0.006	-0.113	1.406	1.372	-0.324	0.900	-2.176	0.991
	金融与保险业	-0.001	0.000	-0.001	0.008	0.022	0.002	0.047	-0.030	0.047
	其他服务业	-0.119	-0.007	0.235	0.630	2.838	-0.716	1.207	-3.612	0.455
	合计	-0.188	-0.013	0.121	2.045	4.231	-1.038	2.154	-5.818	1.493
	合计	-10.957	3.000	-1.331	49.845	109.355	-54.799	-10.889	-120.334	-36.111

1. 整体分解结果

2000—2011年,中日贸易隐含碳失衡整体规模增加了36.111Mt。

在各个影响因素中：

（1）出口规模、中国投入结构、日本碳排放强度、出口结构及进口结构效应为负。其中，出口规模及中国投入结构效应最强，表明中国出口的快速扩张及最终产品对投入的高消耗是促使中日贸易隐含碳失衡加剧的最主要原因；日本碳排放强度及出口结构效应较小，进口结构效应最小。从进、出口结构效应的差距可以看出，中国高碳产品的出口比重明显高于日本，出口结构有待进一步优化。

（2）中国碳排放强度、进口规模及日本投入结构效应为正。其中，中国碳排放强度效应最大，进口规模效应次之，这两个效应有效抑制了中日贸易隐含碳失衡规模的扩大；日本投入结构效应较小。

2. 产业及行业分解结果

（1）农业。在负效应中，出口规模效应最大，其他效应数值较小。在正效应中，出口结构和中国碳排放强度效应较大，表明中国农业出口占比及单位碳消耗的逐年下降是促使其贸易隐含碳失衡改善的主要原因。

（2）工业。由于工业在中日整体贸易隐含碳失衡变化中占有绝对比重（>94%），因此，其分解与整体分解结果十分相似。以贸易隐含碳失衡规模最大的四个行业为例，分析如下（见图5-5）：

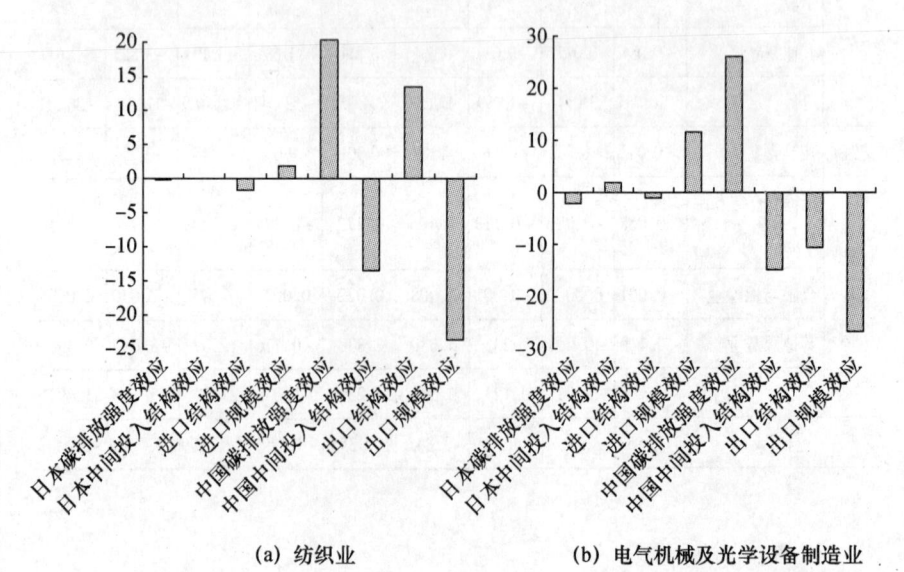

(a) 纺织业　　　　　　(b) 电气机械及光学设备制造业

(c) 金属冶炼及压延加工业　　　　(d) 机械设备制造业

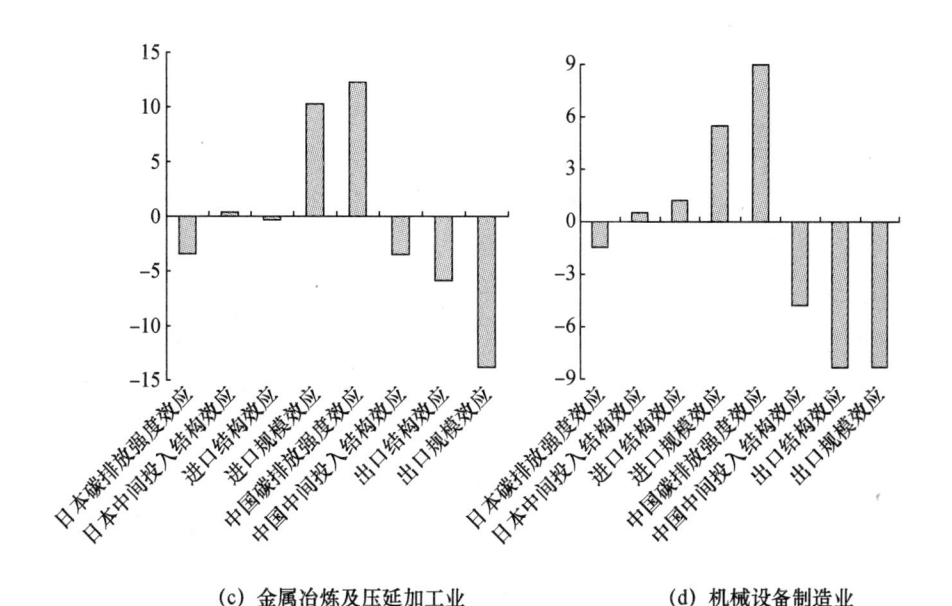

**图 5-5　2000—2011 年主要制造业中日贸易隐含碳失衡的
影响因素分解（单位：Mt）**

①纺织业。与工业整体分解结果相似，出口规模及中国投入结构的负效应最大；中国碳排放强度的正效应最强。不同的是，纺织业出口结构效应为正，且效应较强。这是由于虽然纺织业出口额逐年上升，但其占总出口的比重却明显下滑，由 2000 年的 33.5% 下降到 2011 年的 20%。因此，不断递减的出口占比有效抑制了该行业贸易隐含碳失衡的恶化。

②电气机械及光学设备制造业、金属冶炼及压延加工业和机械设备制造业。相对于纺织业，影响这三个行业贸易隐含碳失衡变化的因素较为相似。出口规模、出口结构、中国投入结构、日本碳排放强度效应为负；中国碳排放强度、进口规模效应为正。值得注意的是，2000—2011 年，这三个行业出口占比均有所上升。其中，机械设备制造业出口占比的年均增速（11.0%）明显快于其他两个行业（3.8%和 5.9%）。因此，其出口结构的负效应也远大于其他两个行业。此外，这三个行业的进口结构效应也存在较大差异：机械设备制造业进口占比总体上有所上升，进口结构效应为正；电气机械及光学设备制

造业进口占比下降，进口结构为负；金属冶炼及压延加工业进口结构变化较小，效应虽然为负，但影响有限。

③建筑业和服务业。和大多数工业相同，出口规模及中国投入结构效应为负；中国碳排放强度、出口结构及进口规模效应为正。不同的是，由于建筑业出口占比下降较快，出口结构的正效应最强；而对于服务业，仍然是中国碳排放强度的正效应最大。此外，由于两个产业进口占比变化趋势不同，进口结构效应也不同：服务业进口占比总体上有所上升，进口结构效应为正；相反，建筑业进口占比不断下降，进口结构效应为负。

总的来看，在影响中日贸易隐含碳失衡的变化因素中，出口规模、中国投入结构、日本碳排放强度、出口结构及进口结构效应为负。其中，出口规模及中国投入结构效应最强；中国碳排放强度、进口规模及日本投入结构效应为正，中国碳排放强度效应最大。与此同时，出口结构效应对主要行业贸易隐含碳失衡变化的影响有较大差异：纺织业出口结构效应为正；而电气机械及光学设备制造业、金属冶炼及压延加工业及机械设备制造业的效应为负。

由于不断扩张的出口规模、粗放型的生产经营方式是促使中日贸易隐含碳失衡的根本原因，而逐渐下降的碳排放强度则有助于中日贸易内涵失衡的缓解和改善。然而，由于当前出口在中国国民经济中仍占有十分重要的地位，在能源结构方面依然是以高碳排放的传统化石能源为主，国内碳排放及"碳泄漏"快速增长的局面在短期内难以扭转。因此，一方面，国内应继续通过技术进步提高生产效率，同时加强低碳生产技术的推广和使用，降低生产的碳排放强度；另一方面，大力开发新能源及清洁能源，加速能源结构优化。同时，抑制"三高一低"产业，进一步推动包括现代服务业在内的低碳产业发展，优化中国产业结构及贸易结构，以逐步缩小中国贸易隐含碳失衡规模，引导中国经济向可持续的低碳模式转变。

四 中日贸易污染条件效应分解测算

(一) 贸易污染条件效应分解模型

在式 (4-15)、式 (4-16) 中，令 $IM = S_{im} \times Y_{im}$，$EX = S_{ex} \times$

Y_{ex}，$(I - A_{im}^d)^{-1} = B_{im}$，$(I - A_{ex}^d)^{-1} = B_{ex}$。其中，$S_{im}$、$S_{ex}$分别是进出口结构矩阵，则贸易隐含碳模型可改写为：

$$IMC = c_{im} B_{im} S_{im} Y_{im}$$
$$EXC = c_{ex} B_{ex} S_{ex} Y_{ex} \tag{5-11}$$

将式（5-11）代入贸易污染条件模型 PTT：

$$PTT = \frac{EXC/Y_{ex}}{IMC/Y_{im}} = \frac{c_{ex} B_{ex} S_{ex} Y_{ex}/Y_{ex}}{c_{im} B_{im} S_{im} Y_{im}/Y_{im}} = \frac{c_{ex} B_{ex} S_{ex}}{c_{im} B_{im} S_{im}} \tag{5-12}$$

根据 SDA 两级分解法对贸易污染条件的变迁 $\triangle PTT$ 进行分解。首先，根据基期对其进行分解：

$$\begin{aligned}\Delta PTT =& \left(\frac{c_{ex}^1 B_{ex}^0 S_{ex}^0}{c_{im}^0 B_{im}^0 S_{im}^0} - \frac{c_{ex}^0 B_{ex}^0 S_{ex}^0}{c_{im}^0 B_{im}^0 S_{im}^0}\right) + \left(\frac{c_{ex}^1 B_{ex}^1 S_{ex}^0}{c_{im}^0 B_{im}^0 S_{im}^0} - \frac{c_{ex}^1 B_{ex}^0 S_{ex}^0}{c_{im}^0 B_{im}^0 S_{im}^0}\right) \\
&+ \left(\frac{c_{ex}^1 B_{ex}^1 S_{ex}^1}{c_{im}^0 B_{im}^0 S_{im}^0} - \frac{c_{ex}^1 B_{ex}^1 S_{ex}^0}{c_{im}^0 B_{im}^0 S_{im}^0}\right) + \left(\frac{c_{ex}^1 B_{ex}^1 S_{ex}^1}{c_{im}^1 B_{im}^0 S_{im}^0} - \frac{c_{ex}^1 B_{ex}^1 S_{ex}^1}{c_{im}^0 B_{im}^0 S_{im}^0}\right) \\
&+ \left(\frac{c_{ex}^1 B_{ex}^1 S_{ex}^1}{c_{im}^1 B_{im}^1 S_{im}^0} - \frac{c_{ex}^1 B_{ex}^1 S_{ex}^1}{c_{im}^1 B_{im}^0 S_{im}^0}\right) + \left(\frac{c_{ex}^1 B_{ex}^1 S_{ex}^1}{c_{im}^1 B_{im}^1 S_{im}^1} - \frac{c_{ex}^1 B_{ex}^1 S_{ex}^1}{c_{im}^1 B_{im}^1 S_{im}^0}\right)\end{aligned} \tag{5-13}$$

然后，根据计算期对其进行分解，得到：

$$\begin{aligned}\Delta PTT =& \left(\frac{c_{ex}^1 B_{ex}^1 S_{ex}^1}{c_{im}^1 B_{im}^1 S_{im}^1} - \frac{c_{ex}^0 B_{ex}^1 S_{ex}^1}{c_{im}^1 B_{im}^1 S_{im}^1}\right) + \left(\frac{c_{ex}^0 B_{ex}^1 S_{ex}^1}{c_{im}^1 B_{im}^1 S_{im}^1} - \frac{c_{ex}^0 B_{ex}^0 S_{ex}^1}{c_{im}^1 B_{im}^1 S_{im}^1}\right) \\
&+ \left(\frac{c_{ex}^0 B_{ex}^0 S_{ex}^1}{c_{im}^1 B_{im}^1 S_{im}^1} - \frac{c_{ex}^0 B_{ex}^0 S_{ex}^0}{c_{im}^1 B_{im}^1 S_{im}^1}\right) + \left(\frac{c_{ex}^0 B_{ex}^0 S_{ex}^0}{c_{im}^1 B_{im}^1 S_{im}^1} - \frac{c_{ex}^0 B_{ex}^0 S_{ex}^0}{c_{im}^0 B_{im}^1 S_{im}^1}\right) \\
&+ \left(\frac{c_{ex}^0 B_{ex}^0 S_{ex}^0}{c_{im}^0 B_{im}^1 S_{im}^1} - \frac{c_{ex}^0 B_{ex}^0 S_{ex}^0}{c_{im}^0 B_{im}^0 S_{im}^1}\right) + \left(\frac{c_{ex}^0 B_{ex}^0 S_{ex}^0}{c_{im}^0 B_{im}^0 S_{im}^1} - \frac{c_{ex}^0 B_{ex}^0 S_{ex}^0}{c_{im}^0 B_{im}^0 S_{im}^0}\right)\end{aligned} \tag{5-14}$$

对式（5-3）和式（5-14）求算术平均，得到贸易污染条件变迁的效应分解模型：

$$\Delta PTT = \frac{1}{2}\left[\left(\frac{c_{ex}^1 B_{ex}^1 S_{ex}^1}{c_{im}^1 B_{im}^1 S_{im}^1} - \frac{c_{ex}^0 B_{ex}^1 S_{ex}^1}{c_{im}^1 B_{im}^1 S_{im}^1}\right) + \left(\frac{c_{ex}^1 B_{ex}^0 S_{ex}^0}{c_{im}^0 B_{im}^0 S_{im}^0} - \frac{c_{ex}^0 B_{ex}^0 S_{ex}^0}{c_{im}^0 B_{im}^0 S_{im}^0}\right)\right]\}$$

出口国碳排放强度效应

$$+ \frac{1}{2}\left[\left(\frac{c_{ex}^0 B_{ex}^1 S_{ex}^1}{c_{im}^1 B_{im}^1 S_{im}^1} - \frac{c_{ex}^0 B_{ex}^0 S_{ex}^1}{c_{im}^1 B_{im}^1 S_{im}^1}\right) + \left(\frac{c_{ex}^1 B_{ex}^1 S_{ex}^0}{c_{im}^0 B_{im}^0 S_{im}^0} - \frac{c_{ex}^1 B_{ex}^0 S_{ex}^0}{c_{im}^0 B_{im}^0 S_{im}^0}\right)\right]\}$$

出口国中间投入结构效应

$$+ \frac{1}{2}\left[\left(\frac{c_{ex}^0 B_{ex}^0 S_{ex}^1}{c_{im}^1 B_{im}^1 S_{im}^1} - \frac{c_{ex}^0 B_{ex}^0 S_{ex}^0}{c_{im}^1 B_{im}^1 S_{im}^1}\right) + \left(\frac{c_{ex}^1 B_{ex}^1 S_{ex}^1}{c_{im}^0 B_{im}^0 S_{im}^0} - \frac{c_{ex}^1 B_{ex}^1 S_{ex}^0}{c_{im}^0 B_{im}^0 S_{im}^0}\right)\right]\}$$

出口结构效应

$$+ \frac{1}{2}\left[\left(\frac{c_{ex}^0 B_{ex}^0 S_{ex}^0}{c_{im}^1 B_{im}^1 S_{im}^1} - \frac{c_{ex}^0 B_{ex}^0 S_{ex}^0}{c_{im}^0 B_{im}^1 S_{im}^1}\right) + \left(\frac{c_{ex}^1 B_{ex}^1 S_{ex}^1}{c_{im}^1 B_{im}^0 S_{im}^0} - \frac{c_{ex}^1 B_{ex}^1 S_{ex}^1}{c_{im}^0 B_{im}^0 S_{im}^0}\right)\right]\}$$

进口国碳排放强度效应

$$+ \frac{1}{2}\left[\left(\frac{c_{ex}^0 B_{ex}^0 S_{ex}^0}{c_{im}^0 B_{im}^1 S_{im}^1} - \frac{c_{ex}^0 B_{ex}^0 S_{ex}^0}{c_{im}^0 B_{im}^0 S_{im}^1}\right) + \left(\frac{c_{ex}^1 B_{ex}^1 S_{ex}^1}{c_{im}^1 B_{im}^1 S_{im}^0} - \frac{c_{ex}^1 B_{ex}^1 S_{ex}^1}{c_{im}^1 B_{im}^0 S_{im}^0}\right)\right]\}$$

进口国中间投入结构效应

$$+ \frac{1}{2}\left[\left(\frac{c_{ex}^0 B_{ex}^0 S_{ex}^0}{c_{im}^0 B_{im}^0 S_{im}^1} - \frac{c_{ex}^0 B_{ex}^0 S_{ex}^0}{c_{im}^0 B_{im}^0 S_{im}^0}\right) + \left(\frac{c_{ex}^1 B_{ex}^1 S_{ex}^1}{c_{im}^1 B_{im}^1 S_{im}^1} - \frac{c_{ex}^1 B_{ex}^1 S_{ex}^1}{c_{im}^1 B_{im}^1 S_{im}^0}\right)\right]\}$$

进口结构效应 (5-15)

式 (5-15) 表明，一国的对外贸易污染条件可以分解为六个效应，分别为出口国的碳排放强度效应、投入产出结构效应和出口结构效应，以及进口国的碳排放强度效应、投入产出结构效应和进口结构效应。

（二）中日贸易污染条件效应分解

根据式 (5-15)，对 2000—2011 年各年影响中日总体及各行业贸易污染条件变迁的效应进行分解[①]，结果见表 5-8。

表 5-8 2000—2011 年中国对日本总体贸易污染条件效应分解

时间	中国（出口国）			日本（进口国）			总效应
	碳排放强度效应	中间投入结构效应	出口结构效应	碳排放强度效应	中间投入结构效应	进口结构效应	
2000—2001 年	-0.381	0.112	-0.015	-0.543	-0.155	0.094	-0.888
2001—2002 年	-0.092	-0.048	0.005	-0.392	0.071	0.068	-0.388
2002—2003 年	-0.297	0.376	0.087	0.477	0.103	0.213	0.959
2003—2004 年	-0.817	0.940	0.113	0.864	-0.062	-0.054	0.984
2004—2005 年	-0.825	0.668	0.106	0.552	-0.068	-0.150	0.283
2005—2006 年	0.001	-0.498	0.110	-0.198	-0.070	0.003	-0.652
2006—2007 年	-1.034	0.519	0.044	0.026	-0.043	-0.067	-0.555

---

① 在对 $\triangle ETT$ 进行分解时，为阐述方便，后文分析中的年份均指计算期。

续表

时间	中国（出口国）			日本（进口国）			总效应
	碳排放强度效应	中间投入结构效应	出口结构效应	碳排放强度效应	中间投入结构效应	进口结构效应	
2007—2008年	-0.761	0.086	0.165	1.312	-0.358	-0.030	0.414
2008—2009年	-0.124	0.110	-0.415	0.140	-0.135	0.014	-0.41
2009—2010年	-0.209	-0.145	0.173	0.009	0.008	0.092	-0.072
2010—2011年	0.022	-0.074	0.171	-0.293	0.167	0.026	0.019
2000—2011年	-4.834	2.315	0.617	1.799	-0.428	0.224	-0.307

1. 中日总体贸易污染条件效应分解

可以看出，中国碳排放强度效应和日本中间投入结构效应为负，表明两者对促进中日贸易污染条件改善（或抑制其恶化）起到了推动作用。其中，中国出口产品碳排放强度的下降发挥了最为主要的作用。其他四个效应均为正，显示出这些因素促进了中日贸易污染条件的恶化。其中，效应最强的是中国中间投入结构效应和日本碳排放强度效应。这表明一方面，国内中间产品生产仍然以高能耗、低效率为主要特征；另一方面，尽管日本出口产品的碳排放强度远低于中国，但是变化较小。同时，虽然高碳产品在中国出口中一直占有较大比重，但是比重变化小，从而对中日贸易污染条件恶化推动作用不大。此外，尽管日本拥有巨额顺差，但是由于高碳产品出口比重较小，因此，其产品结构效应对中日污染条件变迁的影响十分有限。

从不同年份看，各主要效应的具体表现也存在显著差异：（1）中国碳排放强度效应基本为负，并且2005年、2007年和2010年为促进中日贸易污染条件改善发挥了最为重要的作用；（2）中国中间投入结构效应除了2002年、2006年、2010年和2011年以外，其他年份为正，并且该效应在2004年（数值为正）和2006年（数值为负）最强，表明中国中间产品碳密集度波动较大；（3）中国出口结构效应基本为正且数值较小。然而，2009年为负且效应最强，中国出口剧减成为促使当年中日贸易污染条件改善的最重要力量；（4）日本碳排放强度效应除 2001 年、2002 年、2006 年和 2011 年以外的其他年份效应均为正。其中，2001 年、2002 年和 2011 年负效应最强，表明这几年中国从日本进口高碳产品比重增加是促使中日贸易污染条件改善的最重要因素。而 2003 年和 2008 年其正效应最强，显示出中国进口高碳产品比重的明显下降加剧了中日贸易污染条件的恶化。

因此，总的看来，由于国内低碳生产工艺和技术、产品结构在短期内较难完成升级，出口产品中间投入的碳密集度和高碳产品比重仍然较高，使近年来中日贸易污染条件并未得到明显改善。

2. 中日行业贸易污染条件效应分解

从各行业看，不同年份影响中日贸易污染条件的出口效应表现存在较大差异①。总的来看，2000—2001 年，中日贸易污染条件的碳排放强度效应为负，且在所有效应中影响最大（见表 5-9）。表明这一年中国整体经济的碳排放强度的下降使中日贸易污染条件呈现出明显的改善。从行业看，各行业的碳排放强度效应均为负，表明各行业生产及经营过程中的碳排放强度均有所下降②。中间投入产出结构效应总体为正，并且，除了交通运输设备制造业、其他服务业以外，其他行业中间投入结构效应也为正。此外，总体出口结构效应为负。其中，大部分重工业行业的出口结构效应为正，而采掘业，食品、纺织、木材等轻工业，建筑业，以及服务业的出口结构效应负，这也充分表明 21 世纪初这些行业对日本出口比重的变化对中日贸易污染条件起到的作用。

表 5-9 2000—2001 年分行业中日贸易污染条件（出口）效应分解

	碳排放强度效应	中间投入结构效应	出口结构效应
农林牧副渔业	-0.0054	0.0019	0.0024
采掘业	-0.0073	0.0004	-0.0019
食品、饮料及烟草加工制造业	-0.0232	0.0027	-0.0085

① 本书侧重从中国（出口国）角度，对影响中日贸易污染条件的出口效应进行分析。
② 本书仅针对 2000—2001 年以及 2010—2011 年分行业中日贸易污染条件进行分析，其余年份的测算结果见附录。

续表

	碳排放强度效应	中间投入结构效应	出口结构效应
纺织业	-0.1092	0.0654	-0.0415
木材加工及家具制造业	-0.0073	0.0039	-0.0001
造纸、出版、印刷和文教业	-0.0023	0.0000	0.0039
石油加工、炼焦及核燃料加工业	-0.0052	0.0085	-0.0201
化学制品业	-0.0408	0.0115	-0.0012
橡胶和塑料制品业	-0.0082	0.0032	0.0074
其他非金属矿物制品业	-0.0185	0.0029	0.0072
金属冶炼及压延加工业	-0.0249	0.0030	-0.0763
机械设备制造业	-0.0132	0.0047	0.0438
电气机械及光学设备制造业	-0.0714	0.0023	0.0809
交通运输设备制造业	-0.0073	-0.0008	0.0219
其他制造业	-0.0134	0.0027	0.0120
建筑业	-0.0012	0.0000	-0.0050
交通运输、仓储和邮政业	-0.0070	0.0020	-0.0034
金融与保险业	-0.0002	0.0001	-0.0005
其他服务业	-0.0150	-0.0026	-0.0346
合计	-0.3810	0.1118	-0.0148

相比之下，2010—2011年，影响中日贸易污染条件变化的出口效应中，碳排放强度效应为负，中间投入结构效应为正，出口结构为正（见表5-10）。其中，碳排放强度效应与中间投入结构效应小于2000—2001年，而出口结构效应大于2000—2001年。表明经历了10年之后，碳排放强度、中间投入结构对于中日贸易污染条件的变化影响明显减弱，但是出口结构效应影响有所增强。从分行业看，各行业碳排放强度效应均为负，且远小于2000—2001年水平，显示出各行业单位生产的碳排放效率在此期间快速提高。除了电气机械及光学设备制造业以外，其他行业中间投入结构效应均为负。此外，在出口结构效应方面，农业、建筑业、服务业表现出较为明显的负效应，而除

了电气机械及光学设备制造业、交通运输设备制造业以外大部分重工业行业则显示出正的出口结构效应。

表5–10　2010—2011年分行业中日贸易污染条件（出口）效应分解

	碳排放强度效应	中间投入结构效应	出口结构效应
农林牧副渔业	0.0001	-0.0001	-0.0021
采掘业	0.0005	-0.0025	0.0459
食品、饮料及烟草加工制造业	0.0008	-0.0003	0.0001
纺织业	0.0035	-0.0012	-0.0170
木材加工及家具制造业	0.0002	-0.0009	0.0013
造纸、出版、印刷和文教业	0.0002	-0.0006	0.0051
石油加工、炼焦及核燃料加工业	0.0002	-0.0043	-0.0069
化学制品业	0.0022	-0.0118	0.1070
橡胶和塑料制品业	0.0006	-0.0018	0.0060
其他非金属矿物制品业	0.0010	-0.0026	0.0073
金属冶炼及压延加工业	0.0023	-0.0180	0.1517
机械设备制造业	0.0020	-0.0214	0.0110
电气机械及光学设备制造业	0.0057	0.0006	-0.1026
交通运输设备制造业	0.0006	-0.0047	-0.0205
其他制造业	0.0007	-0.0025	0.0102
建筑业	0.0000	-0.0001	-0.0019
交通运输、仓储和邮政业	0.0003	-0.0015	-0.0032
金融与保险业	0.0000	0.0000	0.0000
其他服务业	0.0006	-0.0007	-0.0205
合计	0.0216	-0.0745	0.1709

在对具体行业中日贸易污染条件的出口效应进行分解时[①]，可以

---

① 在根据公式（5–15）对各行业贸易污染条件变迁进行效应分解时，只能对出口国效应进行分解，而进口国效应无法通过分解得到。因此，仅对各行业出口国的碳排放强度效应、投入产出结构效应和结构效应进行分析。

看出，效应最显著的行业为纺织、化学制品、金属冶炼及压延加工以及电气机械及光学设备制造业等行业（见图5-6）。

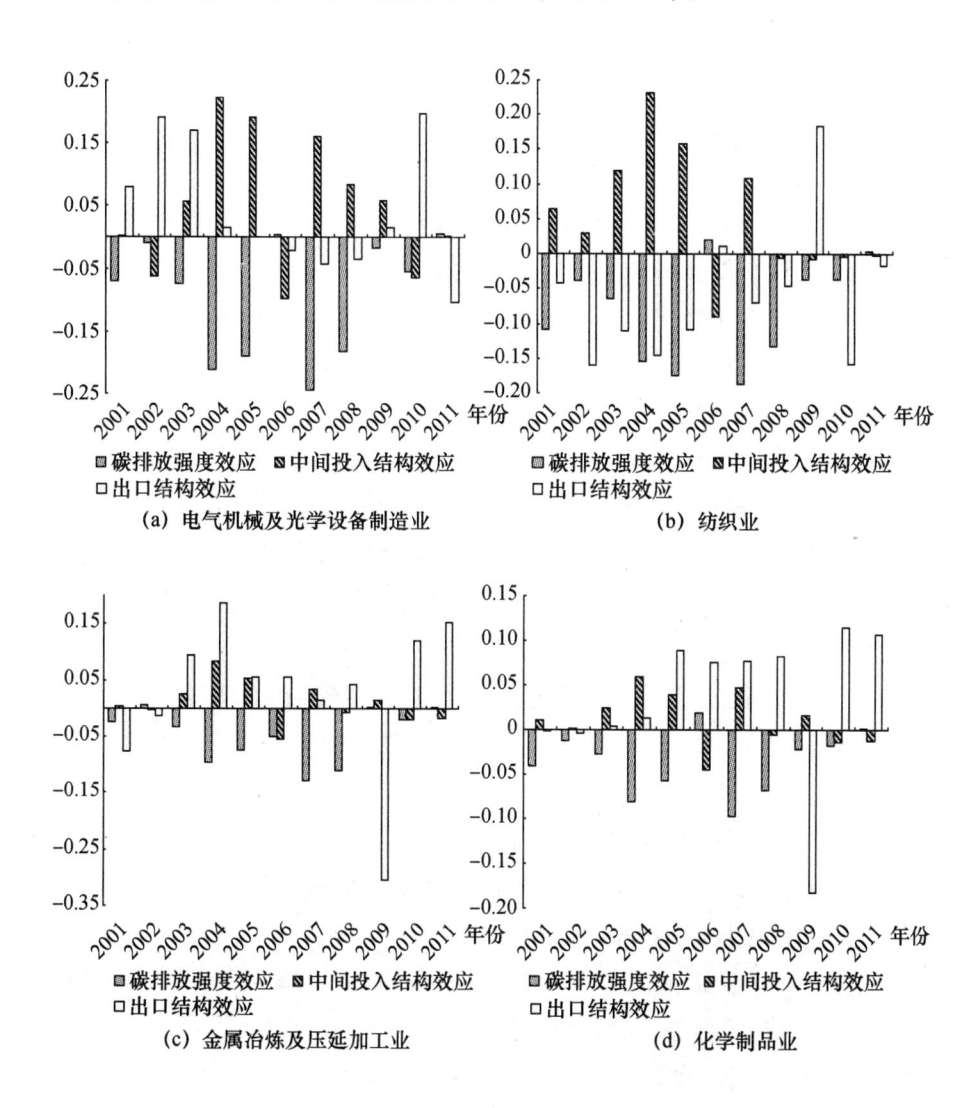

图5-6 2000—2011年中国对日本主要行业贸易污染条件效应分解

（1）电气机械及光学设备制造业。从总体上看，其贸易污染条件呈现出先恶化，2006年后有所改善的趋势。除了2006年和2011年数值稍大于0以外，其他年份的碳排放强度效应均为负，并且2007年、

2008年效应最强；中间投入品结构效应除了2002年、2006年和2010年以外均为正，其中，2004—2006年及2009年效应最强；2006—2008年、2011年出口结构效应为负，其他年份为正，且2001—2003年和2010年正效应最强，表明这几年出口比重的上升成为推动该行业中日贸易污染条件恶化的主导力量。

（2）纺织业。不同于大多数行业，中国纺织业对日本一直拥有巨额顺差，其贸易污染条件总体上表现出逐渐改善的趋势。在各效应中，除了2006年、2011年以外，其他年份碳排放强度效应均为负，其中2001年、2005年、2007年和2008年最强；中间投入结构效应除了2006年、2008—2010年以外均为正，其中2003年、2004年效应最强；出口结构效应则是除2006年和2009年为正以外，其他年份均为负，并且在2002年、2010年负效应最强，反映出其出口比重的快速下降有效推动了贸易污染条件的改善。值得注意的是，2009年出口结构为正且效应最强，表明这一年中国纺织品出口不但没有下降，反而出现快速增长，并成为促使该行业中日贸易污染条件恶化的主要力量。

（3）金属冶炼及压延加工业。该行业碳排放强度效应基本为负，并且在2004年、2007年和2008年效应最强；中间投入结构效应始终较小；除了2001年、2002年和2009年以外，出口结构效应均为正，并且2001年、2003年、2004年、2006年、2009—2011年效应最强，表明该行业出口比重的减少（增加）对其贸易污染条件的改善（恶化）起到了最为重要的推动作用。

（4）化学制品业。该行业贸易污染条件总体上呈现先改善，2005年后逐渐恶化的趋势。除2006年以外，碳排放强度效应为负，其中，2001—2004年及2007年效应最强；中间投入结构效应不强；出口结构效应基本为正，并且在2005年、2006年、2008年、2010年和2011年最强。但是2009年该效应为负，并且效应最强。

可以看出，中国碳排放效应和日本中间投入结构效应对抑制中日贸易污染条件的恶化（或促进其改善）起到了重要的推动作用；而中国中间投入结构、日本碳排放强度及两国产品结构都在一定程度上推动了中日贸易污染条件的恶化。因此，针对当前中国在双边贸易中日益扩大的隐含碳顺差规模，以及中日两国在贸易污染条件方面的巨大差距，一方面，国内出口企业需要进一步提高生产过程中的能源技术和利用效率，降低中间投入的碳密集度，降低其生产的碳排放强度；另一方面，减少高碳产品在对日本出口的比重，推动低碳行业尤其是服务业的出口，通过不断优化其出口商品结构及其碳结构，以有效控制和降低中国出口隐含碳规模的进一步扩大，从而促进中日贸易污染条件的改善，减少日本通过贸易向中国进行碳转移的规模，逐渐改观中国当前作为其"污染避风港"的地位。

第四节 中美、中日贸易环境效应分解对比

根据分析中国对美国、日本出口隐含碳变化影响因素的差异，对比中美、中日贸易环境效应分解的结果。

一 总体中国对美国、日本出口隐含碳变化的影响因素异同

通过分析和比较，可以看出，2000—2011 年，影响中国对美国及中国对日本出口隐含碳变化的因素有相似之处，同时也存在差异。

（1）在影响中国对美国、日本两国出口隐含碳变动的因素中，规模效应对两国出口隐含碳增长均发挥主导性的促进作用。

（2）技术效应对中国向美国、日本两国出口隐含碳的增长主要起到抑制作用。这表明近些年来中国企业能源效率提高以及国内节能减排政策的贯彻和实施使国内碳排放强度明显下降，中间投入结构逐渐向低能耗型转变。尽管如此，在大多数情况下，其作用力明显低于规模效应的促进作用。

（3）结构效应对中国向美国、日本两国出口隐含碳变化的影响有所不同。其中，结构效应对中国向美国出口隐含碳增长起到一定程度的负效应，从而抑制了中国对美国出口隐含碳规模的扩张；而对于日本来说，结构效应则主要对中国向日本出口隐含碳的增长起到推动作用。这也表明，尽管中国整体出口商品的碳含量较高，但中国对美国

出口产品的碳结构明显优于日本。

二 各阶段中国对美国、日本出口隐含碳变化的影响因素异同

从不同阶段看，中国对美国、日本出口隐含碳变化的趋势和阶段性特征存在较大的相似性，主要通过以下几个阶段体现：

（1）在快速增长期（2001—2006年、2009—2011年），影响中国对美国、日本出口隐含碳变化的结构效应和规模效应均为正。并且，出口规模扩大对于中国出口隐含碳增长的促进作用最为显著，而技术效应始终为负。

（2）在中国出口隐含碳的下降期（2000—2001年），虽然出口规模扩大的正效应在一定程度上抑制了中国对美国、日本两国出口隐含碳的下降，但是由于技术效应对出口隐含碳下降发挥了更强的促进作用，因此，使净效应仍然为负。在结构效应方面，其中国出口美国隐含碳的效应为正，而对向出口日本隐含碳效应为负。

（3）2006—2009年，受到经济危机的影响，中国对美、日两国出口从2008年开始出现短暂下滑。因此，该阶段规模效应为负，对中国对美国、日本两国出口隐含碳下降有一定的促进作用。与此同时，中国推广并实行节能减排措施，从而使技术和结构效应都对其出口隐含碳下降发挥了推动作用。

三 分产业中国对美国、日本出口隐含碳变化的影响因素异同

从产业角度看，不同产业影响中国对美国、日本出口隐含碳变化的因素也有所不同：

（1）由于中国对美国、日本两国农业出口规模均较小，加上农业本身具有的低碳特征。因此，第一产业对中国向美国、日本两国出口隐含碳增长的贡献率最小。另外，技术效应和结构效应抑制了中国对美国、日本农业出口隐含碳的增长。

（2）中国对美国、日本两国第二产业出口隐含碳增长在总出口隐含碳变化中占有绝对优势地位。其规模效应和结构效应均为正作用，而技术效应发挥了抑制作用。其中，中国向日本出口结构的正效应表现得更为显著。此外，重工业在第二产业中的贡献率最高，其规模效应和结构效应也均为正作用。并且，结构效应在中国对日本第二产业出口隐含碳的变化中起到了显著的正作用。轻工业的贡献率较小，其技术效应和结构效应均发挥了负作用，规模效应则为正作用。建筑业的贡献率最小，且其作用效果不一致。

（3）中国对美国、日本第三产业出口隐含碳总体上呈现出增长态势，但增长规模不大。对于主要服务行业而言，规模效应为正。技术效应和结构效应则均为负，为抑制中国对美国、日本两国出口隐含碳的增长发挥了一定的积极作用。

第六章 改善中国贸易环境促进贸易可持续发展的对策研究

作为拉动中国经济增长的"三驾马车"之一，对外贸易给中国创造巨额外汇收入的同时，也使中国付出了沉重的环境代价。这凸显了当前中国的对外贸易仍然属于以数量扩张作为主要特征的粗放型增长模式。如何进一步协调贸易利益和环境效益，推动对外贸易可持续发展是未来中国顺应低碳经济发展的必然战略选择及历史使命。

通过本书基于贸易隐含碳视角对于中国贸易环境、贸易污染条件的测算以及贸易环境效应的分解，研究结果显示，通过中国与美国、日本两个最大的贸易伙伴国之间的双边贸易，无论中国处于明显的顺差地位（中美贸易），还是逆差地位（中日贸易），中国对这两个国家的出口隐含碳均远高于其进口隐含碳。由于中国对美国、日本拥有巨额的贸易隐含碳顺差，因此，中国在与这两国的贸易中长期存在大规模的"生态逆差"现象。这也证实了在全球贸易中，存在发达国家向发展中国家的"碳泄漏"现象，即包括中国在内的发展中国家为其发达国家贸易伙伴国承担了大量的碳减排责任。由于目前国际上通行的碳减排放分摊机制以生产者为基础，而碳转移现象的存在使以生产者为基础来确定各国碳减排责任不但有失公平，而且会加重发展中国家在国际减排中所承担的责任和压力。因此，发展中国家不仅应通过技术层面努力控制和降低出口隐含碳的增长速度，降低对外开放及贸易对其国内环境的负面效应，还应促使国际社会充分考虑发达国家向发展中国家碳转移这一事实，并在此基础上确立各国在国际碳减排中的责任，构建客观、公正的全球碳减排责任机制。与此同时，由于基于生产者承担的碳减排机制向消费者承担的碳减排机制变迁会损害到众多发达国家的切身利益，必然会导致其强烈抵制，从而在短期内难以实现，需要广大发展中国家在后京都时代，一方面依据经济发展的具体国情，在国内积极推动低碳经济的发展，从内部层面寻求降低碳排放的动力机制；另一方面通过南南合作，为建立公平的全球碳减排机制，为发展中国家争取更多权益，寻求国内贸易与环境的可持续发展而共同努力。

第一节　提升生产技术水平优化对外贸易产品的碳消耗结构

从本书研究结果看，近年来，出口规模的快速增长是促使中国出口隐含碳迅速攀升的最关键因素，因而控制中国对发达国家的出口规模是降低中国对发达国家贸易伙伴隐含碳净出口最为直接、有效的途径。然而，中国与发达国家存在较强贸易互补关系，其出口依存度相当高。并且，基于当前中国国内经济发展现状，鼓励出口政策将在相当长时期内作为中国的基本对外贸易策略。由于控制对发达国家贸易伙伴的出口规模会给中国国民经济带来巨大损失。因此，正常条件下，短期内中国不会对其出口进行限制或调控，对外出口也不会出现大幅度下降的现象。

此外，中国的碳排放强度效应不仅对于出口隐含碳的增长表现出较强的抑制作用，并且与发达国家相比，中国整体及各行业的碳排放强度仍然偏高，中国在碳排放强度效应对于减排方面的积极作用有待进一步挖掘。与此同时，中间投入结构效应对于抑制出口隐含碳增长的积极作用还没有得到充分发挥，中国在碳消耗结构优化还有相当大的空间。

从造成目前中国碳排放水平较高及高碳型的中间投入产出结构的主要原因看，有以下几点：第一，由于国内生产技术水平和节能减排技术普遍落后于发达国家，产品在生产过程中能源使用效率较低，单位产出能耗较大。第二，在产品生产的准备及后续工作中，减排工作没有受到足够重视，导致出现额外能源浪费。第三，当前国内能源结构落后，中国国内能源消耗结构仍主要是以煤炭等传统能源为主，富煤、少油、缺天然气的天然资源禀赋在一定程度上限制了国内能源结构的优化进程。加上清洁能源的开发和推广远远不够，这些均严重阻碍了中国生产的去污式发展。

对此，可以从以下方面着手，通过提高生产技术，以优化对外贸易产品的碳消耗结构：

（1）中国应通过提升生产技术及效率，加强节能减排技术的使用，以提高能源使用效率，降低单位产出的能耗量。国家应推出适当的鼓励性政策，提高企业使用新技术和新能源的积极性，例如，给予使用新技术和新能源企业资金补助，通过加大资金投入，鼓励企业自主创新，使企业在现有能源结构的基础上，采用技术更新和技术改造等方法提高能源利用效率，减少不必要的能源浪费和环境污染现象。一方面，通过政策宣传来转变企业发展理念，促使其不断进行绿色创新。在进行产品或服务的设计和开发之初，就从低碳节能角度出发去考虑，使企业在低碳化生产上抢占先机。另一方面，通过推广高效、低碳的生产技术，降低企业的经济成本，从而有效地降低企业的能源消耗。

（2）加大清洁能源的开发及使用，优化能源结构。除了采用节能减排技术，还应将优化能源结构与提高能源使用效率相结合，逐步减少传统制造业对煤炭等能源的过度依赖。由于高碳排放的煤炭资源拥有储量丰富、价格低廉等优势，使其在中国能源结构中占有极其重要的地位，而当前国内过快的能源消耗需求还有可能进一步加大煤炭能源的需求。因此，一方面，以煤为主的能源消费结构在短期内难以改变，能源结构优化面临现实困难；另一方面，政府应把握好能源结构调整的规模与速度，使其与中国经济可持续发展的步骤与过程相契合。例如，循序渐进地、逐步降低煤炭在传统能源中的比重。通过提高天然气及低碳排放能源的比重，促进更多低碳化、清洁型新能源对传统化石能源的替代，逐步减少经济发展对传统化石能源的过度依赖。同时，也部分缓解当前中国所面临严峻的能源安全问题。此外，还应逐步提高水能、太阳能、地热能、潮汐能等清洁和可再生能源的消耗比重；谨慎地开发和使用核能源，推动中国能源结构进一步向清洁化、规模化、优质化发展，建立清洁、经济的能源体系，并将其作为中国能源战略中的重要部分。

在优化能源结构的过程中，建立清洁生产机制十分重要。清洁生产是对企业生产的全过程采取污染预防的综合措施，它涉及包括产品研发、设计、生产操作等多个方面。尤其对于碳生产强度较高的行业部门，应着手从各个环节研究努力减少污染物产生的可能性，以达到在生产的全过程推广节能减排，降低整体能源消耗的目的。

第二节　调整产业结构推动贸易结构低碳化

在第五章"中国贸易环境效应分解研究"部分，研究结果显示，结构效应对中国出口隐含碳的增长大体上起到了正向的促进作用，尤其对于第二产业（工业包括制造业），其正向效应更为明显。这显示出，在中国对发达国家的出口商品结构中，高碳产品的比重仍然较高，并且这种现象有明显改善的趋势。这同时也表明，由于结构效应对于中国出口隐含碳增长的抑制作用尚未得以充分发挥，因而调整空间及潜力巨大。

由于一国贸易结构尤其是出口结构实际上很大程度上由其国内产业结构所体现，因此，出口结构能否得以改善主要取决于国民经济中产业结构是否已得以优化。目前，中国作为"世界工厂"，许多产品处于全球生产链条末端。与发达国家相比，国内生产具有高投入、高消耗、高污染和低效益性，存在较为落后的产业结构与高碳型的产业结构并存。从中国产业构成来看，尽管第三产业已经超过第二产业，成为中国国民经济比重最大的产业。但是由于第三产业普遍的低碳特征，第二产业作为国内碳排放规模最大的产业，也是出口隐含碳排放规模最大、增长最为迅速的产业。与此同时，中国目前正处于工业化发展的中后期，重化工业在工业比重较大，加上中国经济发展及生产技术水平相对落后，工业生产过程中各行业的碳排放强度及低碳生产技术与发达国家之间存在巨大差距。此外，虽然第三产业碳排放强度明显低于第二产业，但是，中国第三产业整体的低碳化水平并不高，距离成为真正的低碳产业还有相当大的距离。

因此，一方面，中国应继续加大科研投入，加强自主创新，积极地引入发达国家现有的先进生产技术和科学的管理经验，淘汰或转移一批高消耗、高排放型的传统性污染产业，以尽快提高中国整体的工业化水平及其低碳化水平。同时，进一步推动产业结构的调整和优化，提高第三产业在国民经济中的比重，切实提高战略性新兴产业和服务业等低碳产业在中国国民经济中的产业比重。

另一方面，应通过产业政策及贸易政策的调整，推动进出口商品结构尤其是出口商品结构的优化，引导出口产品结构向高附加值、低能耗、环境友好型的高科技产品和服务业产品转向。通过不断提高出口商品结构的低碳化程度，有效降低对外贸易的环境成本。具体可以采取以下措施：有关部门在制定相关产业政策及对外贸易政策，包括设置对外出口商品指导目录或调整出口退税政策，将碳排放作为重要指标之一。积极发挥出口退税政策对企业出口行为的杠杆调节作用，对低碳及高碳产品的出口企业实行差别化的出口退税政策措施，取消部分资源性产品出口退税政策。对于低碳产品出口做出贡献的行业和企业实施出口补贴，鼓励新兴低碳产品和服务的出口贸易发展。鼓励企业提高低碳排放强度产品的出口比重的同时，逐步淘汰和改进高耗能、高污染的落后产业，尤其是严格控制"高污染、高能耗、资源密集型"产品的出口规模，降低高碳产品的出口比重。此外，对高碳产品进口给予较为优惠的政策，通过加快进口商品结构的优化，扩大对高耗能、高污染的环境资源型产品的进口，以替代国内生产，充分发挥进口贸易的替代减排效应，节约国内能源消耗从而减少碳排放总量。通过优化中国产业结构、实现外贸易结构的低碳化，缓解对外贸易给本国环境所带来的压力。

第三节 树立低碳观念转变贸易增长方式

为了规避《京都议定书》对各国所规定的减排责任，一些发达国家通过管制和税收等手段，对其本国企业生产过程中的碳排放进行限制。而一些企业为了逃避本国严格的环境规制，通过对外直接投资或加工贸易的方式，将碳密集型行业向发展中国家转移，使这些发展中国家成为其"污染避难所"。而长期以来，在中国传统的"鼓励出口"的对外贸易政策引导下，各级政府及企业均十分重视甚至片面强调外贸企业出口：企业出口创汇能力、出口创汇规模、出口总量及增长率、贸易顺差规模及增长率等指标成为衡量地方政府、行业乃至企业业绩的重要依据之一。出口的社会效益、环境效益却在长期以来被忽视。此外，地方政府在招商引资过程中，往往只重视外商直接投资给地区就业扩大、经济增长等方面带来的短期效应，对于所投资项目的环境影响缺乏评估及评价，甚至出现在经济与政治双重的激励下，一些地方政府围绕地区经济增长与财政收入为吸引外资竞相展开各种形式的竞争，招商引资的环境门槛被进一步放宽或忽视，从而使中国不但成为"世界工厂"，而且还为许多发达国家进口的碳排放"埋单"。

由于受传统外贸思想的影响，中国在产业结构升级、贸易结构优化方面的努力和决策基本基于经济指标的考虑，而很少从环境及可持续发展视角真正衡量。而中国对外贸易尤其是出口规模的持续扩张在给中国带来巨额外汇收入的同时，对发达国家出口隐含碳排放量的增长趋势难以抑制，使中国对外贸易的环境效应明显恶化。与此同时，中国对外贸易规模的快速扩张长期以来都是以数量扩张为主要特征的发展模式，而这种粗放式的对外贸易增长方式不仅在短期内会加剧国内能源供给紧张和环境问题的突出，并且从长期来看严重影响中国经济及贸易发展的可持续性。

因此，企业及政府应当首先转变传统的对外贸易观念，从对外贸易可持续发展对企业乃至地区经济的长远作用着眼，充分认识片面强调出口增长、忽视环境利益等短视行为的严重危害。向经济活动中的宏观及微观主体积极宣传环境与经济（贸易）平衡发展的先进理念，为低碳政策的贯彻、低碳行为的推广以及中国对外贸易的低碳发展打下坚实的思想基础。同时，中国应尽快转变其对外贸易增长方式，推动对外贸易尤其是出口从以量取胜粗放型的增长模式向以质取胜的集约型增长模式逐步过渡。具体来说，通过不断增加高新技术产品和低碳产品的生产规模，逐步实现从"中国制造"到"中国创造"转变，通过减少产品生产及出口过程中的碳排放量，提高出口产品所含的国内附加值成分减缓中国对出口规模的依赖，降低本国资源供给和环境保护的压力及对外贸易的环境成本。

此外，还需积极挖掘国内巨大的市场潜力，来适当缩减中国对外出口规模，同时积极增加资源和碳排放密集型产品的进口规模，来缩小中国对外贸易的顺差。这不仅可以有效地减少中国对外贸易摩擦现象，而且还更有利于减轻贸易对环境的负面影响。

第四节　积极参与国内外环境规则的制定及加强国际合作

随着中国对开放及贸易引致的环境问题的日益加剧，中国应不断从产业、贸易政策方面完善国内的环境规制。一方面，应加强制定和完善《循环经济促进法》、《清洁生产促进法》、《可再生能源法》、《外商投资产业指导目录》等关于产业结构调整、贸易结构优化、能源效率与技术提升、外商投资的相关政策法规。通过各种规章制度，将产业调整、对外贸易及外商投资的重点向基础设施、基础产业、高新技术产业、高附加值产业进行指导和转移。通过引导和规范企业的出口行为，降低对外贸易对中国碳排放的负面影响。另一方面，应强化对地方政府观念转变的制度激励制度，并构建对地方各级政府的绿色监督机制，将环境效应、碳排放等生态指标引入对地方政府的考核体系中。同时，加强环境规制的执行力度与监督力度，保障环境规制的有效执行及实施效果。

由于当前中国出口规模巨大，同时生产技术水平与发达国家之间存在明显差距，因此，使中国贸易隐含碳存在较为严重的失衡，为发达国家承担了大量的碳排放。出现发达国家通过贸易将其国内消费产品产生的碳排放转移到中国，即"发达国家负责消费，中国承担污染"的现象。因此，中国应同包括美国、日本、欧盟在内的拥有先进环境友好型技术的发达国家进行协商合作，要求其对中国提供相关技术援助、共同开展低碳合作计划。

与此同时，中国目前作为世界第一大碳排放国，更是成为历次全球气候谈判的焦点，承受巨大国际压力。然而，中国同时作为世界上人口最多的发展中国家，经济发展仍处于相对较低的水平，与发达国家相比更是远远落后。因此，在相当长的一段时期内，中国国内经济发展仍将主要依靠继续扩大生产投入及产出规模，满足国内外需求。由于能源结构短期内难以改变，生产对能源消费的相对刚性需求也将进一步扩大，因而，中国的碳排放量也必然保持一定程度的增长，中国作为碳排放大国的地位无法改变。因此，除了尽快提高国内生产中低碳生产技术，通过优化产业及贸易结构以降低高碳产品的生产及出口比重以外，积极地与世界各国尤其是发达国家协商，进行全球气候谈判，缓解日益严峻的国际社会减排压力，成为中国可持续发展道路上的关键问题。

首先，借鉴和总结发达国家低碳生产及贸易的经验，从中探索适应中国国情的低碳化发展路径，制定相应的低碳产业及贸易战略及政策；引进《联合国气候变化公约》体系下的清洁发展机制（Clean Development Mechanism，CDM），与附件1国家积极进行项目合作。CDM是《京都议定书》中规定的附件1国家在境外实现部分减排承诺的一种履约机制，该机制允许附件1国家在非附件1国家的领土上实施能够减少温室气体排放的项目，并据此获得"经核证的减排量"，而附件1国家可以利用项目产生的减排量抵减本国的温室气体减排义务。尤其加强与附件1的发达国家进行高碳产业合作，通过国际谈判以较优惠的条件引进发达国家的低碳技术，提高中国终端能源的利用效率，降低生产过程中的碳排放强度及碳减排成本，减少中国整体碳排放规模，实现绿色发展的目标。

其次，中国同为世界第一碳排放大国和贸易大国，未来必然承担相应的碳减排责任。然而，其责任应当在合理、公正的国际碳减排责任机制的框架基础上。当前，旨在降低全球碳排放总量的国际碳减排机制《联合国气候变化框架公约》是建立在生产者责任的碳减排分摊机制的基础上。然而，由于国际生产转移以比较优势为基础，如果按照生产者责任进行全球性的碳减排责任分摊，发达国家必然存在通过将碳排放密集型产业转移到环境规制相对较为宽松的发展中国家或直接从其进口碳密集型产品的强烈动机，从而促使其向发展中国家进行大量碳排放转移。而发展中国家为满足其发达国家贸易伙伴的国内需求，给国内生产带来了巨大的减排压力和环境负担，事实也证明了这一点。根据生产者责任的碳减排分摊机制，发达国家不仅可以在不影响国内消费需求的前提下有效减少和避免本国生产所引致的污染排放，而且也可以将碳减排责任一并转移给发展中国家，而自身承担较少的减排责任。与此同时，由于环境规制较为宽松的发展中国家生产技术水平远落后于发达国家，在世界市场需求不变的条件下，为满足发达国家国内消费需求，发展中国家出口产品所消耗的能源及相应产生的碳排放规模也远大于发达国家。因而，通过南北国家之间的贸易及期间产生的"碳泄漏"，实际上提高了全球碳排放总量，而按照生产者进行各国碳排放责任的分摊便与其全球碳减排机制制定的初衷相违背。这种大多数落后发展中国家为先进发达国家承担减排负担的分摊机制不仅不利于全球碳排放的降低，也不利于发展中国家的经济发展。

基于生产者责任的碳减排分摊机制缺乏足够的公平性，不仅忽视了引致环境污染的最终驱动因素——消费者责任，也使公平而严格的气候协议因为碳泄漏的发生而失去效力。从而，构建一个新的、更为合理的温室气体减排责任分摊机制成为当前迫切需要完成的任务。而以消费者为基础的全球碳减排分摊机制不仅能够有效控制全球碳排放规模扩张，也有利于抑制发展中国家出口隐含碳量的快速增长。这是由于：一方面，以消费者为基础的全球碳减排分摊机制有助于督促发达国家消费者改变其原有的碳密集型产品的消费习惯，通过减少相关产品需求迫使原出口的发展中国家减少碳密集型产品的生产，转而生产需求增加的低碳产品，为发展中国家降低贸易隐含碳提供外部条件，从而有利于全球碳排放规模的缩减。另一方面，基于消费者责任的全球碳减排责任分摊机制的实施还会推动发达国家加强技术创新，并且加快其将低碳环保技术向发展中国家传播、转移的速度，进而帮助发展中国家提高生产技术水平，提升节能减排能力。从而为发展中国家有效控制出口隐含碳排放的强劲增势提供技术支持，最终有助于降低发展中国家对外贸易的环境成本，缓解国内环境恶化的现状，促进国内环境得以改善。

因此，中国应积极参与国际气候谈判，为发展中国家争取合理的环境发展权，以促成全球减排责任分摊制度由原有的生产者为基础向消费者为基础转变。同时，通过积极的国际社会协商合作，促使发达国家在新的责任分摊机制下为其过多的历史消费排放承担责任。对于中国而言，在承担合理减排责任的同时，不仅应充分意识到承担碳减排责任的重要性和迫切性，通过各种途径，尽快减少国内碳排放和贸易隐含碳排放规模，还应通过与发达国家及发展中国家积极合作，努力促成基于消费者责任的全球减排分摊机制构建，以促进全球经济及对外贸易的可持续发展。

附 录

附表 1　　2000—2015 年中国进出口贸易结构　　单位:%

年份	出口 初级品	出口 工业制成品	进口 初级品	进口 工业制成品
2000	10.22	89.78	20.76	79.24
2001	9.90	90.10	18.78	81.22
2002	8.77	91.23	16.69	83.31
2003	7.94	92.06	17.63	82.37
2004	6.83	93.17	20.89	79.11
2005	6.44	93.56	22.38	77.62
2006	5.46	94.53	23.64	76.36
2007	5.04	94.74	25.42	74.56
2008	5.45	94.55	32.00	68.00
2009	5.25	94.75	28.81	71.19
2010	5.18	94.82	31.07	68.93
2011	5.30	94.70	34.66	65.34
2012	4.91	95.09	34.92	65.08
2013	4.86	95.14	33.75	66.25
2014	4.81	95.19	33.02	66.98
2015	4.57	95.43	28.11	71.89

附表 2　2000—2015 年中国货物出口占比（按照最终用途分类）　单位:%

年份	中间产品	家庭消费品	资本品	混合用途	其他
2000	37.7	42.7	12.6	5.9	1.1
2001	38.1	41.1	12.8	7.0	1.1
2002	38.7	38.8	13.2	8.4	0.9
2003	38.1	35.6	13.7	11.6	1.1

续表

年份	中间产品	家庭消费品	资本品	混合用途	其他
2004	39.7	31.9	14.4	13.2	0.9
2005	39.9	29.9	15.7	13.5	1.1
2006	41.0	28.5	15.8	13.6	1.0
2007	41.2	27.6	17.7	12.5	1.0
2008	42.9	26	18.3	11.7	1.1
2009	38.5	28.2	19.0	12.9	1.3
2010	40.0	27.2	18.8	12.7	1.2
2011	40.9	27	18.7	12.2	1.3
2012	40.0	27.4	18.7	12.7	1.2
2013	41.1	27.8	17.5	12.3	1.2
2014	41.0	28.6	16.6	12.5	1.2
2015	42.1	27.7	17.1	12.0	1.0

附表3　2000—2015年中国货物进口占比（按照最终用途分类） 单位:%

年份	中间产品	家庭消费品	资本品	混合用途	其他
2000	75.6	3.4	14.9	3.8	2.4
2001	72.9	3.3	17.5	3.9	2.4
2002	72.4	3.0	17.8	4.9	1.8
2003	72.0	2.7	18.1	5.4	1.7
2004	72.9	2.4	18.4	4.3	1.9
2005	74.8	2.4	16.6	4.3	1.9
2006	74.5	2.3	16.6	4.3	2.2
2007	74.9	2.3	16.7	4.0	2.0
2008	75.1	2.3	15.4	4.2	3.1
2009	75.7	2.5	15.2	4.6	2.0
2010	74.8	2.4	15.0	4.8	2.9
2011	73.6	2.6	14.1	5.0	4.7
2012	72.9	2.9	13.1	5.4	5.6
2013	72.0	3.1	12.7	5.1	7.0
2014	71.2	3.5	12.8	7.1	5.4
2015	70.4	4.5	13.6	5.9	5.7

附表4　2000—2015年中国出口美国货物占比（按照最终用途分类）单位:%

年份	中间产品	家庭消费品	资本品	混合用途	其他
2000	25.2	52.8	13.9	7.8	0.3
2001	25.9	51.8	14.2	7.7	0.3
2002	25.7	48.5	15.0	10.7	0.1
2003	25.1	43.7	14.7	16.3	0.2
2004	27.6	38.1	15.4	18.8	0.1
2005	28.1	36.9	16.2	18.6	0.2
2006	30.0	34.6	16.3	18.8	0.2
2007	29.1	36.4	16.4	17.8	0.3
2008	30.9	35.6	17.2	16.0	0.4
2009	26.1	38.2	17.0	18.5	0.2
2010	27.4	37.5	16.5	18.4	0.2
2011	29.1	35.8	16.0	18.9	0.3
2012	28.8	35.7	15.4	19.8	0.3
2013	28.9	35.8	15.6	19.4	0.3
2014	30.1	35.2	15.3	19.1	0.3
2015	30.1	37.2	15.5	17.0	0.2

附表5　2000—2015年中国从美国进口货物占比（按照最终用途分类）　单位:%

年份	中间产品	家庭消费品	资本品	混合用途	其他
2000	61.5	4.7	25.8	7.1	0.9
2001	58.4	4.3	29.2	7.3	0.8
2002	60.1	4.7	27.6	6.6	1.0
2003	64.7	5.0	24.2	5.3	0.8
2004	69.6	3.4	22.8	3.6	0.5
2005	70.0	3.6	21.8	4.1	0.5
2006	68.0	3.6	23.9	4.0	0.4
2007	68.8	3.9	22.7	4.0	0.5
2008	70.4	4.5	20.0	4.5	0.6
2009	69.8	4.3	20.7	4.8	0.4

续表

年份	中间产品	家庭消费品	资本品	混合用途	其他
2010	70.9	3.6	19.8	4.8	1.0
2011	67.8	4.4	18.1	6.2	3.5
2012	66.5	4.4	18.2	6.8	4.2
2013	63.7	3.9	20.3	7.5	4.5
2014	61.4	3.9	21.6	9.0	4.0
2015	59.0	4.3	23.5	9.1	4.1

附表6　　2000—2015年中国出口日本货物占比
（按照最终用途分类）　　单位：%

年份	中间产品	家庭消费品	资本品	混合用途	其他
2000	33.0	54.6	9.5	2.2	0.7
2001	32.7	53.5	9.9	3.4	0.5
2002	33.4	49.2	10.4	6.5	0.5
2003	35.2	44.2	10.6	9.3	0.7
2004	37.2	41.4	10.9	9.4	1.0
2005	38.3	38.9	12.0	9.6	1.3
2006	40.4	38.5	11.0	8.8	1.2
2007	40.7	36.9	13.8	7.2	1.4
2008	43.8	34.8	13.3	6.8	1.3
2009	35.3	42.2	13.5	7.4	1.7
2010	38.5	39.3	13.2	7.6	1.4
2011	39.6	37.9	13.6	7.9	1.1
2012	38.1	38.2	13.6	9.8	0.3
2013	37.5	37.9	13.4	10.8	0.3
2014	40.3	35.5	13.0	10.9	0.3
2015	41.3	35.3	12.9	10.3	0.2

附表7　　2000—2015年中国从日本进口货物占比
（按照最终用途分类）　　单位：%

年份	中间产品	家庭消费品	资本品	混合用途	其他
2000	73.7	3.1	19.7	3.1	0.4
2001	72.7	2.7	20.8	3.3	0.5

续表

年份	中间产品	家庭消费品	资本品	混合用途	其他
2002	70.5	2.1	22.1	4.7	0.6
2003	68.6	1.8	24.2	5.0	0.5
2004	69.1	1.6	25.3	3.3	0.8
2005	71.3	1.7	23.1	2.6	1.3
2006	71.4	1.5	23.4	2.3	1.3
2007	69.8	1.4	24.6	2.8	1.4
2008	67.9	1.4	24.4	3.3	3.0
2009	70.9	1.7	22.4	3.5	1.5
2010	66.2	1.7	26.3	4.5	1.3
2011	65.4	1.5	27.7	4.2	1.1
2012	66.3	1.8	26.3	4.6	1.0
2013	68.0	1.8	24.1	5.1	1.1
2014	66.4	2.2	24.3	6.2	1.0
2015	66.3	3.1	24.0	6.0	0.7

附表8　　　　　　　　　　行业合并及中英文对照

1	农林牧副渔业	Agriculture, hunting, forestry and fishing
2	采掘业	Mining and quarrying
3	食品、饮料及烟草加工制造业	Food products, beverages and tobacco
4	纺织业	Textiles, textile products, leather and footwear
5	木材加工及家具制造业	Wood and products of wood and cork
6	造纸、印刷、出版和文教业	Pulp, paper, paper products, printing and publishing
7	石油、炼焦及核燃料加工业	Coke, refined petroleum products and nuclear fuel
8	化学制品业	Chemicals and chemical products
9	橡胶和塑料制品业	Rubber and plastics products
10	其他非金属矿物制品业	Other non-metallic mineral products
11	金属冶炼及压延加工业	Basic Metals Fabricated metal products except machinery and equipment
12	机械设备制造业	Machinery and equipment n.e.c

续表

13	电气机械及光学设备制造业	Office, accounting and computing machinery Electrical machinery and apparatus n. e. c Radio, television and communication equipment Medical, precision and optical instruments
14	交通运输设备制造业	Motor vehicles, trailers and semi-trailers Other transport equipment
15	其他制造业	Manufacturing n. e. c; recycling
16	电力、燃气和水供应业	Electricity, gas and water supply
17	建筑业	Construction
18	交通运输、仓储和邮政业 （运输、仓储和通讯）	Transport and storage Post and telecommunications
19	金融与保险业	Finance and insurance
20	其他服务业	Wholesale and retail trade; repairs Hotels and restaurants Real estate activities Renting of machinery and equipment Computer and related activities Research and development Other Business Activities Public admin. and defense; compulsory social security Education Health and social work Other community, social and personal services Private households with employed persons

附表 9 2000—2011 年中、美、日三国碳排放调整系数

年份		中国	美国	日本
2000		1	1	1
2001—2004	2001	0.9474	0.9856	0.9841
	2002	0.9219	0.9556	1.012
	2003	0.9708	0.9443	1.0013
	2004	1.0212	0.9259	0.9788
	2005	1	1	1

续表

年份		中国	美国	日本
2006—2009	2006	0.9711	0.9595	0.9705
	2007	0.9083	0.9544	0.9785
	2008	0.8515	0.9286	0.9196
	2009	0.8162	0.8894	0.9241
2010		0.7893	0.9097	0.9227
2011		0.7921	0.8702	0.9672

附表10　　2000—2011年分行业中国出口美国　　单位：亿美元

	2000	2001	2002	2003	2004	2005	2006	2007	2008	2009	2010	2011
农林牧副渔业	1.3	1.3	1.5	2.0	2.3	2.5	2.9	2.9	2.9	2.9	3.7	4.0
采掘业	5.2	2.8	2.9	2.9	3.4	5.8	6.5	4.3	5.7	2.9	3.9	4.2
食品、饮料及烟草加工制造业	9.4	9.7	13.1	16.2	16.7	19.8	25.9	28.5	30.8	28.4	34.7	40.5
纺织业	108.4	108.7	121.4	142.9	159.4	223.5	250.5	264.2	256.0	259.7	335.2	377.2
木材加工及家具制造业	4.8	5.7	7.9	9.7	14.3	17.2	21.8	20.8	17.6	15.0	18.6	19.1
造纸、印刷、出版和文教业	2.9	4.0	5.1	7.0	8.6	10.3	12.4	14.9	15.9	14.9	17.1	21.5
石油、炼焦及核燃料加工业	2.8	2.3	2.9	3.7	6.7	5.8	7.0	6.7	12.7	2.7	4.0	7.9
化学制品业	15.8	16.9	20.2	26.0	34.4	44.4	47.5	56.0	73.9	58.7	73.9	89.4
橡胶和塑料制品业	23.0	23.3	28.5	33.0	39.2	49.6	59.8	63.2	61.3	54.9	68.1	86.2
其他非金属矿物制品业	9.0	9.5	11.2	12.7	15.2	19.1	24.5	22.5	20.7	18.5	27.0	36.6
金属冶炼及压延加工业	29.9	30.1	38.0	44.5	66.1	83.2	117.4	119.9	131.5	75.2	93.5	111.5
机械设备制造业	33.5	39.4	52.0	64.1	78.8	94.9	120.5	144.8	148.1	125.1	157.6	185.0

续表

	2000	2001	2002	2003	2004	2005	2006	2007	2008	2009	2010	2011
电气机械及光学设备制造业	147.0	150.8	214.7	314.7	422.2	526.8	645.9	671.0	654.3	618.8	792.1	885.5
交通运输设备制造业	16.2	16.4	20.0	31.1	44.3	53.2	60.7	65.0	65.2	44.6	74.1	93.1
其他制造业	74.2	73.0	92.9	104.6	118.1	137.4	155.5	175.0	182.2	156.1	192.8	209.7
电力、燃气和水供应业	0.0	0.0	0.0	0.0	0.0	0.0	0.0	0.0	0.0	0.0	0.0	0.0
建筑业	0.2	0.1	0.4	0.3	0.3	0.5	0.9	1.1	1.3	1.3	1.6	3.0
交通运输、仓储和邮政业	15.6	18.3	22.6	19.9	26.3	24.9	42.8	41.2	25.9	18.0	23.8	25.6
金融与保险业	0.0	0.0	0.1	0.1	0.2	0.2	0.4	0.7	1.3	1.1	1.6	2.4
其他服务业	12.0	12.1	11.5	10.4	15.7	19.3	27.0	33.1	33.6	34.5	39.5	46.4

附表11　　2000—2011年分行业中国进口美国　　单位：亿美元

	2000	2001	2002	2003	2004	2005	2006	2007	2008	2009	2010	2011
农林牧副渔业	12.8	13.1	11.1	27.6	51.3	40.8	42.7	47.8	78.0	82.4	112.8	136.5
采掘业	0.9	0.7	0.8	1.1	3.4	5.2	5.1	9.7	9.5	9.6	18.3	21.8
食品、饮料及烟草加工制造业	11.1	12.3	13.7	16.6	14.2	14.5	17.5	22.4	27.7	23.2	30.4	44.2
纺织业	2.7	2.6	2.8	3.8	4.5	4.8	6.0	6.7	6.2	5.1	6.9	7.3
木材加工及家具制造业	1.1	1.2	1.9	2.2	2.5	2.8	3.3	3.5	3.1	2.7	4.5	7.5
造纸、印刷、出版和文教业	9.3	8.4	10.3	10.4	11.9	12.4	13.4	14.8	16.5	17.0	20.7	25.8
石油、炼焦及核燃料加工业	0.8	0.9	1.3	1.8	2.1	2.4	2.1	2.9	4.8	3.6	5.0	7.4
化学制品业	32.1	31.5	40.0	52.1	62.5	66.2	69.3	86.6	95.8	96.0	125.8	146.3
橡胶和塑料制品业	2.9	3.3	3.7	4.7	6.5	7.0	8.4	9.7	10.8	10.0	15.6	16.2

续表

	2000	2001	2002	2003	2004	2005	2006	2007	2008	2009	2010	2011
其他非金属矿物制品业	1.3	1.5	1.2	1.9	2.6	2.8	3.1	3.8	4.6	4.3	7.3	10.4
金属冶炼及压延加工业	8.3	6.4	6.3	11.8	10.7	13.3	15.7	20.2	25.8	22.2	26.0	27.2
机械设备制造业	23.2	28.1	31.1	35.8	49.8	46.9	54.0	63.5	69.5	59.7	81.7	94.7
电气机械及光学设备制造业	72.2	94.1	84.4	84.7	106.6	112.1	137.4	141.7	150.1	136.2	167.8	167.4
交通运输设备制造业	16.4	22.2	25.0	26.9	30.7	40.4	62.6	62.5	57.5	73.5	90.9	107.3
其他制造业	1.0	1.1	1.3	1.1	1.1	1.2	1.4	2.0	2.1	1.8	2.9	3.7
电力、燃气和水供应业	0.0	0.0	0.0	0.0	0.0	0.0	0.0	0.0	0.0	0.0	0.0	0.0
建筑业	4.4	3.0	2.5	3.0	4.3	6.4	6.2	8.2	8.6	11.7	14.0	19.9
交通运输、仓储和邮政业	10.9	13.2	13.7	12.3	15.4	14.1	20.2	23.5	24.2	20.8	27.5	33.2
金融与保险业	1.2	1.3	1.5	1.5	2.8	3.0	5.7	7.5	6.6	10.4	16.3	16.7
其他服务业	26.4	28.2	31.1	30.9	35.7	41.0	51.0	59.4	70.9	76.1	101.9	133.1

附表12　　2000—2011年分行业中美贸易差额　　单位：亿美元

	2000	2001	2002	2003	2004	2005	2006	2007	2008	2009	2010	2011
农林牧副渔业	-12.5	-12.9	-10.5	-28.8	-57.4	-47.1	-50.6	-58.7	-102.4	-105.8	-145.4	-176.7
采掘业	4.6	2.3	2.3	2.1	0.1	0.9	2.1	-6.6	-4.3	-8.4	-18.5	-22.8
食品、饮料及烟草加工制造业	-1.7	-2.8	-0.5	-0.6	3.7	7.5	11.8	10.6	8.6	11.6	11.5	2.1
纺织业	114.0	116.8	131.4	158.1	188.4	275.8	319.6	362.2	376.7	381.7	492.1	554.4
木材加工及家具制造业	4.0	4.9	6.6	8.5	14.5	18.2	24.3	24.6	22.3	18.9	21.7	18.5
造纸、印刷、出版和文教业	-7.0	-5.2	-4.6	-3.3	-2.5	-0.9	1.1	1.5	1.2	-0.4	-2.1	-2.3

续表

	2000	2001	2002	2003	2004	2005	2006	2007	2008	2009	2010	2011
石油、炼焦及核燃料加工业	2.2	1.5	1.8	2.2	5.7	4.4	6.5	5.6	12.4	-0.8	-0.7	2.0
化学制品业	-17.7	-15.7	-23.2	-30.3	-30.6	-24.9	-25.7	-35.4	-20.5	-40.6	-58.1	-62.4
橡胶和塑料制品业	21.7	22.1	27.5	32.1	40.1	53.9	67.5	76.1	77.6	69.0	81.3	107.7
其他非金属矿物制品业	8.4	8.9	11.3	12.5	15.4	20.8	28.1	27.0	25.4	21.8	31.0	41.5
金属冶炼及压延加工业	23.2	26.1	35.1	37.1	65.6	86.6	130.8	141.7	162.6	82.8	105.1	130.3
机械设备制造业	45.2	44.2	89.6	182.0	258.3	334.3	434.7	520.3	535.5	520.9	677.5	761.1
电气机械及光学设备制造业	45.7	40.3	84.9	122.0	178.3	264.7	328.5	349.0	363.4	328.8	401.8	489.5
交通运输设备制造业	-0.2	-6.2	-5.4	4.9	17.8	17.7	-0.1	9.3	19.5	-31.3	-10.5	-4.1
其他制造业	79.8	70.6	95.2	107.6	131.0	161.9	196.6	249.9	279.5	232.3	292.2	309.2
电力、燃气和水供应业	0.0	0.0	0.0	0.0	0.0	0.0	0.0	0.0	0.0	0.0	0.0	0.0
建筑业	-3.3	-1.6	-1.0	-1.9	-3.1	-5.4	-2.2	-3.9	-5.2	-7.5	-8.3	-13.8
交通运输、仓储和邮政业	6.5	7.5	9.5	9.2	12.6	13.2	28.2	25.5	7.4	2.6	6.1	8.0
金融与保险业	-1.3	-1.4	-1.6	-1.5	-3.0	-3.4	-6.7	-8.9	-7.0	-12.2	-19.5	-18.8
其他服务业	-18.2	-20.8	-22.4	-24.9	-23.1	-26.8	-31.8	-35.2	-52.8	-59.5	-52.8	-76.9

附表13　　2000—2011年分行业中国出口日本　　单位：亿美元

	2000	2001	2002	2003	2004	2005	2006	2007	2008	2009	2010	2011
农林牧副渔业	11.5	12.6	12.0	14.2	16.7	16.0	15.1	14.7	13.8	12.7	15.6	17.9
采掘业	17.7	18.8	17.4	20.0	18.7	22.7	20.4	16.7	34.5	14.3	16.8	27.9
食品、饮料及烟草加工制造业	42.3	44.2	44.9	45.8	56.8	62.7	66.5	68.1	62.3	63.4	74.8	91.0

续表

	2000	2001	2002	2003	2004	2005	2006	2007	2008	2009	2010	2011
纺织业	153.1	159.1	152.2	170.1	190.6	202.4	218.9	230.1	250.5	250.8	265.4	317.4
木材加工及家具制造业	9.2	9.9	11.0	12.7	13.8	14.7	16.0	15.5	15.0	13.5	14.6	18.1
造纸、印刷、出版和文教业	2.2	2.6	3.0	4.5	4.7	5.6	6.1	7.5	8.8	10.4	11.1	14.7
石油、炼焦及核燃料加工业	4.6	3.9	4.2	7.3	13.9	11.8	9.3	14.2	17.5	4.9	8.4	8.8
化学制品业	15.8	16.9	18.0	22.2	28.4	39.1	48.2	61.5	79.3	49.4	74.4	107.2
橡胶和塑料制品业	6.2	7.2	8.6	10.4	14.1	18.4	22.4	24.5	27.1	24.3	29.6	37.3
其他非金属矿物制品业	7.5	8.2	8.9	10.1	11.7	13.3	14.4	15.0	17.7	15.2	18.7	23.3
金属冶炼及压延加工业	19.4	18.0	18.9	27.6	44.3	54.1	61.7	70.1	84.0	44.9	67.7	103.2
机械设备制造业	12.6	16.4	20.7	29.1	40.9	52.3	64.6	84.1	104.0	86.1	107.5	133.3
电气机械及光学设备制造业	91.8	105.1	134.4	185.9	233.5	268.1	283.8	307.8	341.1	293.5	403.1	460.7
交通运输设备制造业	7.3	9.4	12.4	14.4	19.2	25.1	32.1	41.4	44.4	35.8	39.7	42.7
其他制造业	14.5	16.6	17.3	19.0	24.7	29.0	31.2	42.3	52.6	51.2	52.9	67.6
电力、燃气和水供应业	0.0	0.0	0.0	0.0	0.0	0.0	0.0	0.0	0.0	0.0	0.0	0.0
建筑业	1.3	1.1	0.7	1.3	2.2	1.9	0.9	0.6	1.6	1.1	0.7	0.5
交通运输、仓储和邮政业	10.8	11.3	10.6	10.2	14.6	23.5	28.9	32.1	31.4	19.4	21.7	25.5
金融与保险业	0.8	0.7	0.7	0.7	0.4	0.5	0.8	0.6	0.4	0.5	0.6	
其他服务业	28.3	25.9	30.5	35.4	47.7	54.2	40.8	47.9	55.8	67.2	66.7	71.3

附表14 2000—2011年分行业中日贸易差额   单位：亿美元

	2000	2001	2002	2003	2004	2005	2006	2007	2008	2009	2010	2011
农林牧副渔业	0.6	0.3	0.2	0.3	0.3	0.3	0.3	0.3	0.4	0.5	0.6	0.6
采掘业	0.6	0.7	0.7	1.1	1.3	1.4	1.4	1.8	4.6	1.4	2.3	3.4
食品、饮料及烟草加工制造业	2.3	2.4	2.2	2.6	2.6	3.2	3.7	3.5	3.4	3.9	5.2	2.8
纺织业	31.6	30.1	27.7	30.5	34.4	33.0	32.3	32.0	33.4	28.5	31.5	35.2
木材加工及家具制造业	0.1	0.1	0.2	0.3	0.3	0.3	0.3	0.3	0.3	0.3	0.3	0.3
造纸、印刷、出版和文教业	5.7	5.2	6.1	7.6	9.1	9.7	9.9	12.4	13.3	12.9	17.0	16.2
石油、炼焦及核燃料加工业	2.0	2.5	3.3	3.8	6.7	12.0	14.4	18.2	45.2	18.8	19.4	19.5
化学制品业	56.8	55.3	66.7	85.6	115.5	132.5	149.7	182.0	190.8	179.4	219.3	243.0
橡胶和塑料制品业	9.0	9.1	11.8	17.4	23.6	27.9	33.4	39.0	43.9	41.9	60.5	68.1
其他非金属矿物制品业	7.5	7.3	7.9	9.5	11.9	12.4	13.4	13.9	14.6	12.9	20.6	24.9
金属冶炼及压延加工业	44.5	43.3	55.2	66.9	90.4	102.8	122.5	145.5	172.8	145.7	185.6	199.3
机械设备制造业	64.7	72.6	93.1	133.9	175.8	172.7	198.1	214.2	240.2	187.0	333.0	395.7
电气机械及光学设备制造业	164.3	168.9	216.6	318.1	389.5	412.6	472.5	545.6	581.0	499.2	630.3	676.8
交通运输设备制造业	17.7	19.7	32.7	48.5	60.5	55.5	74.0	92.7	118.8	128.1	184.3	197.9
其他制造业	3.2	3.3	3.0	4.6	6.0	6.8	7.6	8.8	9.6	9.5	12.2	13.3
电力、燃气和水供应业	0.0	0.0	0.0	0.0	0.0	0.0	0.0	0.0	0.0	0.0	0.0	0.0
建筑业	1.8	2.3	2.4	2.9	3.9	2.7	1.8	1.2	1.1	0.8	0.7	1.2
交通运输、仓储和邮政业	10.8	11.2	12.1	17.7	23.1	28.1	31.9	39.8	46.9	34.2	44.6	45.2
金融与保险业	0.3	0.2	0.3	0.6	0.8	0.9	0.7	0.9	0.9	0.7	1.0	1.4
其他服务业	10.7	9.8	12.7	20.3	36.5	38.8	41.3	39.6	41.9	43.1	55.4	78.4

附表 15　　2000—2001 年中国对美国出口隐含碳变化的影响因素分解　　单位：Mt

		技术效应	结构效应	规模效应	合计
农业	农林牧副渔业	-0.010	0.001	0.005	-0.004
工业	采掘业	-0.072	-0.833	0.034	-0.871
	食品、饮料及烟草加工制造业	-0.085	0.003	0.040	-0.042
	纺织业	-0.987	-0.407	0.460	-0.935
	木材加工及家具制造业	-0.070	0.185	0.032	0.148
	造纸、出版、印刷和文教业	-0.053	0.293	0.024	0.264
	石油加工、炼焦及核燃料加工业	-0.041	-0.189	0.019	-0.211
	化学制品业	-0.396	0.317	0.184	0.105
	橡胶和塑料制品业	-0.344	-0.076	0.161	-0.260
	其他非金属矿物制品业	-0.391	0.196	0.182	-0.014
	金属冶炼及压延加工业	-0.846	-0.324	0.394	-0.776
	机械设备制造业	-0.568	1.419	0.264	1.115
	电气机械、光学设备制造业	-1.676	0.018	0.781	-0.877
	交通运输设备制造业	-0.206	-0.054	0.096	-0.164
	其他制造业	-0.917	-0.707	0.427	-1.196
	合计	-6.652	-0.159	3.098	-3.714
建筑业	建筑业	-0.003	-0.022	0.001	-0.023
服务业	交通运输、仓储和邮政业	-0.271	0.688	0.126	0.542
	金融与保险业	0.000	0.001	0.000	0.001
	其他服务业	-0.117	-0.053	0.055	-0.116
	合计	-0.388	0.636	0.181	0.427
	合计	-7.053	0.456	3.285	-3.314

附表 16　　2001—2006 年中国对美国出口隐含碳变化的影响因素分解　　单位：Mt

		技术效应	结构效应	规模效应	合计
农业	农林牧副渔业	-0.033	-0.101	0.318	0.183

续表

		技术效应	结构效应	规模效应	合计
工业	采掘业	0.327	-0.490	1.829	1.667
	食品、饮料及烟草加工制造业	-0.327	-0.423	2.884	2.135
	纺织业	2.102	-9.643	33.674	26.133
	木材加工及家具制造业	-0.429	0.655	2.993	3.218
	造纸、出版、印刷和文教业	-0.406	0.005	2.118	1.717
	石油加工、炼焦及核燃料加工业	0.282	-0.007	1.515	1.791
	化学制品业	-2.710	-1.395	13.438	9.333
	橡胶和塑料制品业	5.219	-2.477	14.580	17.322
	其他非金属矿物制品业	3.350	-2.661	15.610	16.300
	金属冶炼及压延加工业	-7.238	7.632	32.421	32.816
	机械设备制造业	-3.247	-0.336	21.451	17.868
	电气机械、光学设备制造业	-15.767	22.563	67.957	74.752
	交通运输设备制造业	-0.603	1.442	8.310	9.149
	其他制造业	-7.170	-9.872	25.780	8.738
	合计	-26.617	4.993	244.560	222.939
建筑业	建筑业	-0.019	0.108	0.134	0.223
服务业	交通运输、仓储和邮政业	-2.242	-2.522	8.681	3.917
	金融与保险业	0.006	0.011	0.014	0.031
	其他服务业	-0.677	-1.152	3.513	1.684
	合计	-2.913	-3.663	12.208	5.632
	合计	-29.582	1.337	257.220	228.977

附表17　2006—2009年中国对美国出口隐含碳变化的影响因素分解　　　　单位：Mt

		技术效应	结构效应	规模效应	合计
农业	农林牧副渔业	-0.058	0.019	-0.021	-0.060
工业	采掘业	-0.298	-1.192	-0.107	-1.597
	食品、饮料及烟草加工制造业	-0.616	0.541	-0.216	-0.291
	纺织业	-7.138	4.003	-2.510	-5.645
	木材加工及家具制造业	-0.617	-1.098	-0.219	-1.934

续表

		技术效应	结构效应	规模效应	合计
工业	造纸、出版、印刷和文教业	-0.496	0.707	-0.174	0.038
	石油加工、炼焦及核燃料加工业	-0.270	-1.278	-0.098	-1.646
	化学制品业	-2.980	4.678	-1.043	0.656
	橡胶和塑料制品业	-3.604	-0.521	-1.272	-5.397
	其他非金属矿物制品业	-3.293	-4.147	-1.168	-8.609
	金属冶炼及压延加工业	-6.292	-13.679	-2.242	-22.213
	机械设备制造业	-4.700	2.671	-1.653	-3.682
	电气机械、光学设备制造业	-16.449	1.736	-5.797	-20.510
	交通运输设备制造业	-1.783	-2.510	-0.633	-4.926
	其他制造业	-4.012	1.494	-1.412	-3.931
	合计	-52.548	-8.595	-18.544	-79.687
建筑业	建筑业	-0.051	0.119	-0.018	0.050
服务业	交通运输、仓储和邮政业	-1.041	-4.532	-0.375	-5.948
	金融与保险业	-0.010	0.059	-0.004	0.046
	其他服务业	-0.689	1.203	-0.241	0.273
	合计	-1.740	-3.270	-0.620	-5.629
合计		-54.397	-11.727	-19.203	-85.326

附表18　2009—2011年中国对美国出口隐含碳变化的影响因素分解　　　单位：Mt

		技术效应	结构效应	规模效应	合计
农业	农林牧副渔业	-0.011	-0.028	0.136	0.097
工业	采掘业	-0.035	-0.023	0.445	0.386
	食品、饮料及烟草加工制造业	-0.122	-0.115	1.538	1.301
	纺织业	-1.388	-0.454	17.516	15.673
	木材加工及家具制造业	-0.089	-0.430	1.138	0.618
	造纸、出版、印刷和文教业	-0.103	-0.060	1.302	1.139
	石油加工、炼焦及核燃料加工业	-0.046	0.947	0.542	1.443
	化学制品业	-0.648	0.827	8.133	8.312
	橡胶和塑料制品业	-0.690	1.573	8.644	9.526

续表

		技术效应	结构效应	规模效应	合计
工业	其他非金属矿物制品业	-0.658	6.402	8.049	13.793
	金属冶炼及压延加工业	-0.950	0.351	11.960	11.362
	机械设备制造业	-0.924	0.256	11.644	10.976
	电气机械、光学设备制造业	-3.047	-2.510	38.517	32.961
	交通运输设备制造业	-0.363	4.090	4.418	8.146
	其他制造业	-0.734	-2.156	9.333	6.444
	合计	-9.797	8.698	123.179	122.080
建筑业	建筑业	-0.015	0.206	0.183	0.374
服务业	交通运输、仓储和邮政业	-0.116	-0.117	1.469	1.236
	金融与保险业	-0.004	0.046	0.045	0.087
	其他服务业	-0.141	-0.409	1.794	1.245
	合计	-0.261	-0.480	3.308	2.568
	合计	-10.084	8.396	126.806	125.119

附表19　2000—2001年中国对日本出口隐含碳变化的影响因素分解　　　单位：Mt

		技术效应	结构效应	规模效应	合计
农业	农林牧副渔业	-0.086	0.041	0.071	0.026
工业	采掘业	-0.304	-0.030	0.251	-0.083
	食品、饮料及烟草加工制造业	-0.354	-0.133	0.292	-0.194
	纺织业	-1.302	-0.642	1.077	-0.868
	木材加工及家具制造业	-0.117	-0.002	0.097	-0.022
	造纸、出版、印刷和文教业	-0.034	0.071	0.028	0.065
	石油加工、炼焦及核燃料加工业	-0.062	-0.278	0.052	-0.289
	化学制品业	-0.363	-0.020	0.300	-0.083
	橡胶和塑料制品业	-0.092	0.122	0.075	0.106
	其他非金属矿物制品业	-0.307	0.140	0.253	0.087
	金属冶炼及压延加工业	-0.485	-1.243	0.402	-1.326
	机械设备制造业	-0.207	0.749	0.171	0.712
	电气机械、光学设备制造业	-1.017	1.324	0.838	1.146

续表

		技术效应	结构效应	规模效应	合计
工业	交通运输设备制造业	-0.097	0.339	0.080	0.321
	其他制造业	-0.177	0.219	0.146	0.188
	合计	-4.918	0.614	4.063	-0.241
建筑业	建筑业	-0.019	-0.086	0.016	-0.089
服务业	交通运输、仓储和邮政业	-0.162	-0.068	0.134	-0.097
	金融与保险业	-0.002	-0.005	0.002	-0.006
	其他服务业	-0.242	-0.687	0.200	-0.729
	合计	-0.406	-0.761	0.336	-0.831
	合计	-5.430	-0.208	4.487	-1.151

附表20　2001—2006年中国对日本出口隐含碳变化的影响因素分解　　单位：Mt

		技术效应	结构效应	规模效应	合计
农业	农林牧副渔业	-0.178	-0.842	0.853	-0.167
工业	采掘业	1.156	-3.739	3.210	0.627
	食品、饮料及烟草加工制造业	-0.836	-2.099	3.725	0.789
	纺织业	1.826	-10.354	14.256	5.729
	木材加工及家具制造业	-0.331	-0.540	1.277	0.406
	造纸、出版、印刷和文教业	-0.176	0.136	0.450	0.410
	石油加工、炼焦及核燃料加工业	0.323	0.293	0.859	1.474
	化学制品业	-2.199	3.525	4.986	6.312
	橡胶和塑料制品业	1.484	1.530	1.991	5.005
	其他非金属矿物制品业	1.825	-1.116	4.159	4.869
	金属冶炼及压延加工业	-3.122	7.286	6.863	11.027
	机械设备制造业	-1.307	5.103	3.888	7.684
	电气机械、光学设备制造业	-6.189	8.255	13.996	16.062
	交通运输设备制造业	-0.259	1.770	1.749	3.260
	其他制造业	-1.222	-0.256	1.964	0.487
	合计	-9.027	9.795	63.374	64.142
建筑业	建筑业	-0.029	-0.244	0.147	-0.126

续表

		技术效应	结构效应	规模效应	合计
服务业	交通运输、仓储和邮政业	-1.187	0.983	2.001	1.796
	金融与保险业	0.013	-0.041	0.019	-0.009
	其他服务业	-0.949	-1.111	2.331	0.272
	合计	-2.123	-0.169	4.351	2.059
合计		-11.358	8.540	68.725	65.908

附表21 2006—2009年中国对日本出口隐含碳变化的影响因素分解 单位：Mt

		技术效应	结构效应	规模效应	合计
农业	农林牧副渔业	-0.199	-0.283	-0.069	-0.550
工业	采掘业	-0.796	-1.946	-0.278	-3.021
	食品、饮料及烟草加工制造业	-1.058	-0.745	-0.366	-2.168
	纺织业	-4.690	1.641	-1.615	-4.664
	木材加工及家具制造业	-0.356	-0.489	-0.124	-0.969
	造纸、出版、印刷和文教业	-0.212	0.546	-0.072	0.261
	石油加工、炼焦及核燃料加工业	-0.288	-1.139	-0.101	-1.528
	化学制品业	-1.963	-0.577	-0.678	-3.218
	橡胶和塑料制品业	-1.049	0.038	-0.362	-1.372
	其他非金属矿物制品业	-1.624	-0.180	-0.561	-2.365
	金属冶炼及压延加工业	-2.525	-5.602	-0.880	-9.007
	机械设备制造业	-2.048	2.489	-0.702	-0.261
	电气机械、光学设备制造业	-5.378	-1.283	-1.857	-8.518
	交通运输设备制造业	-0.821	0.163	-0.283	-0.942
	其他制造业	-0.749	1.789	-0.255	0.786
	合计	-23.558	-5.295	-8.134	-36.987
建筑业	建筑业	-0.032	0.032	-0.011	-0.010
服务业	交通运输、仓储和邮政业	-0.601	-1.593	-0.210	-2.404
	金融与保险业	-0.004	-0.004	-0.001	-0.009
	其他服务业	-0.853	2.062	-0.291	0.918
	合计	-1.459	0.466	-0.502	-1.496
合计		-25.247	-5.080	-8.717	-39.043

附表 22　　　2009—2011 年中国对日本出口隐含碳
变化的影响因素分解　　　单位：Mt

		技术效应	结构效应	规模效应	合计
农业	农林牧副渔业	-0.032	-0.053	0.411	0.327
工业	采掘业	-0.139	1.235	1.746	2.843
	食品、饮料及烟草加工制造业	-0.182	-0.197	2.368	1.989
	纺织业	-0.828	-4.430	10.898	5.640
	木材加工及家具制造业	-0.055	-0.187	0.722	0.480
	造纸、出版、印刷和文教业	-0.047	-0.080	0.618	0.491
	石油加工、炼焦及核燃料加工业	-0.040	0.259	0.502	0.721
	化学制品业	-0.458	5.557	5.701	10.800
	橡胶和塑料制品业	-0.202	0.243	2.600	2.642
	其他非金属矿物制品业	-0.308	0.356	3.972	4.020
	金属冶炼及压延加工业	-0.504	6.965	6.241	12.702
	机械设备制造业	-0.437	0.634	5.634	5.831
	电气机械、光学设备制造业	-1.022	1.942	13.148	14.068
	交通运输设备制造业	-0.138	-1.027	1.834	0.669
	其他制造业	-0.159	-0.617	2.088	1.312
	合计	-4.519	10.654	58.072	64.208
建筑业	建筑业	-0.004	-0.149	0.055	-0.097
服务业	交通运输、仓储及邮政业	-0.080	-0.329	1.051	0.642
	金融与保险业	-0.001	0.000	0.009	0.009
	其他服务业	-0.162	-1.850	2.167	0.155
	合计	-0.242	-2.178	3.227	0.806
	合计	-4.797	8.274	61.766	65.243

附表 23　2001—2002 年分行业中日贸易污染条件（出口）效应分解

	碳排放强度效应	中间投入结构效应	出口结构效应
农林牧副渔业	-0.0010	0.0005	-0.0105
采掘业	-0.0026	-0.0024	-0.0462
食品、饮料及烟草加工制造业	-0.0105	-0.0025	-0.0215
纺织业	-0.0385	0.0305	-0.1589

续表

	碳排放强度效应	中间投入结构效应	出口结构效应
木材加工及家具制造业	-0.0024	0.0019	0.0031
造纸、出版、印刷和文教业	-0.0006	-0.0006	0.0021
石油加工、炼焦及核燃料加工业	-0.0025	0.0016	0.0002
化学制品业	-0.0117	0.0014	-0.0038
橡胶和塑料制品业	-0.0034	0.0003	0.0106
其他非金属矿物制品业	0.0024	0.0003	0.0002
金属冶炼及压延加工业	0.0064	-0.0029	-0.0132
机械设备制造业	-0.0024	-0.0017	0.0374
电气机械、光学设备制造业	-0.0095	-0.0620	0.1925
交通运输设备制造业	-0.0032	-0.0039	0.0245
其他制造业	-0.0057	-0.0011	-0.0053
建筑业	0.0000	-0.0003	-0.0063
交通运输、仓储和邮政业	-0.0028	-0.0006	-0.0168
金融与保险业	0.0000	0.0000	-0.0004
其他服务业	-0.0040	-0.0066	0.0169

附表24 2002—2003年分行业中日贸易污染条件（出口）效应分解

	碳排放强度效应	中间投入结构效应	出口结构效应
农林牧副渔业	-0.0016	0.0021	-0.0018
采掘业	-0.0149	0.0333	-0.0162
食品、饮料及烟草加工制造业	-0.0207	0.0137	-0.0573
纺织业	-0.0637	0.1192	-0.1098
木材加工及家具制造业	-0.0041	0.0074	-0.0055
造纸、出版、印刷和文教业	-0.0031	0.0042	0.0084
石油加工、炼焦及核燃料加工业	-0.0014	0.0040	0.0315
化学制品业	-0.0270	0.0252	0.0041
橡胶和塑料制品业	-0.0065	0.0110	-0.0004
其他非金属矿物制品业	0.0029	0.0208	-0.0195
金属冶炼及压延加工业	-0.0330	0.0263	0.0941
机械设备制造业	-0.0192	0.0214	0.0418

续表

	碳排放强度效应	中间投入结构效应	出口结构效应
电气机械、光学设备制造业	-0.0738	0.0574	0.1690
交通运输设备制造业	-0.0097	0.0044	-0.0068
其他制造业	-0.0093	0.0116	-0.0158
建筑业	-0.0004	0.0013	0.0053
交通运输、仓储和邮政业	0.0004	0.0030	-0.0251
金融与保险业	-0.0001	0.0000	-0.0003
其他服务业	-0.0113	0.0095	-0.0094

附表25 2003—2004年分行业中日贸易污染条件（出口）效应分解

	碳排放强度效应	中间投入结构效应	出口结构效应
农林牧副渔业	-0.0090	0.0064	-0.0049
采掘业	-0.0483	0.0519	-0.0820
食品、饮料及烟草加工制造业	-0.0337	0.0325	-0.0012
纺织业	-0.1539	0.2311	-0.1440
木材加工及家具制造业	-0.0148	0.0170	-0.0157
造纸、出版、印刷和文教业	-0.0051	0.0083	-0.0085
石油加工、炼焦及核燃料加工业	-0.0262	0.0163	0.0627
化学制品业	-0.0807	0.0595	0.0125
橡胶和塑料制品业	-0.0203	0.0237	0.0114
其他非金属矿物制品业	0.0215	0.0314	-0.0253
金属冶炼及压延加工业	-0.0960	0.0832	0.1865
机械设备制造业	-0.0564	0.0550	0.0467
电气机械、光学设备制造业	-0.2111	0.2228	0.0159
交通运输设备制造业	-0.0185	0.0230	0.0108
其他制造业	-0.0172	0.0264	0.0077
建筑业	-0.0009	0.0035	0.0069
交通运输、仓储和邮政业	-0.0131	0.0119	0.0162
金融与保险业	-0.0003	0.0003	-0.0005
其他服务业	-0.0325	0.0357	0.0178

附表 26　2004—2005 年分行业中日贸易污染条件（出口）效应分解

	碳排放强度效应	中间投入结构效应	出口结构效应
农林牧副渔业	-0.0045	0.0037	-0.0143
采掘业	-0.0357	0.0280	0.0147
食品、饮料及烟草加工制造业	-0.0350	0.0252	-0.0132
纺织业	-0.1744	0.1589	-0.1091
木材加工及家具制造业	-0.0132	0.0100	-0.0076
造纸、出版、印刷和文教业	-0.0072	0.0054	0.0020
石油加工、炼焦及核燃料加工业	-0.0197	0.0060	-0.0467
化学制品业	-0.0574	0.0387	0.0890
橡胶和塑料制品业	-0.0219	0.0178	0.0213
其他非金属矿物制品业	-0.0464	0.0178	-0.0039
金属冶炼及压延加工业	-0.0728	0.0531	0.0553
机械设备制造业	-0.0494	0.0489	0.0498
电气机械、光学设备制造业	-0.1904	0.1921	-0.0002
交通运输设备制造业	-0.0201	0.0191	0.0230
其他制造业	-0.0268	0.0168	0.0046
建筑业	-0.0030	0.0025	-0.0074
交通运输、仓储和邮政业	-0.0172	0.0067	0.0520
金融与保险业	-0.0002	0.0000	-0.0012
其他服务业	-0.0296	0.0176	-0.0024

附表 27　2005—2006 年分行业中日贸易污染条件（出口）效应分解

	碳排放强度效应	中间投入结构效应	出口结构效应
农林牧副渔业	0.0014	-0.0050	-0.0082
采掘业	0.0074	-0.0184	-0.0436
食品、饮料及烟草加工制造业	-0.0018	-0.0220	-0.0038
纺织业	0.0213	-0.0898	0.0111
木材加工及家具制造业	0.0021	-0.0087	0.0010
造纸、出版、印刷和文教业	0.0018	-0.0028	0.0007
石油加工、炼焦及核燃料加工业	0.0069	-0.0170	-0.0321
化学制品业	0.0195	-0.0447	0.0763

续表

	碳排放强度效应	中间投入结构效应	出口结构效应
橡胶和塑料制品业	0.0055	-0.0120	0.0230
其他非金属矿物制品业	-0.0101	-0.0152	0.0034
金属冶炼及压延加工业	-0.0504	-0.0539	0.0552
机械设备制造业	-0.0003	-0.0394	0.0706
电气机械、光学设备制造业	0.0027	-0.0969	-0.0225
交通运输设备制造业	0.0003	-0.0162	0.0362
其他制造业	-0.0027	-0.0149	0.0005
建筑业	-0.0002	-0.0009	-0.0126
交通运输、仓储和邮政业	-0.0109	-0.0158	0.0242
金融与保险业	0.0000	-0.0002	0.0001
其他服务业	0.0083	-0.0241	-0.0697

附表28 2006—2007年分行业中日贸易污染条件（出口）效应分解

	碳排放强度效应	中间投入结构效应	出口结构效应
农林牧副渔业	-0.0086	0.0022	-0.0070
采掘业	-0.0252	0.0150	-0.0566
食品、饮料及烟草加工制造业	-0.0445	0.0172	-0.0233
纺织业	-0.1879	0.1093	-0.0690
木材加工及家具制造业	-0.0147	0.0060	-0.0121
造纸、出版、印刷和文教业	-0.0082	0.0039	0.0045
石油加工、炼焦及核燃料加工业	-0.0151	0.0109	0.0297
化学制品业	-0.0967	0.0471	0.0770
橡胶和塑料制品业	-0.0300	0.0175	-0.0033
其他非金属矿物制品业	-0.0439	0.0119	-0.0199
金属冶炼及压延加工业	-0.1279	0.0345	0.0154
机械设备制造业	-0.0849	0.0380	0.0802
电气机械、光学设备制造业	-0.2453	0.1603	-0.0428
交通运输设备制造业	-0.0362	0.0161	0.0312
其他制造业	-0.0309	0.0124	0.0357
建筑业	-0.0010	0.0004	-0.0030

续表

	碳排放强度效应	中间投入结构效应	出口结构效应
交通运输、仓储和邮政业	-0.0087	0.0077	-0.0006
金融与保险业	-0.0002	0.0000	0.0005
其他服务业	-0.0239	0.0085	0.0077

附表29 2007—2008年分行业中日贸易污染条件（出口）效应分解

	碳排放强度效应	中间投入结构效应	出口结构效应
农林牧副渔业	-0.0075	-0.0003	-0.0075
采掘业	-0.0208	0.0001	0.1269
食品、饮料及烟草加工制造业	-0.0267	-0.0031	-0.0483
纺织业	-0.1319	-0.0061	-0.0450
木材加工及家具制造业	-0.0085	0.0013	-0.0116
造纸、出版、印刷和文教业	-0.0036	0.0006	0.0018
石油加工、炼焦及核燃料加工业	-0.0134	-0.0105	0.0091
化学制品业	-0.0675	-0.0051	0.0820
橡胶和塑料制品业	-0.0186	0.0021	-0.0042
其他非金属矿物制品业	-0.0124	-0.0009	0.0108
金属冶炼及压延加工业	-0.1103	-0.0076	0.0431
机械设备制造业	-0.0730	0.0227	0.0501
电气机械、光学设备制造业	-0.1823	0.0836	-0.0352
交通运输设备制造业	-0.0258	0.0076	-0.0126
其他制造业	-0.0226	0.0011	0.0191
建筑业	-0.0009	0.0000	0.0067
交通运输、仓储和邮政业	-0.0201	-0.0012	-0.0234
金融与保险业	-0.0001	0.0000	-0.0004
其他服务业	-0.0149	0.0016	0.0040

附表30 2008—2009年分行业中日贸易污染条件（出口）效应分解

	碳排放强度效应	中间投入结构效应	出口结构效应
农林牧副渔业	-0.0011	0.0001	0.0027

续表

	碳排放强度效应	中间投入结构效应	出口结构效应
采掘业	-0.0050	0.0015	-0.1463
食品、饮料及烟草加工制造业	-0.0068	-0.0006	0.0384
纺织业	-0.0371	-0.0083	0.1825
木材加工及家具制造业	-0.0015	0.0008	0.0040
造纸、出版、印刷和文教业	-0.0018	0.0001	0.0205
石油加工、炼焦及核燃料加工业	-0.0002	0.0116	-0.0786
化学制品业	-0.0215	0.0159	-0.1835
橡胶和塑料制品业	-0.0052	0.0036	0.0087
其他非金属矿物制品业	-0.0136	-0.0006	0.0033
金属冶炼及压延加工业	0.0008	0.0146	-0.3042
机械设备制造业	-0.0036	0.0098	-0.0180
电气机械、光学设备制造业	-0.0179	0.0577	0.0152
交通运输设备制造业	-0.0023	0.0029	-0.0114
其他制造业	-0.0057	0.0005	0.0304
建筑业	-0.0002	-0.0001	-0.0022
交通运输、仓储和邮政业	0.0019	0.0023	-0.0403
金融与保险业	0.0000	0.0000	-0.0002
其他服务业	-0.0032	-0.0019	0.0643

附表31 2009—2010年分行业中日贸易污染条件（出口）效应分解

	碳排放强度效应	中间投入结构效应	出口结构效应
农林牧副渔业	-0.0012	-0.0001	0.0004
采掘业	-0.0044	-0.0020	-0.0046
食品、饮料及烟草加工制造业	-0.0076	-0.0004	-0.0074
纺织业	-0.0373	-0.0032	-0.1573
木材加工及家具制造业	-0.0022	-0.0011	-0.0081
造纸、出版、印刷和文教业	-0.0023	-0.0009	-0.0087
石油加工、炼焦及核燃料加工业	-0.0016	-0.0044	0.0163
化学制品业	-0.0182	-0.0126	0.1152
橡胶和塑料制品业	-0.0059	-0.0044	0.0003

续表

	碳排放强度效应	中间投入结构效应	出口结构效应
其他非金属矿物制品业	-0.0098	-0.0028	0.0028
金属冶炼及压延加工业	-0.0189	-0.0193	0.1197
机械设备制造业	-0.0200	-0.0154	0.0149
电气机械、光学设备制造业	-0.0555	-0.0640	0.1981
交通运输设备制造业	-0.0065	-0.0055	-0.0186
其他制造业	-0.0074	-0.0039	-0.0364
建筑业	-0.0002	-0.0001	-0.0046
交通运输、仓储和邮政业	-0.0034	-0.0018	-0.0089
金融与保险业	0.0000	0.0000	0.0000
其他服务业	-0.0065	-0.0032	-0.0398

参考文献

[1] 白艳萍、赵乐微：《出口贸易对碳排放影响三种效应分析——以我国主要工业行业为例》，《生态经济》2015年第2期。

[2] 白艳萍、张昱、吴西弦：《主要工业行业出口贸易对碳排放影响的实证研究》，《工业技术经济》2014年第6期。

[3] 曹彩虹、韩立岩：《进出口贸易中隐含碳量对环境影响的度量及中美比较》，《国际贸易问题》2014年第6期。

[4] 陈红蕾、陈秋峰：《我国贸易自由化环境效应的实证分析》，《国际贸易问题》2007年第7期。

[5] 陈红蕾、翟婷婷：《中澳贸易隐含碳排放的测算及失衡度分析》，《国际经贸探索》2013年第7期。

[6] 陈牧：《碳排放比较优势视角下环境和贸易关系的研究》，《中国人口·资源与环境》2015年第S1期。

[7] 陈生明、叶阿忠：《空间溢出视角下对外贸易和中国碳排放——基于半参数面板空间滞后模型》，《统计与信息论坛》2014年第4期。

[8] 陈向东、王娜：《国际贸易框架下出口国能耗——环境成本问题分析》，《国际贸易问题》2006年第3期。

[9] 陈学妍、董斌、王军：《低碳经济下中国绿色贸易的发展研究》，《湖北民族学院学报》（哲学社会科学版）2014年第3期。

[10] 邓华、段宁：《"脱钩"评价模式及其对循环经济的影响》，《中国人口资源与环境》2005年第6期。

[11] 邓荣荣、陈鸣：《中国对外贸易隐含碳排放研究：1997—2011年》，《上海经济研究》2014年第6期。

[12] 邓瑜:《进口贸易和 FDI 技术溢出对中国碳强度的影响》,《统计与决策》2015 年第 3 期。

[13] 傅京燕、张春军:《国际贸易、碳泄漏与制造业 CO_2 排放》,《中国人口·资源与环境》2014 年第 3 期。

[14] 高静、刘友金:《中美贸易中隐含的碳排放以及贸易环境效应——基于环境投入产出法的实证分析》,《当代财经》2012 年第 5 期。

[15] 高静、黄繁华:《贸易视角下经济增长和环境质量的内在机理研究——基于中国 30 个省市环境库兹涅茨曲线的面板数据分析》,《上海财经大学学报》2011 年第 5 期。

[16] 高雪、李惠民、齐晔:《中美贸易的经济溢出效应及碳泄漏研究》,《中国人口·资源与环境》2015 年第 5 期。

[17] 谷祖莎:《贸易、环境与中国的选择》,《山东大学学报》(哲学社会科学版) 2005 年第 6 期。

[18] 郭际、叶卫美:《中国制造业出口贸易隐含碳的测算及驱动因素研究》,《科技管理研究》2015 年第 7 期。

[19] 何洁:《国际贸易对环境的影响:中国各省的二氧化硫,SO_2 工业排放》,《经济学》2010 年第 2 期。

[20] 何正霞、许士春:《我国经济开放对环境影响的实证研究:1990—2007 年》,《国际贸易问题》2009 年第 10 期。

[21] 胡剑波、任亚运、丁子格:《气候变化下国际贸易中的碳壁垒及应对策略》,《经济问题探索》2015 年第 10 期。

[22] 胡剑波、安丹、任亚运:《中国出口贸易中的隐含碳排放测度研究》,《经济问题》2015 年第 7 期。

[23] 胡剑波、任亚运、宋帅:《国际贸易中的碳排放测度方法研究进展》,《生态经济》2015 年第 8 期。

[24] 胡剑波、张强:《国际贸易中的碳排放污染责任认定原则研究进展》,《生态经济》2015 年第 6 期。

[25] 胡小娟、赵倩:《中国制造业出口贸易方式碳排放——基于投入产出法的分析》,《经济与管理研究》2014 年第 4 期。

[26] 胡亮、潘厉:《国际贸易、外国直接投资、经济增长对环境质量的影响——基于环境库兹涅茨曲线研究的回顾与展望》,《国际贸易问题》2007年第10期。

[27] 胡涛、吴玉萍、沈晓悦:《我国对外贸易的资源环境逆差分析》,《中国人口·资源与环境》2008年第18期。

[28] 黄娟、田野:《产品内分工下中国自由贸易的环境效应——基于联立方程模型的实证分析》,《国际经贸探索》2012年第8期。

[29] 孔淑红、周甜甜:《我国出口贸易对环境污染的影响及对策》,《国际贸易问题》2012年第8期。

[30] 李芳、金洪:《基于内涵碳视角下我国商品出口贸易结构的实证研究》,《统计与决策》2015年第2期。

[31] 李飞、董锁成、李泽红:《中国经济增长与环境污染关系的再检验——基于全国省级数据的面板协整分析》,《自然资源学报》2009年第24期。

[32] 李国正、安爽、白彦:《碳减排政策对中国出口贸易的影响研究》,《学术论坛》2014年第2期。

[33] 李怀政:《出口贸易的环境效应实证研究——基于中国主要外向型工业行业的证据》,《国际贸易问题》2010年第3期。

[34] 李丽:《低碳经济对国际贸易规则的影响及中国的对策》,《财贸经济》2014年第9期。

[35] 李小平、卢现祥:《国际贸易、污染产业转移和中国工业CO_2排放》,《经济研究》2010年第1期。

[36] 李小平、卢现祥、陶小琴:《环境规制强度是否影响了中国工业行业的贸易比较优势》,《世界经济》2012年第4期。

[37] 李秀香、张婷:《出口增长对我国环境影响的实证分析——以CO_2排放量为例》,《国际贸易问题》2004年第7期。

[38] 李真:《进口真实碳福利视角下的中国贸易碳减排研究——基于非竞争型投入产出模型》,《中国工业经济》2014年第12期。

[39] 刘爱东、曾辉祥、刘文静:《中国碳排放与出口贸易间脱钩关系实证》,《中国人口·资源与环境》2014年第7期。

[40] 刘俊伶、王克：《基于海关商品 HS 四位编码的中国贸易内涵碳计算》，《国际经贸探索》2014 年第 2 期。

[41] 刘俊伶、王克、邹骥：《基于 MRIO 模型的全球贸易内涵碳流向分析》，《世界经济研究》2014 年第 6 期。

[42] 刘俊伶、王克、邹骥：《中国贸易隐含碳净出口的流向及原因分析》，《资源科学》2014 年第 5 期。

[43] 刘强、庄幸、姜克隽：《中国出口贸易中的载能量及碳排放量分析》，《中国工业经济》2008 年第 8 期。

[44] 刘林奇：《我国对外贸易环境效应理论与实证分析》，《国际贸易问题》2009 年第 3 期。

[45] 刘华军、闫庆悦：《贸易开放、FDI 与中国 CO_2 排放》，《数量经济技术经济研究》2011 年第 3 期。

[46] 刘瑞翔、姜彩楼：《从投入产出视角看中国能耗加速增长现象》，《经济学》2011 年第 2 期。

[47] 刘祥霞、王锐、陈学中：《中国外贸生态环境分析与绿色贸易转型研究——基于隐含碳的实证研究》，《资源科学》2015 年第 2 期。

[48] 刘宇：《中国主要双边贸易隐含二氧化碳排放测算——基于区分加工贸易进口非竞争型投入产出表》，《财贸经济》2015 年第 5 期。

[49] 路正南、李晓洁：《基于区域间贸易矩阵的中国各省区碳排放转移研究》，《统计与决策》2015 年第 1 期。

[50] 罗堃：《我国污染密集型工业品贸易的环境效应研究》，《国际贸易问题》2007 年第 10 期。

[51] 马晶梅、王新影：《发达国家是否向发展中国家转移了碳排放——基于碳排放责任分摊的视角》，《经济学家》2015 年第 6 期。

[52] 马晶梅、王新影：《基于 MRIO 模型的中美贸易内涵碳转移研究》，《统计与信息论坛》2015 年第 9 期。

[53] 马晶梅、王新影：《我国能源碳排放与经济增长脱钩关系研

究》,《企业经济》2015 年第 12 期。
[54] 马晶梅、王新影、贾红宇:《中日贸易污染条件研究——基于 MRIO 模型的分析》,《国际贸易问题》2016 年第 2 期。
[55] 马晶梅、王新影、贾红宇:《中日贸易隐含碳失衡研究》,《资源科学》2016 年第 3 期。
[56] 马晶梅:《技术复杂度与我国外包企业技术优势及技术溢出效应——基于增加值的实证研究》,《科学学研究》2016 年第 9 期。
[57] 蒙英华、裴璡:《中国对美出口贸易中的隐含碳排放——基于出口排名前十位货物的比较分析》,《亚太经济》2011 年第 3 期。
[58] 庞军、张浚哲:《中欧贸易隐含碳排放及其影响因素——基于 MRIO 模型和 LMDI 方法的分析》,《国际经贸探索》2014 年第 11 期。
[59] 彭佳雯、黄贤金、钟太洋、赵云泰:《中国经济增长与能源碳排放的脱钩研究》,《资源科学》2011 年第 4 期。
[60] 彭立颖、童行伟、沈永林:《上海市经济增长与环境污染的关系研究》,《中国人口·资源与环境》2008 年第 18 期。
[61] 彭水军、包群:《中国经济增长与环境污染——基于广义脉冲响应函数法的实证研究》,《中国工业经济》2006 年第 5 期。
[62] 彭水军、刘安平:《中国对外贸易的环境影响效应:基于环境投入—产出模型的经验研究》,《世界经济》2010 年第 5 期。
[63] 齐晔、李惠民、徐明:《中国进出口贸易中的隐含碳估算》,《中国人口·资源与环境》2008 年第 18 期。
[64] 丘兆逸:《碳规制对中国产品内贸易的影响研究》,《中南财经政法大学学报》2014 年第 5 期。
[65] 任建兰、吴军:《WTO 的基本贸易规则和环境保护的约束冲突分析》,《环境保护》2001 年第 12 期。
[66] 任力、黄崇杰:《中国对外贸易与碳排放——基于面板数据的分析》,《经济学家》2011 年第 3 期。
[67] 沈利生、唐志:《对外贸易对我国污染排放的影响——以二氧化

硫排放为例》,《管理世界》2008 年第 6 期。

[68] 申笑颜:《中国碳排放影响因素的分析与预测》,《统计与决策》2010 年第 19 期。

[69] 佘群芝、贾净雪:《中国对外贸易隐含碳排放核算及责任分配研究——基于"消费者和生产者共同负责"原则》,《中南民族大学学报》(人文社会科学版) 2014 年第 6 期。

[70] 孙爱军、房静涛、王群伟:《2000—2012 年中国出口贸易的碳排放效率时空演变》,《资源科学》2015 年第 6 期。

[71] 孙焱林、李华磊、王春元:《中国贸易开放对碳排放作用机制的实证研究》,《国际贸易问题》2015 年第 2 期。

[72] 沈能、王群伟、赵增耀:《贸易关联、空间集聚与碳排放——新经济地理学的分析》,《管理世界》2014 年第 1 期。

[73] 谭娟、陈鸣:《基于多区域投入产出模型的中欧贸易隐含碳测算及分析》,《经济学家》2015 年第 2 期。

[74] 谭秀杰、齐绍洲:《气候政策是否影响了国际投资和国际贸易——京都承诺期碳泄漏实证研究》,《世界经济研究》2014 年第 8 期。

[75] 王崇梅、毛荐其:《"脱钩"理论在烟台开发区循环经济发展模式中的应用》,《科技进步与对策》2010 年第 2 期。

[76] 王峰、贺兰姿:《技术进步能否降低中国出口贸易隐含碳排放?——基于 27 个制造业行业的实证分析》,《统计与信息论坛》2014 年第 12 期。

[77] 王虹、王建强、赵涛:《我国经济发展与能源、环境的"脱钩""复钩"轨迹研究》,《统计与决策》2009 年第 17 期。

[78] 王美昌、徐康宁:《贸易开放、经济增长与中国二氧化碳排放的动态关系——基于全球向量自回归模型的实证研究》,《中国人口·资源与环境》2015 年第 11 期。

[79] 王文娟:《贸易对中国环境影响的结构效应和总效应——基于 1992—2009 省际面板数据的分析》,《财贸研究》2012 年第 5 期。

[80] 王小斌、邵燕斐：《我国经济增长、碳排放与对外贸易可持续发展研究——基于1995—2011年省级面板数据》，《生态经济》2014年第6期。

[81] 吴海鹰、张盛林：《西部地区经济发展与环境质量关系的实证研究》，《宁夏社会科学》2005年第5期。

[82] 吴献金、李妍芳：《中日贸易对碳排放转移的影响研究》，《资源科学》2012年第2期。

[83] 吴英娜、姚静：《中美进出口贸易中隐含碳的研究——基于贸易污染条件的分析》，《宏观经济研究》2012年第12期。

[84] 吴先华、郭际、郭雯倩：《基于商品贸易的中美间碳排放转移测算及启示》，《科学学研究》2011年第9期。

[85] 向书坚、温婷：《中国对外贸易隐含碳排放的重估算——基于新附加值贸易统计视角》，《国际经贸探索》2014年第12期。

[86] 邢秀凤、刘颖宇：《山东省经济发展与环境保护关系的计量分析》，《中国人口·资源与环境》2006年第16期。

[87] 谢涓、许漪：《对外贸易影响下的环境效应分析》，《经济问题》2010年第9期。

[88] 许广月、宋德勇：《我国出口贸易、经济增长与碳排放关系的实证研究》，《国际贸易问题》2010年第1期。

[89] 许培源、王韬：《中英货物贸易中的隐含碳分析与探究》，《国际经贸探索》2014年第5期。

[90] 徐沛豪、马莉莉：《基于投入产出法的中国出口贸易碳结构测算》，《西安财经学院学报》2015年第4期。

[91] 许源、顾海英、钟根元：《环境规制对中国碳密集型行业出口贸易的影响——基于碳排放视角的污染避难所效应检验》，《生态经济》2014年第9期。

[92] 闫云凤、黄灿：《全球价值链下我国碳排放的追踪与溯源——基于增加值贸易的研究》，《大连理工大学学报》（社会科学版）2015年第3期。

[93] 闫云凤、赵忠秀：《中国对外贸易隐含碳的测度研究——基于碳

排放责任界定的视角》,《国际贸易问题》2012 年第 1 期。

[94] 闫云凤、赵忠秀、王苒:《基于 MRIO 模型的中国对外贸易隐含碳及排放责任研究》,《国际贸易》2013 年第 6 期。

[95] 尹显萍、程茗:《中美商品贸易中的内涵碳分析及其政策含义》,《中国工业经济》2010 年第 8 期。

[96] 苑立波:《中国对外贸易隐含碳的测算研究——基于中国非竞争型投入产出表的分析》,《统计与信息论坛》2014 年第 5 期。

[97] 詹晶、叶静:《中美贸易隐含碳测度及影响因素研究》,《广东财经大学学报》2014 年第 4 期。

[98] 赵玉焕、李洁超:《基于技术异质性的中美贸易隐含碳问题研究》,《中国人口·资源与环境》2013 年第 12 期。

[99] 赵玉焕、王邵军:《基于垂直专业化的中国对外贸易隐含碳研究》,《北京理工大学学报》(社会科学版) 2015 年第 3 期。

[100] 赵玉焕、王淞:《基于技术异质性的中日贸易隐含碳测算及分析》,《北京理工大学学报》(社会科学版) 2014 年第 1 期。

[101] 赵玉焕、王邵军:《基于垂直专业化的中国对外贸易隐含碳研究》,《北京理工学报》(社会科学版) 2013 年第 3 期。

[102] 赵忠秀、王苒:《中日货物贸易中的碳排放问题研究》,《国际贸易问题》2012 年第 5 期。

[103] 赵忠秀、王苒、闫云凤:《贸易隐含碳与污染天堂假说——环境库兹涅茨曲线成因的再解释》,《国际贸易问题》2013 年第 7 期。

[104] 张根能、张路雁、秦文杰:《出口贸易对我国环境影响的实证分析——以 SO_2 为例》,《宏观经济研究》2014 年第 9 期。

[105] 张娟:《经济增长与工业污染:基于中国城市面板数据的实证研究》,《贵州财经学院学报》2012 年第 4 期。

[106] 张璐:《中日贸易中的隐含碳排放——基于跨国投入产出表的分析》,《经济经纬》2013 年第 2 期。

[107] 张文城、彭水军:《不对称减排、国际贸易与能源密集型产业转移——碳泄漏的研究动态及展望》,《国际贸易问题》2014

年第 7 期。

[108] 张云、唐海燕:《中国贸易隐含碳排放与责任分担:产业链视角下实例测算》,《国际贸易问题》2015 年第 4 期。

[109] 张云、唐海燕:《经济新常态下实现碳排放峰值承诺的贸易开放政策——中国贸易开放环境效应与碳泄露存在性实证检验》,《财贸经济》2015 年第 7 期。

[110] 郑义、戴永务、刘燕娜:《低碳贸易竞争力指数的构建及中国实证》,《国际贸易问题》2015 年第 1 期。

[111] 中华人民共和国环境保护部:《2015 中国环境状况公报》(2016 年)。

[112] 周玲玲、于津平:《中国贸易竞争力与全要素碳减排效率关系的研究》,《世界经济研究》2014 年第 8 期。

[113] 周新:《国际贸易中的隐含碳排放核算及贸易调整后的国家温室气体排放》,《管理评论》2010 年第 6 期。

[114] 朱述斌、高岚:《贸易自由化条件下发展中国家经济与环境关系的一般分析——基于环境库兹涅茨曲线的分析》,《生态经济》2009 年第 7 期。

[115] 祝树金、尹似雪:《污染产品贸易会诱使环境规制"向底线赛跑"?——基于跨国面板数据的实证分析》,《产业经济研究》2014 年第 4 期。

[116] 庄惠明、赵春明、郑伟腾:《中国对外贸易的环境效应实证——基于规模、技术和结构三种效应的考察》,《经济管理》2009 年第 5 期。

[117] Ackerman, Frank, M. Ishikawa, and M. Suga, "The Carbon Content of Japan - US Trade", *Energy Policy*, Vol. 35, No. 9, 2007.

[118] Ahmad, Nadim, and A. Wyckoff, "Carbon Dioxide Emissions Embodied in International Trade of Goods", *OECD Science Technology & Industry Working Papers*, Vol. 15, No. 4, 2007.

[119] Anderson, Kym, "Agricultural Trade Liberalisation and the Environment: A Global Perspective", *World Economy*, Vol. 15,

No. 15, 1992.

[120] Anderson, T., C. Folke, and S. Nyström. "Trading with the Environment: Ecology, Economics, Institutions and Policy", *Earthscan Library Collection*, Vol. 15, 2009.

[121] Ang, B. W., F. Q. Zhang, and K. H. Choi, "Factorizing Changes in Energy and Environmental Indicators through Decomposition", *Energy*, Vol. 23, No. 6, 1998.

[122] Ang, James B., "CO_2, Emissions, Research and Technology Transfer in China", *Ecological Economics*, Vol. 68, No. 10, 2009.

[123] Antweiler, Werner, and M. S. Taylor, "Is Free Trade Good for the Environment?" *American Economic Review*, Vol. 91, No. 4, 2001.

[124] Atkinson, Giles, et al., "Trade in 'virtual Carbon': Empirical Results and Implications for Policy", The World Bank, 2010.

[125] Babiker, Mustafa H., "Climate Change Policy, Market Structure, and Carbon Leakage", *Journal of International Economics*, Vol. 65, No. 2, 2005.

[126] Bhagwati, Jagdish, "The Case for Free Trade", *Scientific American*, Vol. 269, No. 5, 1993.

[127] Brian R. Copel, and M. Scott Taylor, "Trade and Transboundary Pollution", *American Economic Review*, Vol. 85, No. 4, 1995.

[128] Chen, G. Q., and B. Zhang, "Greenhouse Gas Emissions in China 2007: Inventory and Input - Output Analysis", *Energy Policy*, Vol. 38, No. 10, 2010.

[129] Chen, Z. M., and G. Q. Chen, "Embodied Carbon Dioxide Emission at Supra - National Scale: A Coalition Analysis for G7, BRIC, and the Rest of the World", *Energy Policy*, Vol. 39, No. 5, 2011.

[130] Chichilnisky, Graciela, "North - South Trade and the Global Environment", *American Economic Review*, Vol. 84, No. 4, 1994.

[131] Cole, M. A., A. J. Rayner, and J. M. Bates, "Trade Liberalisa-

tion and the Environment: The Case of the Uruguay Round", *World Economy*, Vol. 21, No. 3, 1998.

[132] Cole, Matthew A., and R. J. R. Elliott, "Determining the Trade - Environment Composition Effect: The Role of Capital, Labor and Environmental Regulations", *Journal of Environmental Economics & Management*, Vol. 46, No. 3, 2003.

[133] Cole, Matthew A., "Trade, the Pollution Haven Hypothesis and the Environmental Kuznets Curve: Examining the Linkages", *Ecological Economics*, Vol. 48, No. 1, 2004.

[134] Copeland, Brian R., "North - South Trade and the Environment", *Quarterly Journal of Economics*, Vol. 109, No. 3, 1994.

[135] Copeland, Brian R., and M. S. Taylor, "A Simple Model of Trade, Capital Mobility, and the Environment", *NBER Working Papers*, 1997.

[136] Copeland, Brian Richard, "Trade and the Environment: Theory and Evidence", *Canadian Public Policy*, 2003.

[137] Daly, Herman E., "The Perils of Free Trade", *Scientific American*, Vol. 269, No. 269, 1993.

[138] Dean, Judith M., "Does Trade Liberalization Harm the Environment? A New Test", *Canadian Journal of Economics/revue Canadienne Dèconomique*, Vol. 35, No. 4, 2002.

[139] Dietzenbacher, Erik, and K. Mukhopadhyay, "An Empirical Examination of the Pollution Haven Hypothesis for India: Towards a Green Leontief Paradox?" *Environmental & Resource Economics*, Vol. 36, No. 4, 2007.

[140] Ederington, Josh, and J. Minier, "Is Environmental Policy A Secondary Trade Barrier? An Empirical Analysis", *Canadian Journal of Economics/revue Canadienne Dèconomique*, Vol. 36, No. 1, 2003.

[141] Eliste, Paavo, and P. G. Fredriksson, "Environmental Regula-

tions, Transfers, and Trade: Theory and Evidence", *Journal of Environmental Economics & Management*, Vol. 43, No. 2, 2002.

[142] Esty, and C. Daniel, "*Sustaining the Asia Pacific miracle*", Washington, DC: Institute for International Economics, 1997.

[143] Ferraz, Claudio, and C. E. F. Young, "Trade Liberalization and Industrial Pollution in Brazil – CEPAL – Naciones Unidas", *Proceedings of the American Society for Information Science & Technology*, Vol. 40, No. 1, 1999.

[144] Frankel, Jeffrey A., and A. K. Rose, "Is Trade Good or Bad for the Environment? Sorting Out the Causality", *Review of Economics & Statistics*, Vol. 87, No. 1, 2005.

[145] Gray, David, et al, "Decoupling the Link between Economic Growth, Transport Growth and Carbon Emissions in Scotland", 2006.

[146] Grossman, Gene M., and A. B. Krueger, "Environmental Impacts of a North American Free Trade Agreement", National Bureau of Economic Research, 1991.

[147] Grossman, Gene M, "Economic Growth and the Environment", National Bureau of Economic Research, 1994.

[148] Grimes, Peter, and J. Kentor, "Exporting the Greenhouse: Foreign Capital Penetration and CO_2 Emissions 1980 – 1996", *Journal of World – Systems Research*, 2003.

[149] Guan, Dabo, et al., "The Drivers of Chinese CO_2, Emissions from 1980 to 2030", *Global Environmental Change*, Vol. 18, No. 4, 2008.

[150] Hayami, Hitoshi, and M. Nakamura, "Greenhouse Gas Emissions in Canada and Japan: Sector – Specific Estimates and Managerial and Economic Implications", *Journal of Environmental Management*, Vol. 85, No. 2, 2007.

[151] Hsueh, P. R., et al., "Free Trade, Protected Environment Bal-

ancing Trade Liberalization and Environmental Interests", New York, NY: Council on Foreign Relations Press, 1994.

[152] Iv, Lewis R. Gale, "Trade Liberalization and Pollution: An Input - Output Study of Carbon Dioxide Emissions in Mexico", *Economic Systems Research*, Vol. 7, No. 3, 1995.

[153] Jalil, Abdul, and S. F. Mahmud, "Environment Kuznets Curve for CO_2, Emissions: A Cointegration Analysis for China", *Energy Policy*, Vol. 37, No. 12, 2009.

[154] Jenkins, Rhys, and R. Jenkins, "Environmental Regulation and International Competitiveness: A Review of Literature and Some European Evidence", UNU - INTECH Discussion Paper Series, Vol. 4, 1998.

[155] Jenkins, Rhys, "Industrialization, Trade and Pollution in Latin America: A Review of the Issues", Meeting of Latin American Studies Association, 1998.

[156] Jingmei Ma, Hongyu Jia, "The Role of Foreign Direct Investment and Spatial Effect on Income Convergence: in Case of China after Early 1990s", *Review of Development Economics*, Vol. 19, No. 4, 2015.

[157] Jingmei Ma, Yibing Ding, and Hongyu Jia, "The Impacts of Japanese and US Outsourcing on Chinese Firms", *Review of Development Economics*, Vol. 20, No. 1, 2016.

[158] Juknys R, "Transition Period in Lithuania - Do We Move to Sustainability", *Environmental Research, Engineering and Management*, Vol. 26, No. 4, 2003.

[159] Kearsley, Aaron, and M. Riddel, "A further inquiry into the Pollution Haven Hypothesis and the Environmental Kuznets Curve", *Ecological Economics*, Vol. 69, No. 4, 2010.

[160] Kirsten S. Wiebe, Martin Bruckner, Stefan Giljum, Christian Lutz, "Calculating Energy - Related CO_2 Emissions Embodied in Interna-

tional Trade Using A Global Input – Output Model", *Economic Systems Research*, Vol. 24, No. 2, 2012.

[161] Kuznets, Simon, "Economic Growth and Income Inequality", LAP LAMBERT Academic Publishing, 2002.

[162] Lee, Hiro, and D. Roland – Holst, "The Environment and Welfare Implications of Trade and Tax Policy", A Theory of the Good and the Right Clarendon Press, 1979.

[163] Li, You, and C. N. Hewitt, "The Effect of Trade between China and the UK on National and Global Carbon Dioxide Emissions", *Energy Policy*, Vol. 36, No. 6, 2008.

[164] Lin, Boqiang, and C. Sun, "Evaluating Carbon Dioxide Emissions in International Trade of China", *Energy Policy*, Vol. 38, No. 1, 2010.

[165] Liu, X., Ishikawa, M., Wang, C., Dong, Y., and Liu, W., "Analyses of CO_2 Emissions Embodied in Japan – China Trade", *Energy Policy*, Vol. 38, No. 3, 2010.

[166] Low, P., and A. Yeats, "Do 'Dirty' Industries Migrate?" International Trade Division, International Economics Department, The World Bank, 1992.

[167] Machado, Giovani, R. Schaeffer, and E. Worrell, "Energy and Carbon Embodied in the International Trade of Brazil: An Input – Output Approach", *Ecological Economics*, Vol. 39, No. 3, 2001.

[168] Managi, Shunsuke, "Trade Liberalization and the Environment: Carbon Dioxide for 1960 – 1999", *Economics Bulletin*, Vol. 17, No. 2, 2004.

[169] Managi, Shunsuke, H. Akira, and T. Tetsuya, "Does Trade Liberalization Reduce Pollution Emissions?" Discussion Papers, 2008.

[170] Managi, Shunsuke, A. Hibiki, and T. Tsurumi, "Does Trade Openness Improve Environmental Quality", *Journal of Environmental Economics & Management*, Vol. 58, No. 3, 2009.

[171] Manfred Lenzen, Richard Wood, Thomas Wiedmann, "Uncertainty Analysis for Multi - Region Input - Output Models - A Case Study Of The UK's Carbon Footprint", *Economic Systems Research*, Vol. 22, No. 1, 2010.

[172] Mani, Muthukumara, and D. Wheeler, "In Search of Pollution Havens? Dirty Industry Migration in the World Economy", *Journal of Environment Development*, Vol. 7, No. 3, 1997.

[173] Mukhopadhyay, Kakali, and D. Chakraborty, "Is liberalization of trade good for the environment? Evidence from India", *Asia - Pacific Journal of Rural Development*, Vol. 12, No. 1, 2005.

[174] Munksgaard, Jesper, and K. A. Pedersen, "CO_2 Accounts for Open Economies: Producer or Consumer Responsibility?" *Energy Policy*, Vol. 29, No. 4, 2001.

[175] Nakano, Satoshi, et al., "The Measurement of CO_2 Embodiments in International Trade: Evidence from the Harmonised Input - Output and Bilateral Trade Database", OECD Science Technology & Industry Working Papers, 2009.

[176] OECD, Indicators to Measures Decoupling of Environment Pressures from Economic Growth, OECD Environment Programme, 2002.

[177] Panayotou, Theodore, "Empirical Tests and Policy Analysis of Environmental Degradation at Different Stages of Economic Development", *Ilo Working Papers*, Vol. 4, 1993.

[178] Panayotou, Theodore, Economic growth and the environment, CID Working Paper, 2000.

[179] Pethig, Rüdiger, "Pollution, Welfare, and Environmental Policy in the Theory of Comparative Advantage", *Journal of Environmental Economics & Management*, Vol. 2, No. 3, 1976.

[180] Porter, Michael E., and C. V. D. Linde, "Toward a New Concept of the Environment - Competitive Relationship", *Journal of Economic Perspectives*, Vol. 9, No. 4, 1995.

[181] Peters, G. P., C. L. Weber, D. Guan, K. Hubacek, "China's Growing CO_2 Emissions – A Race between Increasing Consumption and Efficiency Gains", *Environmental Science & Technology*, Vol. 41, 2007.

[182] Peters, G. P., and E. G. Hertwich, "CO_2 Embodied in International Trade with Implications for Global Climate Policy", *Environmental Science & Technology*, Vol. 42, No. 5, 2008.

[183] Raupach, Michael R., and C. B. Field, "Global and Regional Driers of Accelerating CO_2 Emissions", *Proceedings of the National Academy of Sciences*, Vol. 104, No. 24, 2007.

[184] Ren, S., Yuan, B., Ma, X., and Chen, X., "The Impact of International Trade on China's Industrial Carbon Emissions since Its Entry into WTO", *Energy Policy*, Vol. 69, No. 3, 2014.

[185] Robert C. HarrissBin, Shui and Robert C., Harriss, "The Role of CO_2 Embodiment in US – China Trade", *Energy Policy*, Vol. 34, 2006.

[186] Roberts, J. Timmons, et al., "Social Roots of Global Environmental Change: A World – Systems Analysis of Carbon Dioxide Emissions", *Journal of World – Systems Research*, Vol. 9, No. 2, 2003.

[187] Sánchez – Chóliz, Julio, and R. Duarte, "CO_2, Emissions Embodied in International Trade: Evidence for Spain", *Energy Policy*, Vol. 32, No. 18, 2004.

[188] Schaeffer, Roberto, and A. D. Sá, "The Embodiment of Carbon Associated with Brazilian Imports and Exports", *Energy Conversion & Management*, Vol. 37, No. 5, 1996.

[189] Selden, Thomas M., and D. Song, "Environmental Quality and Development: Is There a Kuznets Curve for Air Pollution Emissions?" *Journal of Environmental Economics & Management*, Vol. 27, No. 2, 1994.

[190] Siebert, Horst, "Transfrontier Pollution and Global Environmental

Media", Kiel Working Papers, 1992.

[191] Shunsuke, Managi, H. Akira, and T. Tetsuya, "Does Trade Liberalization Reduce Pollution Emissions?" Discussion Papers, 2008.

[192] Siebert, Horst, "Transfrontier Pollution and Global Environmental Media", Kiel Working Papers, 1992.

[193] Stavins, Robert N., "Environment Regulation and the Competitiveness of U. S. Manufacturing", International Security, 1994.

[194] Stevens, Candice, "Harmonization, Trade, and the Environment", *International Environmental Affairs*, Vol. 5, No. 1, 1992.

[195] Stevens R., "Environmental Regulation and International Competitiveness", *Yale Law Journal*, Vol. 102, No. 8. 1993.

[196] Stretesky, Paul B., and M. J. Lynch, "A Cross - National Study of the Association between Per Capita Carbon Dioxide Emissions and Exports to the United States", *Social Science Research*, Vol. 38, No. 1, 2009.

[197] Takeda, Fumiko, and K. Matsuura, "Trade and the Environment in East Asia: Examining the Linkages with Japan and USA", *Journal of the Korean Economy*, Vol. 7, 2006.

[198] Talukdar, Debabrata, and C. M. Meisner, "Does the Private Sector Help or Hurt the Environment? Evidence from Carbon Dioxide Pollution in Developing Countries", *World Development*, Vol. 29, No. 5, 2001.

[199] Tapio, Petri, "Towards a Theory of Decoupling: Degrees of Decoupling in the EU and the Case of Road Traffic in Finland between 1970 and 2001", *Transport Policy*, Vol. 12, No. 2, 2005.

[200] Tobey, James A., "The Effects of Domestic Environmental Policies on Patterns of World Trade: An Empirical Test", *Kyklos*, Vol. 43, No. 43, 1990.

[201] Virtanen Y., Kurppa S., Saarinen M., Katajajuuri J. M., Usva K., Mäenpää, et al., "Carbon Footprint of Food - Approaches

from National Input – Output Statistics and A LCA of A Food Portion", *Journal of Cleaner Production*, Vol. 19, No. 16, 2011.

[202] Wang, Tao, and J. Watson, "Who Owns China's Carbon Emissions?", Tyndall Centre Briefing Note, Vol. 23, 2007.

[203] Weber, Christopher L., et al., "The Contribution of Chinese Exports to Climate Change", *Energy Policy*, Vol. 36, No. 9, 2008.

[204] Wheeler, David, "Racing to the Bottom? Foreign Investment and Air Pollution in Developing Countries", *Policy Research Working Paper*, Vol. 10, 2001.

[205] Wyckoff, Andrew W., and J. M. Roop, "The Embodiment of Carbon in Imports of Manufactured Products: Implications for International Agreements on Greenhouse Gas Emissions", *Energy Policy*, Vol. 22, No. 3, 1994.

[206] Xu, M., B. Allenby, and W. Chen, "Energy and Air Emissions Embodied in China – U. S. Trade: Eastbound Assessment Using Adjusted Bilateral Trade Data", *Environmental Science & Technology*, Vol. 43, No. 9, 2009.

[207] Yan, Yunfeng, and L. Yang, "China's Foreign Trade and Climate Change: A Case Study of CO_2 Emissions", *Energy Policy*, Vol. 38, No. 38, 2010.